我は聖徳太子として蘇る

虚構の蘇我・聖徳

野田正治

鳥影社

まえがき

物理的な事象によって『日本書紀』を読み解けるとおもった。なぜなら『日本書紀』の冒頭文に「陰陽《いんよう》」の文字があって「陰陽の二元論」で都市や建造物や『日本書紀』までもつくられていると判断できたからだ。「西は陰」で「東は陽」であり、「鬼門《きもん》」は四五度線であって、考古学的史料もまた物理的事象である。そこから『日本書紀』の虚構が判明した。

政府は「聖徳太子」を復活させると発表した。「聖徳太子がいないと学校で教えにくい」のが理由のようだ。「都合が悪いなら真実を曲げてもよい」との認識らしい。確かに本書の題名も「聖徳太子の復活」を掲げているが、「聖徳太子」の名を冠せられ、意図的に「隠された天皇」が存在したと考えている。

「隠された天皇」は、四天王寺《してんのうじ》や飛鳥寺《あすかでら》（法興寺《ほうこうじ》）や法隆寺若草伽藍《わかくさがらん》などを建立し、難波京《なにわきょう》や飛鳥京《あすかきょう》（新益京《あらましのみやこ》の前身都市）をつくり、遣隋使《けんずいし》を派遣した。そのような天皇が存在しなければ、辻褄《つじつま》が合わず教えにくいのは当然のことだ。そのスーパースターのような天皇は『日本書紀』によって隠され、代わりに「聖徳太子」として「イエス・キリスト」のごとく復活させられ、現在まで伝承されてきた。「蘇我聖徳」はまさに『日本書紀』の編纂者《へんさんしゃ》がしかけた呪文《じゅもん》であり、その呪文を解いたのが本書である。

近年、「聖徳太子虚構説」(『聖徳太子の真実』大山誠一編)が唱えられ、「厩戸皇子《うまやとのみこ》」は存在するが、「聖徳太子は虚構で、蘇我《そが》一族が実権を握っていた」とされていた。歴史学者の多くは「厩戸実在説」を展開しているはずで、教科書の「聖徳太子」は消えつつあったから、復活する話には正直あきれた。また、「聖徳太子の怨霊《おんりょう》を封じ込めた法隆寺(西院伽藍《さいいんがらん》)」という説が、かつて読んだ『隠された十字架──法隆寺論』(梅原猛著)という本にあり、建築設計を仕事にしている私は、怨霊が建築物を造らせる力があることを知って感心したものだ。

「聖《せい》の徳《とく》をもった太子」と記《しる》される厩戸皇子や蘇我一族が登場する『日本書紀』は日本最古の歴史書というけれど、その内容を歴史学者も疑っているようなのだ。つまり、歴史学者もよくわかっていないのだな。そして、『日本書紀』の記述は真実でない可能性があるとおもった。だから、「安全神話」などと言われ「安全でないものを安全だと思い込む」ように、『日本書紀』という神話を正しいと思い込むことを揶揄《やゆ》されるのだ。「安全神話」の結果は福島の原発事故につながった。

『日本書紀』が真実でないとすると、その役目はなんであったのか? 古代の権力者が造った古墳や仏教寺院などの「建造物の位置」から解明できると考えた。『日本書紀』は法隆寺など多くの建造物をつくった人物を記載せず、歴史書としては異常とおもわれるからで、そこに突破口があると直観した。

研究方法は、古墳や仏教寺院の遺跡から「文字」が出土しないこともあって、専門の「空間に対する人間の意識」から迫り、建造物がなぜその位置に造られたのか？　その理由を解明した。「建造物の位置」には情報が詰まっていたのである。したがって、文献に頼った従来の方法は排除した。『日本書紀』を検証するなら、その記事とは別の物理的事実を証拠とせねばならず、その記事から深読み（行間を推測）する必要もないからである。

研究史料として、平城京遷都（七一〇年）から一三〇〇年を記念して『平城京遷都一三〇〇年記念集成図』（国土地理院）がつくられ、現状の地形図に古墳や寺院遺跡や宮殿遺跡を表示したデジタル地図が公開されている。その集成図を利用して、特定の「古墳・仏教寺院・宮殿」などが神の山と物理的な直線で結ばれて存在していることを発見した。そこから、物理的な直線で結ばれる意味が「血縁・こころ・時間」を表わしているとわかった。

他の研究史料として、奈良盆地に遺跡があって、その発掘調査資料がある。特に仏教寺院の遺跡から屋根を葺いた瓦が出土し、その軒先《のきさき》の瓦の先端に文様を施した軒丸瓦《のきまるがわら》と軒平瓦《のきひらがわら》の破片があって、その文様を紋章《もんしょう》（エンブレム）と断定できれば、個人を特定できるとわかった。物理的な直線で結ばれた寺院の軒丸瓦の文様が同じなのだ。

以上の研究史料に加えて、文献は『古事記《こじき》』や『続日本紀《しょくにほんぎ》』を加えれば充分であった。なぜなら、『聖徳太子の真実』には「様々な史料は『日本書紀』を参考にして書かれていた」とあって、あやふやで疑わしい『日本書紀』などの歴史書やそこから派生した文書《もんじょ》を参考にしたら、もっと疑わしい研究になると考えた。

研究方法は文献に頼らず、地図上の古墳や寺院や宮殿の遺跡などの「建造物の位置」と「軒丸瓦の文様」、それを囲む「自然環境」を問題にした。その結果は、「古墳に葬られた人物（被葬《ひそう》者《しゃ》）は誰か、仏教寺院など建造物をつくった人物は誰か」という話では済まなかった。予想通り『日本書紀』に記載された仏教寺院の創建者《そうけんしゃ》と研究結果が整合しなかった。

「建造物の位置」は現代においても重要だが、古代の権力者である天皇には土地の所有が容易であったはずで、「天皇がつくった古墳や仏教寺院の被葬者や創建者の名前」が「建造物の位置」に込められていた。歴史研究者の誰も「建造物の位置」などに注目していなかったことが、ひとつのヒントであり、文献に頼らない物理的な事象から『日本書紀』の虚構を崩すことができると確信した瞬間であった。

奈良盆地において古墳や仏教寺院や宮殿の位置こそがキーポイントであり、日本列島人が縄文時代から神の山に向けて墓を造っていた慣習（『縄文人の世界』小林達雄著）があって、飛鳥時代から奈良時代にかけて、主要な古墳や仏教寺院や宮殿は神の山とつながり、互いに直線で結びつけられているとわかった。ただ、それは見えるような線でなく、「陰陽の鬼門《きもん》」のごとく「見えない軸線《じくせん》」とでも呼ぶような、互いに見通せない場合でも結びつけられていた。まさに「空間意識」の問題であった。

神の山とつながる古墳や仏教寺院や宮殿は『平城京遷都一三〇〇年記念集成図』上で作図をすれば明確だが、測量計算でも確かめた。一三〇〇年のあいだ誰も気づかなかった事実だが、私には日本の特徴が表れているようにおもわれた。結果として「日本人は一三〇〇年のあいだ『日本書紀』に騙《だま》され続けてきた」というのが結論となるが、現時点では、おそらく誰も信じないだろう。

『日本書紀』の偽りの代表的なものとして、廐戸皇子《うまやとのみこ》と蘇我馬子《そがのうまこ》が同時代に登場するが、その「廐《うまや》」は「馬小屋」の意味で「馬子《うまこ》」はまさに「馬」である。なぜ一対《いっつい》になっているのか、「これは偶然である」と証明できる人はいないとおもわれる。

この課題の最適な説明として、「廐戸と馬子」は「陰陽《いんよう》の二元論」で創った一対の傀儡《かいらい》（あやつり人形）と考える。なぜなら、『日本書紀』に「陰陽」の文字があって、当時は陰陽寮《おんようのつかさ》を設け、占星台《せんせいだい》を設置して吉凶《きっきょう》を占《うらな》ったとされ、『日本書紀』の編纂者が「陰陽の二元論」で思考していた可能性が高く、スーパースターのような天皇を「陰陽の似《に》て非《ひ》なる」二人の傀儡に分け、業績などを分割する必要があったと考える。その目的は六四五年の「乙巳《いっし》の変」の真実（天皇殺害のクーデター）の隠蔽《いんぺい》であり、政権を握った側の出自《しゅつじ》の美化も図《はか》られた。

蘇我と聖徳を傀儡として登場させることが『日本書紀』のシナリオであって、天皇の継承を乱す必要があった。したがって、厩戸と馬子の時代は「敏達《びたつ》—用明《ようめい》—崇峻《すしゅん》—推古《すいこ》—舒明《じょめい》—皇極《こうぎょく》」と天皇がめまぐるしく代わったり、皇后が天皇位を継いでいる。文献を研究した『聖徳太子の真実』においても「用明・崇峻・推古の大王位はなかった」とされ、敏達天皇から舒明天皇に直接継承されたとする本書の論理と整合する。

この話が信憑性《しんぴょうせい》をおびるのは蘇我四代の名前（稲目《いなめ》・馬子・蝦夷《えみし》・入鹿《いるか》）が中国の『史記』（司《し》馬遷《ばせん》著）の故事に由来する「暗号」のようにおもうからだが、決定的なことは『日本書紀』に記される「蘇我馬子が飛鳥寺（法興寺《ほうこうじ》）を創建した」や「厩戸皇子が四天王寺を創建した」が偽りであると物理的に証明される。蘇我・聖徳一族が「陰陽の二元論」から創作した傀儡とすれば、『日本書紀』に彼等が登場する理由を説明できる。

本書は、結局のところ『日本書紀』の虚構を浮上させることになった。ただ私は、この日本列島における『日本書紀』の役割は大きく、よい面もあるが、「原発の安全神話」などに象徴されるように「真実と思えないことがまことしやかに語られる」ことに危惧を抱く。『古事記』や『日本書紀』が神話として存在することはよいが、悪用された歴史もあって客観的な視点の獲得が必要となる。

『日本書紀』は抜群の政治的力量を持つ藤原不比等《ふじわらふひと》によって編纂されたとわかったが、そのシナリオを読み取るには文献からは不可能で、「建造物の位置」が道を開いてくれる。

藤原不比等について、哲学者の上山春平《うえやましゅんぺい》が「政治にかかわるということは悪魔と手をにぎることにほかならぬ」（『職業としての政治』マックス・ウェーバー著）という視点から「抜群の政治的力量は抜群の悪魔性をともないがちだ」（『埋もれた巨像』）と述べている。したがって、本書が問題視する範囲は、六世紀の後半、仏教を導入して多くの仏教寺院を建立した時代から、藤原不比等が亡くなった時点（七二〇年頃）までを検証することになるが、最終的に実権を握った藤原不比等が平城京をいかに構想したか、そこから始めたい。

飛鳥時代のなかで遣隋使を派遣する六〇〇年頃は、中国を統一（五八一年）した「隋」が朝鮮半島を侵略していた時代で、日本列島に「外圧」がかかっていた時だった。遣隋使の派遣や多くの仏教寺院の建立は重要な政治的対処であったと推測できる。遣隋使の派遣を指揮した人物がいたはずで、「聖徳太子」と伝承された「隠された天皇」が存在したと考えている。根本的な事実は「聖徳太子」という文字が『古事記』や『日本書紀』に登場しないことであり、「歴史に登場しない人物が、なぜスーパースターとして伝承されているのか」その合理的な説明に一度も出会っていない。

藤原不比等は民衆の伝承を消すことができず、スーパースターであった天皇を「聖徳太子」にすり替え、「蘇我聖徳＝我は聖徳太子として蘇《よみがえ》る」としたばかりか、飛鳥京と難波京という都市までも隠した。その飛鳥京は、奈良盆地の奥に創られた光輝く塔が林立する仏教都市であり、「それを創った天皇」が「聖徳太子」として伝承されるように『日本書紀』に「しかけ」を施したのである。

以上の結論に至った推理をこれから展開するが、多くの反論を期待している。

（注）

・天皇号は本来なら天智或いは天武天皇から使用したとされるが、混乱するので『日本書紀』に記載されるままとした。
・年号は混乱するので西暦で統一した。
・文中の敬称は省略した。
・建造物を造ることは技術者の手によって造られるが、資金を出し命令した人物によっても「造られる」とした。
・文中に「怨霊」や「祟り」という言葉を使っているが、科学的な根拠はない。

虚構の蘇我・聖徳

―我《われ》は聖徳《しょうとく》太子として蘇《よみがえ》る―

目次

第Ⅶ章　天武と持統の墓……345

あとがき　397

第Ⅰ章　藤原不比等の平城京

1　藤原不比等によって構想された平城京

「陰陽の原理」でつくられた平城京

本書の目的は「『日本書紀』に組み込まれた蘇我や聖徳一族は傀儡《かいらい》（あやつり人形）である」と証明することだが、はじめに藤原不比等《ふじわらふひと》の権力の大きさを示しておきたい。その力があれば、『日本書紀』に蘇我や聖徳一族という傀儡を組み込むなど容易であるからだ。それだからといって彼等を傀儡とすることはできないが、平城京の都市計画における不比等の意図を見れば、その強引さを理解していただけよう。

藤原不比等の業績は、不思議なことに、ほとんど表面に出ていない。歴史書の『続日本紀《しょくにほんぎ》』には、平城京遷都《へいじょうきょうせんと》は元明《げんめい》天皇の詔《みことのり》でおこなわれ、『日本紀（書紀）』の奏上《そうじょう》は舎人《とねり》親王であり、大宝律令《たいほうりつりょう》の制定のみ刑部《おさかべ》親王を筆頭として次が不比等となっている。官僚トップであったが、歴史の表面に出てこない。何をなしたのか「大宝律令」以外になにもない。それは『日本書紀』の編纂の黒幕だったことで可能になったが、本書を読み進めれば、無気味な存在感が迫ってくることだろう。

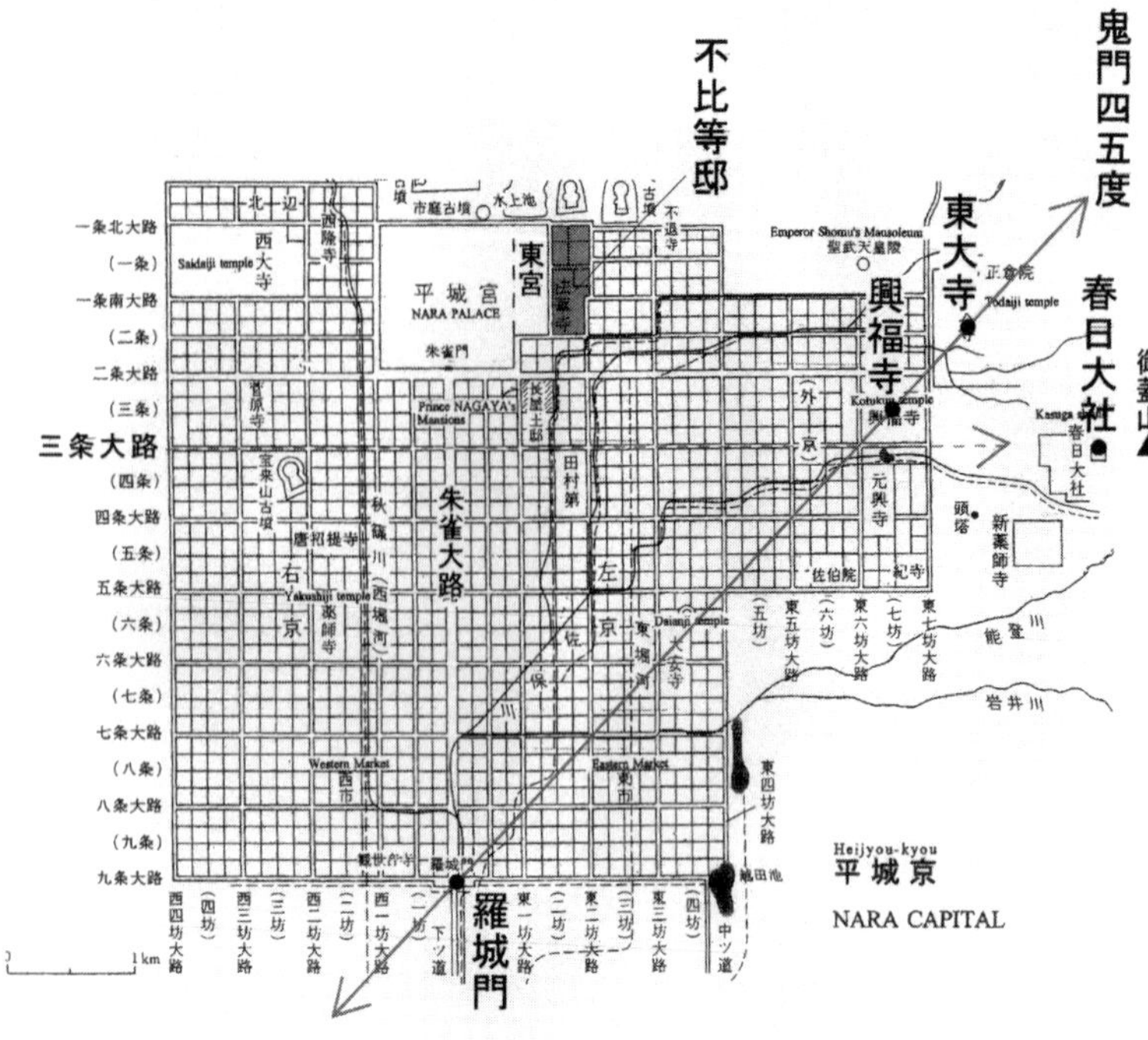

図１　平城京の都市図

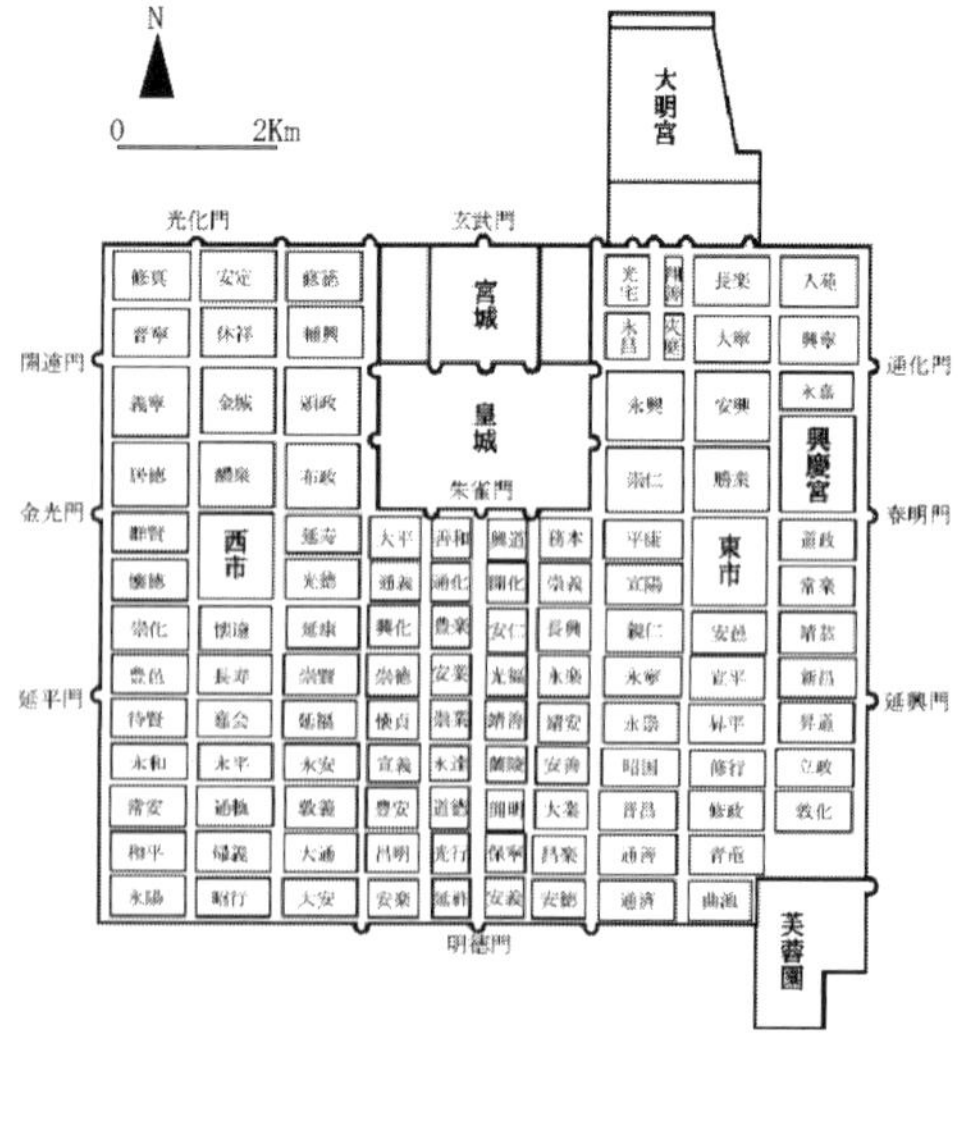

図２　唐の長安（都市図）

「藤原不比等が平城京を構想した」と明らかにわかる事実が〔図1　平城京の都市図〕にある。平城京は羅城門《らじょうもん》を基点としているが、その羅城門は藤原氏の氏寺《うじでら》である興福寺《こうふくじ》と「陰陽《いんよう》の二元論」から生じた「鬼門《きもん》」の四五度線で結ばれ、朱雀大路《すざくおおじ》（下ツ道《しもみち》）との交点に造られた。「鬼門」は現代の「家相《かそう》」においても認識され、北東から南西へ向かう陰陽の境界面（四五度線）が不安定なところから、その線上で「百鬼《ひゃっき》が出入りする場所」（『日本の呪術の歴史』）とされる。興福寺が羅城門の北東にあることによって百鬼から守り、後に興福寺の鬼門の先に東大寺が造られることを見ても、そのように意図したと考えられる。伝承によれば、羅城門は夜になると門を閉め、かがり火を焚《た》いていたというから、「鬼門」を意識していたのは間違いないところであろう。

藤原不比等は、七一〇年平城京遷都の時期には正二位右大臣で藤原一族のトップであり、娘の宮子《みやこ》を文武《もんむ》天皇に嫁がせ首皇子《おびとのみこ》（のちの聖武《しょうむ》天皇）が産まれ、皇太子の祖父として君臨している。早逝した文武の母である元明《げんめい》天皇と共に、孫の首皇子を天皇にすべく動いていたわけで、明らかに不比等によって平城京が構想されたとしてよい。歴史書によれば、この時期の天皇の継承は天武《てんむ》—持統《じとう》（天智《てんち》の娘で天武の妃）—文武（持統の孫）—元明（天智の娘で持統の子・草壁《くさかべ》の妻）—元正《げんしょう》（元明の子で文武の姉）—聖武とされる。（巻末年表参照）

藤原不比等は、さらに興福寺の南側に三条大路《さんじょうおおじ》を設定して、三条大路の東の先に御蓋山《みかさやま》を御《ご》神体《しんたい》とする藤原の守り神・春日大社《かすがたいしゃ》を造営した。興福寺と春日大社を東側とし、平城宮の東側に皇太子の住居である東宮《とうぐう》とその東にみずからの邸宅を計画したのである（図1参照）。これは明らかに「陰陽」を意識し、平城宮の中心南北軸（朱雀大路）の東側を「陽」として計画している。平城京の土地利用計画において、「陰陽の原理」に適《かな》った土地を藤原一族のためだけに使ったとしてもよい。

藤原不比等による平城京は、唐の長安（図2参照）に倣《なら》ったとされるが、長安とは異なり北東側を突出させた都市形状とし、その部分に藤原氏の守り神（春日大社）や藤原の氏寺（興福寺）を新築した。藤原氏に有利なように都市計画をしたことは明らかであって、天智や天武天皇の子孫をしのいだ不比等の権力の強さを示し、当時は誰もが認めていた事実であり、現在においても認識できる事実となっている。また、「陰陽道《おんみょうどう》」の「鬼門」は長岡京《ながおかきょう》からとの認識にあるが、それを覆《くつがえ》す事実でもある。

藤原不比等が構想した平城京を見るならば、巨大な権力を手にしていたことがわかり、『日本書紀』や『古事記』の編纂において黒幕であったとしてよく、むしろ積極的に歴史の真実を隠蔽《いんぺい》し、政治的イデオロギーを表明しようとしたはずだ。それを「陰陽の二元論」を用いて成し遂げたのであり、その証拠が『日本書紀』の冒頭文にある。

『日本書紀』の冒頭文にある「陰と陽」

「鬼門」の元となる「陰陽の二元論」は仏教の導入と共に日本に輸入されたようだ。敏達《びたつ》天皇五七七年にも百済《くだら》から経論《きょうろん》や僧侶と共に呪禁師《じゅこんのはかせ》が献上されていることからわかる。その後に天武天皇が陰陽寮《おんようのつかさ》や占星台《せんせいだい》を設けて吉凶《きっきょう》を占っている。それらが科学であった時代に、藤原不比等が平城京を「陰陽の原理」で構想し、『日本書紀』もまた「陰陽の原理」によってつくられたと考えられる。その証拠が『日本書紀』の冒頭文にある。

「古、天地未剖、陰陽不分、渾沌如鶏子、溟涬而含牙。及其清陽者薄靡而爲天・重濁者淹滯而爲地、精妙之合摶易、重濁之凝竭難。故、天先成而地後定。然後、神聖、生其中焉。」

「むかし、天と地がいまだ分かれず、陰と陽も分かれていなかったとき、ニワトリの卵のように渾沌《こんとん》としていた中に、暗くぼんやりとなにかが芽生えはじめていた。やがてその澄んで明らかなものは登りたなびき天となり、重く濁《にご》ったものは下に滞《とどこお》って地となった、澄んで明らかなものは一つにまとまりやすかったが、重く濁ったものは固まりにくかった。ゆえに、天が先にできあがって地はあとに定まった。しかるのち、神がその中にお生まれになった。」（訳 筆者）

「陰陽」の区別のない状況から天と地ができあがって、その中に神が生まれてくると記されているが、日本人の特徴的な空間意識を示し、現在もそのようであるとおもえ、平城京も『日本書紀』も同じ原理を基にしてつくられているとわかる。都市も歴史書も「陰陽の原理」を根本としていたのだ。

「陰陽の二元論」とは『陰陽道の発見』（山下克明著）によれば「陰は日のあたらない山の北側、陽は日のあたる山の南側を言う語であり、また陽は太陽であるから陰は月（太陰）にたとえられた。」もので、「天地や男女といった相対立する事物が陰と陽に区別され」、陰と陽は「すべての物を動かす潜在的活力である『気《き》』の概念と結びつくことによって、（中略）生成消滅して循環する属性をもつとかんがえられるようになる。」とされている。そのことは、季節の変化で「冬至に陰の気がきわまると陽の気がきざしはじめる」（同）などのように、互いに異なる「気」が混ざり合いながら変化するとされる。

陰陽の原理「方角《ほうがく》」の話だが、中国の歴史書『隋書《ずいしょ》』には、皇帝「煬帝《ようだい》」の六〇七年に倭国《やまとのくに》の天皇の「阿毎《あめ》、多利思比孤《たりしひこ》、阿輩雞弥《あほけみ》（天《あめ》たりし彦《ひこ》の大王《おおきみ》）（註）」が使者を派遣してきたとあって、その倭国の国書に「太陽が昇る東方の国の天子が、太陽が沈む西方の国の天子に書信を差上げる。」（『倭国伝　全訳注』）と記されていた。これを見た皇帝が不機嫌になったのは西が「陰」だからで、倭国では明らかに東西を意識していることがわかり、「陰陽の二元論」が共通で古代都市の東西が陰陽を分けた形態となっていると考えられる。

その証拠に、「陰陽の原理」の「鬼門」によって具体的な都市・平城京が構想されているとわかった。そのようなら、蘇我一族が「陰」の性格をもたされ、聖徳一族が「陽」の性格をもたされてあったとしても不思議ではない。『日本書紀』が陰陽の虚構性をもっているなら、聖徳太子や蘇我一族の実在性などあるわけがないと想像できる。藤原不比等が奈良盆地に施した軸線を見れば、本書が示す物理的事実を認識できよう。

(註)『隋書』六〇七年の遣隋使に対する記述における倭国の天皇名「彦《ひこ》の大王《おおきみ》」(『飛鳥の暗号』)は明らかに男の名前となっているが、『日本書紀』では敏達《びたつ》天皇の皇后の推古《すいこ》天皇の時代で、敏達天皇の子に「彦人大兄皇子《ひこひとのおおえのみこ》」の名があり、『隋書』における「彦《ひこ》」の音が一致し、「彦人大兄皇子」が天皇だった可能性がある。また、「敏達」は天皇名における和風諡号《わふうしごう》と呼ばれ『日本書紀』によって後から名付けられた。生前は諱《いみな》を用いていたとされ、「彦人大兄」が「敏達」の諱であった可能性もある。なぜそのように判断するのか? 天皇の継承を『日本書紀』が偽ったとおもうからで、唯一の他国の史料『隋書』と『日本書紀』の記述が相違する事実を提示した。

2　平城京に施された「軸線」

平城京の軸線

平城京の都市計画を決定するのに羅城門の位置を基点としていたことが判明し、藤原不比等によって構想されたとわかったが、不比等がいかに平城京を構想したのか。詳細を説明する必要がある。

そこで、〔図3　藤原の軸線〕に「建造物の位置」を図示し、古墳や仏教寺院や宮殿が直線（軸線《じくせん》）で結ばれている状態を示した。数学的にも三点が直線に並べば、人為的な事象であり、奈良盆地に施された軸線は人間の情念や時間を表わし、「建造物の位置」が偶然そこにあるのではなく、綿密に測量されてそこに存在していると判明した。

〔図3〕には、平城京やそれ以前の都市の形状を決定した御蓋山《みかさやま》・三輪山《みわやま》・御破裂山《ごはれつざん》・畝傍山《うねびやま》・耳成山《みみなしやま》・香久山《かぐやま》の位置を示しているが、奈良盆地の南側から北側へ都市が移った様が見てとれ、それらの山を「神のいる場所」と見たてた古代人の心情が現代人の心情に重なってみえる。また、難波京《なにわきょう》にある難波湊《なにわみなと》から大和川《やまとがわ》を遡《さかなぼ》って盆地に入った斑鳩《いかるが》の地には、現存する法隆寺西院《さいいん》伽藍《がらん》と一九三九年に発掘された法隆寺若草伽藍《わかくさがらん》などが建立されていたはずで、そのような具体的

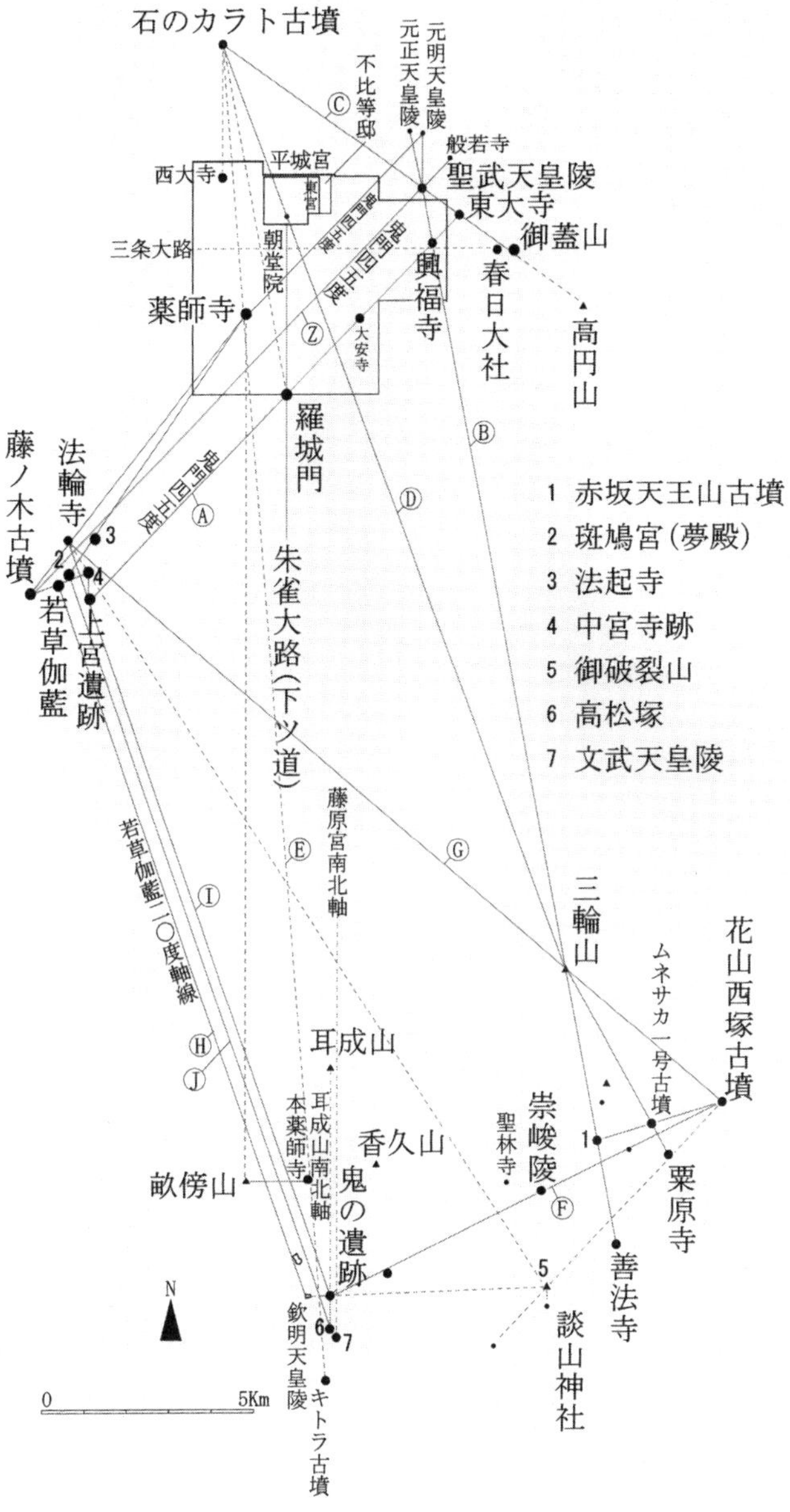

図３　藤原の軸線（平城京遷都 1300 年記念集成図をベースに作成した）

な関係性のなかで『日本書紀』がつくられたのであり、そこに真実が隠されている。

羅城門の位置

羅城門の位置は平城京の都市計画の基点となっているが、計画にあたって、羅城門と興福寺を結ぶ「鬼門」の四五度線と朱雀大路とした下《しも》ツ道《みち》の線上の交点を上下方向に動かしてもよい。それでは、なぜ羅城門がその位置なのか？　羅城門はその位置でなければならなかった。なぜなら〔図3〕を見ると、「鬼門」の延長線上（裏鬼門）に斑鳩《いかるが》の上宮《かみや》遺跡があり、その伝承によると六二一年聖徳太子が亡くなった宮殿跡（飽波葦墻宮《あくなみあしがきのみや》）とされ、「鬼門」の出発点とせねばならない何らかの原因が上宮遺跡にあるように推測される。

平城京の都市計画の原点は上宮遺跡から延びる「鬼門」の四五度線と御蓋山《みかさやま》の水平軸（三条大路）の交点に興福寺を据え、御蓋山の麓に春日大社を造営することであった。その途中の下ツ道の交点に羅城門を設置したのは二次的な理由にすぎなかった。不比等が上宮遺跡を「裏鬼門」に据えねばならない理由があるはずで、どのような関係性があるのか？　この事象は本書の課題に直結する話ではないか？

「鬼門」の軸線が四五度の直線となっているか？　作図をすれば確かめられるが、さらに羅城門に対する上宮遺跡の方位角を求める測量計算をおこなう（表1参照）。方位角が四五度となれば

場所	北緯（緯度）	東経（経度）	方位角
羅城門跡	34.65298	135.79466	—
上宮遺跡公園付近	34.61132	135.74435	44.927

表1　上宮遺跡―羅城門跡―興福寺―東大寺の軸線Ⓐの方位角計算表

よい（測量計算の方法は【コラム1】三六頁を参照）。その他の軸線の測量計算も順次行っていく。

測量計算の方法として、《羅城門―興福寺―東大寺の軸線》は〔図1〕より碁盤目状道路（条坊《じょうぼう》道路）の対角線で四五度となり、省略した。また、上宮遺跡の位置は中宮寺跡④の南北軸線上にあるとして、斑鳩の上宮遺跡公園の北西の場所を想定した。結果として四四・九度であり、「鬼門」の出発点として想定できる。

興福寺の位置

興福寺（写真1参照）の位置は、御蓋山へ向かう三条大路の北側にあって、次のⒶとⒷ二本の軸線によって位置づけられている（図3参照）。

Ⓐ上宮遺跡―羅城門―興福寺―東大寺の「鬼門軸」（表1参照）

Ⓑ聖武天皇陵―興福寺―三輪山《みわやま》―赤坂天王山《あかさかてんのうざん》古墳①―善法寺《ぜんほうじ》（音羽山観音寺）の軸線（表2参照）

興福寺の位置は「鬼門」の線上で、聖武天皇陵や赤坂天王山古墳や三輪山の位置によって最終的に決定されている。この聖武天皇陵と結ぶ軸線の特徴は、赤坂天王山古墳から途中に三輪山があって、興福寺や聖武天皇陵を見通せないことだが、見えなくとも「こころ」のなかで結ばれているとしてよい。二つの古墳が氏寺を介して直線で結ばれる関係ならば、赤坂天王山古墳の被葬者と聖武天皇が血縁関係にあると想像される。

興福寺の歴史は、不比等が新益京《あらましのみやこ》（いわゆる藤原京）にあった廐坂寺《うまやさかでら》を平城京遷都の際に移転したとされる。不比等の父である藤原鎌足《かまたり》によって、六六九年山背国《やましろのくに》山階《やましな》（京都市山科区）に山《やま》階寺《しなでら》として創建され、その後六七二年に明日香へ移転し廐坂寺と称したと『日本書紀』に記し、藤原氏の氏寺であるとした。

〔表2〕の計算結果として、興福寺東金堂の数値が少しずれるが、東金堂の位置は一応の目安とした地点であり、興福寺の境内は広く軸線が通過しているのは間違いがない（測量計算の方法は【コラム1】三六頁を参照）。

〔図3　藤原の軸線〕には聖武天皇陵や、石のカラト古墳などが重要な位置を占めている。それらが直線で結ばれ「血縁・こころ・時間」を表わしていることを次の【コラム1】で示しておきたい。

写真１　興福寺五重塔と東金堂

場所	北緯(緯度)	東経(経度)	方位角
聖武天皇陵	34.69392	135.82955	—
興福寺東金堂	34.68290	135.83221	168.703
三輪山	34.5350	135.86694	168.981
赤坂天王山古墳	34.50041	135.87458	169.095
善法寺	34.47942	135.87925	169.138

表２　聖武天皇陵—興福寺東金堂—三輪山—赤坂天王山古墳—善法寺の軸線Ⓑの方位角計算表

コラム1

建造物が直線的に並んでいることを測量計算で確かめる——

奈良盆地において、なぜか古墳や仏教寺院や宮殿が神の山と直線で結ばれている。古代はどのように測量をして位置を決めていたのか？　測量の方法を知る必要があるが、ここでは古代人が直線に並べた意味を知ることの方が先であり、それには直線となっているのか確かめねばならない。それは地図上に正確に線を引けばわかる。しかし、直線となっていることを証明するなら測量計算によって確かめる必要があるだろう。

直線とは、一般的に三点以上が並ばなければ直線にはならず、その測量計算は「方位角《ほういかく》」を利用すると次のようになる。

〔図4〕に点ABCが直線的に並んでいて、それらを結ぶ直線を「軸線《じくせん》」と呼ぶこととする。その地図上の点ABCは各々「緯度経度」情報を持ち、点Aに対して軸線上の点BとCは角度があり、その北Nに対する角度を方位角と呼んでいる。そのBCの方位角が一致すれば、直線的に並んでいることになる。

これを測量計算で確かめるのだが、国土地理院が提供する『測

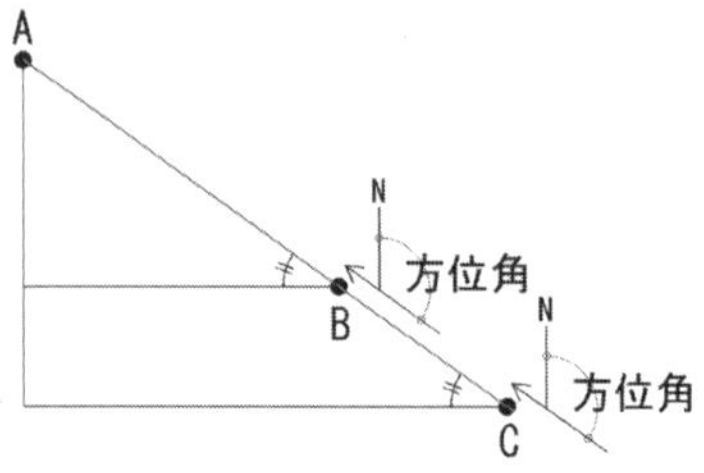

図4　測量計算方法（方位角とはなにか）

量計算サイト』の「距離と方位角の計算(註)」を利用する。Aの緯度経度に対するB及びCの緯度経度を入力すれば、誰もが簡単にAに対するB及びCの距離と方位角を得ることができる。

計算結果について、幾何学上厳密にいえば、方位角は一致しなければならない。しかし、高低差のある自然の野山では古墳や寺院に適さない場所もあり、当時の測量技術の精度の問題もあって、多少のずれも必然的に生じてくると考えられる。したがって、計算結果として小数点以下は四捨五入というより、おおよその数値（〇・五度以内）が一致すれば、その角度で結ばれているといえる。一度以上ずれるならば、作図しても直線とならない。

宮殿や仏教寺院で規模が大きい建造物は門と最後尾では緯度経度の数値が大きく異なってくる。結果的に直線でなくなる場合もあり、配置復元図を元にして軸線の通過する位置を割り出す必要がある。その他、軸線の出発点となった場所は無理のない場所に造られているはずであり、どこが出発点かを考える意味でも重要な視点となる。

数学的に、三点が偶然に直線に並ぶことはほとんどないのだが、例としてA＝神の山、B＝仏教寺院、C＝古墳とした場合を想定して、ここからなにが判明するか？　試してみる。Aは山で固定され、BとCはどこに置いてもよいが、意図されて直線に並んでいる。Bは仏教寺院で、ある程度平坦な場所に建立する必要があり、そのような場所を探すはずで、Cは古墳で山地の適当な場所を選ばなくてはならない。そのような理由でBとCの位置が直線から少しずれることはあるはずだ。
さらに、Ｂ（仏教寺院）とＣ（古墳）は「血縁・こころ・時間」も表している。ＢとＣはどちらを先に造ろうと互いに相手の位置を知っていることが前提で、それを「三点を結ぶ直線の論理」としておく。つまり、ＢとＣを造った人は同一人物か、血縁の濃い人物同士ということになり、あまり時間をおかずに造られたとわかる。

（註）計算式の詳細は同サイト参照、緯度経度情報はGoogle Mapなどから得る。

3　聖武天皇陵の位置が語る真実

聖武天皇陵の位置

聖武天皇陵は平城京の域外にあって、興福寺の北側に位置し、次のⒷとⒸの二本の軸線の交点となっている。また、驚くことに藤ノ木古墳との間に「鬼門」Ⓩ軸が設定されている。神の山や興福寺や春日大社に守られた聖武天皇陵は、藤ノ木古墳と対峙するようになっている。

写真２　奈良公園から望む御蓋山と若草山

Ⓑ聖武天皇陵―興福寺―三輪山
―赤坂天王山古墳―善法寺の軸線（表２参照）
Ⓒ石のカラト古墳―聖武天皇陵―東大寺
―御蓋山《みかさやま》（中腹付近）の軸線（表３参照）
Ⓩ般若寺《はんにゃじ》―聖武天皇陵―藤ノ木古墳の「鬼門軸」
（表４参照）

御蓋山（写真２参照）と聖武天皇陵が軸線で結ばれて、その山の麓に春日大社が造営された。聖武天皇陵を中心に据えることのできる人物によって遷都の時期に設定された基本線であり、《羅城門―興福寺の「鬼門」の軸線Ⓐ》と聖武天皇陵を通過する三本の軸線によって、平城京の形態が決定されている。ⒷとⒸの二本の軸線には古墳がひとつずつ含まれているが、赤坂天王山古墳と「石のカラト古墳」の被葬者と聖武天皇が関係すると考えられる。

場所	北緯 (緯度)	東経 (経度)	方位角
石のカラト古墳	34.72382	135.77853	—
聖武天皇陵	34.69391	135.82956	125.351
東大寺 (南大門)	34.68787	135.83983	125.362
御蓋山 (中腹付近)	34.68146	135.85116	125.209

表３　石のカラト古墳―聖武天皇陵―東大寺―御蓋山の軸線Ⓒの方位角計算表

場所	北緯 (緯度)	東経 (経度)	方位角
般若寺 (推定)	34.69974	135.83670	45.414
聖武天皇陵	34.69392	135.82955	—
藤ノ木古墳	34.61182	135.72947	45.181

表４　般若寺―聖武天皇陵―藤ノ木古墳の軸線Ⓩの方位角計算表

孫の聖武天皇陵を中心に据えたことこそが藤原不比等の願いであった。聖武天皇を中心とした平城京をつくりあげ、「天孫降臨・万世一系」の天皇が治める律令国家の構築を「大宝律令」と『日本書紀』によって成し遂げたのである。まさに藤原不比等の実力がここに極まっていると建造物の位置が教えている。

したがって、そのような筋書きが『日本書紀』に詰まっているとおもわねばならない。なぜならば、大宝律令と平城京には「蘇我・聖徳」のような傀儡は組み込めないからである。

そして、聖武天皇はこの構想には加担していないであろう。平城京遷都の時期に聖武天皇はわずか一〇歳で、そのように設定できる知力が未だ備わっていなかったと想像できるからで、平城京の都市計画の策定は藤原不比等にしか可能ではない。

〔表3〕に測量計算の結果を示した。春日大社には御蓋山へ向かって鳥居が境内の横に設けられていて、その鳥居と山頂を結ぶ中間なら数値的に合ってくる。現代でも御蓋山の中腹附近で春日大社の神官が祭祀をおこなっている意味も軸線の到達点と関係しているのであろう。

聖武天皇陵と藤ノ木古墳の関係

聖武天皇陵は、羅城門―興福寺の「鬼門」のごとく、斑鳩の藤ノ木古墳と四五度で結ばれている（図3参照、Ⓩの軸線）。それを次に示し、測量計算（表4参照）でも確かめている。

Ⓩ般若寺《はんにゃじ》―聖武天皇陵―藤ノ木古墳の「鬼門軸」（表４参照）

○元明天皇陵―薬師寺の「鬼門軸」（測量計算省略）

「鬼門」の軸線は、他に元明天皇陵と薬師寺も四五度で結ばれているので、「鬼門」が偶然でないことがわかる。また、薬師寺は〔図３〕のごとく、《藤ノ木古墳―法輪寺《ほうりんじ》―薬師寺の軸線》や《斑鳩宮（夢殿）―法起寺《ほうきじ》―薬師寺の軸線》と関係があり、藤ノ木古墳の被葬者が聖武天皇となんらかの因果があると認めざるをえない。

薬師寺では、奈良時代から「吉祥悔過《きちじょうけか》」といって『吉祥天画像《きちじょうてんがぞう》』（写真43、一九三頁参照）の前で祭祀を行っている。その吉祥天像の髪形と関連するとおもわれる「筒型金銅製品《つつがたこんどう》」（写真42、一九三頁参照）が藤ノ木古墳から出土している。また、「悔過」とは「過《あやま》ちを悔《く》いる」ことであり、「過ちを悔いねばならない」必然性があったと判断される。同じく、副葬品の馬具の飾り金具の文様に似たデザインの軒丸瓦が斑鳩宮や若草伽藍から出土している。この話は後述（第Ⅲ章）しているが、「鬼門」と関連することは間違いなく、その謎を解けば真実に至ると推測できる。それでは、藤ノ木古墳（写真58、三二〇頁参照）とはどのような古墳なのか？

藤ノ木古墳には二〇歳前後の二人の人物が葬られ、歴史学者のあいだでは六世紀末の古墳とされている。しかし、〔図３〕の藤ノ木古墳の位置をみると、中宮寺跡や斑鳩宮や法隆寺若草伽藍が並ぶ線（水平に対して二〇度）上にあって、それらより古いとすると、二〇度の傾きをもつ若草伽藍や斑鳩宮をその位置に造ることは不可能となってくる。なぜなら、恣意的に決定された藤ノ木古墳の位置は、後から造られた斑鳩宮（六〇一年）や若草伽藍と一直線にならないからだ。斑鳩宮や若草伽藍がその位置に造られた後に藤ノ木古墳が造られ、その二人の被葬者は皇太子夫婦と考えている。藤原不比等が聖武天皇陵と藤ノ木古墳を「鬼門」の軸線で結んだ理由を解明すれば、真実に至るとわかる。それにはさらに読み進んでもらわねばならない。

　般若寺は現存して、『続日本紀』に登場せず創建時期も諸説あるようだ。奈良時代の瓦が出土する事実もあって、七三五年聖武天皇が伽藍を建立し、談山神社と同じ「十三重石塔」を建て、自筆の大般若波羅蜜多経《だいはんにゃはらみったきょう》を納めたとする伝承が最も近いようにおもう。般若寺に至る「鬼門」の軸線は明らかに聖武天皇陵を守る位置に寺院を建立したことで、聖武天皇によってなされたとわかる。また、寺の伝承においても「平城京の鬼門鎮護」のためとあり、藤ノ木古墳からの「鬼門」を意識していたと認識される。

　般若寺の位置は、東七坊大路《ひがしななぼうおおじ》（東京極《ひがしきょうごく》）を北へ延長した場所で、奈良と京都を結ぶ「京街道」に沿った位置に建てられている。したがって、般若寺の方位角計算において現在地ではなく、推定した位置情報（Google Map）により計算した。

聖武天皇の七四五年（乙巳の変の一〇〇年後）

藤原不比等が七二〇年に亡くなり、その年に『日本書紀』が発表された。不比等の念願であった聖武天皇の即位は元正天皇から譲位されて七二四年になされたが、平城京の形態やみずからの墓の位置などの理由は知っていたと推測できる。それは、東宮に住む首皇子（聖武）の隣には不比等の邸宅があって、帝王教育を欠かさなかったと想像され、「陰陽」を含む『易経《えききょう》』（四書五経）は必修であった。

聖武天皇の不安は七二八年に皇后の光明子《こうみょうし》（不比等の娘）が生んだ皇太子が翌年に死去したことから始まったようにおもう。その後、男子は授からなかった。また、七三七年に天皇を支える藤原四兄弟（武智麻呂《むちまろ》、房前《ふささき》、宇合《うまかい》、麻呂《まろ》）が相次いで死亡してしまった。七三九年に斑鳩宮《いかるがのみや》の跡地に法隆寺東院伽藍とされる夢殿《ゆめどの》(註)が完成しているが、『続日本紀』には七三八年に鵤《いかるが》寺（法隆寺西院伽藍）に食封《じきふ》二〇〇戸が施入されたとしか記されない。夢殿の建設費ということであろうが、山階寺《やましなでら》（興福寺）には食封一〇〇〇戸とされている。

聖武天皇の不安は七四〇年恭仁京《くにきょう》への遷都にあらわれる。七四一年には全国に「国分寺《こくぶんじ》建立の詔《みことのり》」を発し、七四二年には近江に紫香楽《しがらき》離宮を造るなどして、行幸を繰り返し平城京から離れることばかり考えているようである。そのなかで東大寺の大仏建立が七四三年に発願《ほつがん》される。その建立地が定まったのが七四五年とされているが（『続日本紀　全現代語訳』）、この《羅城門―興福寺の「鬼門」の軸線》を知っていたからこそ、東大寺の位置に造られたのである。七四五年という年は「乙巳の変六四五年」の一〇〇年後にあたり、不比等の邸宅も宮寺（後の法華寺《ほっけじ》）とされ、全国に国分尼寺《こくぶんにじ》が造られる発端となった。

（註）夢殿は斑鳩宮の跡地に造られ、「天皇の墓」と同じ意味の八角堂《はっかくどう》で『救世観音像《ぐぜかんのんぞう》』が明治時代まで秘匿《ひとく》されていたことは有名である。その有様を説明する理由として、藤原四兄弟の死を「怨霊の祟り」と考えたとすれば納得される。〔図3〕には夢殿が高松塚と二〇度の角度で結ばれている様を示してあるが、二〇度は法隆寺若草伽藍の中心軸の角度でもあり、高松塚の被葬者について「怨霊説（『黄泉の王』梅原猛著）」もあって、斑鳩の上宮遺跡の「鬼門」や藤ノ木古墳の「鬼門」とも符合してくる。

聖武天皇が怖れたもの

聖武天皇が遷都（恭仁京や難波京）を繰り返した時期、確かに奈良盆地において流行病《はやりやまい》や地震が多発して政情も不安定であったことも影響しているのだろう。遷都をくり返した理由について、聖武天皇はみずからの墓の位置が決定された「いきさつ」を知っていたはずで、「乙巳の変の一〇〇年後」という意識があったかもしれない。「怨霊の祟り」が一〇〇年後に襲ってくるとおもえば、平城京にはいられない。「陰陽の二元論」が科学であった時代なら、そう考えても不思議はない。

聖武天皇が怖れたものは、天智一族と藤原一族の血を引き継ぐみずからの境遇で、変えることのできないものであった。その原因が六四五年に起きた、中大兄皇子《なかのおおえ》（天智天皇）と藤原鎌足による蘇我入鹿《いるか》と蝦夷《えみし》の殺害（乙巳の変）が原因だとはおもえない。入鹿は厩戸皇子の子の山背《やましろの》大兄皇子《おおえのみこ》を理由もなく襲うような人物で、それを退治した中大兄皇子と鎌足はヒーローであって、入鹿を怖れることはない。怨霊となるには資格があって、天神様《てんじんさま》となった菅原道真《すがわらのみちざね》は「政争に敗れ不幸な死を遂げた貴人は怨霊と化す『日本の呪術の歴史』」とされ、狼藉者《ろうぜきもの》の入鹿は怨霊にはなれない。

『日本書紀』は、皇極《こうぎょく》天皇（舒明《じょめい》天皇の皇后）の時代に起きた「乙巳の変」の直後に天智や天武天皇の兄の古人大兄皇子《ふるひとのおおえのみこ》一族が謀反という理由で殺害されたと記している。古人大兄《ふるひとのおおえ》は天智や天武天皇と共に舒明《じょめい》天皇の皇子であるが、古人大兄だけが蘇我一族の母から生まれたとされる。本書が主張する「蘇我・聖徳が傀儡」であることによって、古人大兄を蘇我一族とすることが可能となり、謀反という理由で殺害できる。『日本書紀』に古人大兄は長兄とされて、古人大兄が天皇であったら、謀反を起こしたのは中大兄（天智）と鎌足である。その真実を偽装したのが『日本書紀』とすれば、辻褄《つじつま》は合う。また、藤ノ木古墳の被葬者が古人大兄の皇太子夫婦とすれば、聖武天皇が祟《たた》りを怖れた全てが説明可能であり、「鬼門」の軸線が証拠となる。

中大兄（天智）や藤原鎌足らが、天皇の継承や政策に不満をもって、天皇一族を殺害した話は「天孫降臨・万世一系のイデオロギー」を表明する『日本書紀』にはふさわしくない。その事実を隠蔽するには、どうすればよいのか？　そこで、考えついたのが「陰陽の二元論」で生み出した傀儡の「蘇我・聖徳」であり、仏教寺院の建立者や飛鳥京と難波京を造った天皇が記されない理由なのだ。

現存する法隆寺西院伽藍や発掘された若草伽藍や法輪寺《ほうりんじ》や中宮寺《ちゅうぐうじ》跡などの遺跡となっている寺院を誰が建立したのか？『日本書紀』が歴史書なら、記載すべき第一級の記事なのではないか。それを記載しなかったのではなく、記載できなかったと想像される。記載されたのは「蘇我馬子が飛鳥寺を建立し、厩戸が四天王寺を建立した」などで、傀儡によるものとなっている。これらが不比等によって筋書きされたと解明できれば、本書の使命は終わる。したがって、本書の課題は次のようになり、それらが証明されねばならない。

課題１　蘇我馬子が飛鳥寺を建立したのではなく、厩戸が四天王寺を建立したのではない。

課題２　「乙巳の変」の真実――古人大兄皇子が天皇だった。

古人大兄の出自は蘇我一族ではない。

4　藤原不比等の墓——石のカラト古墳

「石のカラト古墳」（写真3参照）は孝謙《こうけん》女帝（不比等の孫）によって創建された西大寺《さいだいじ》の真北で平城京の北部にある平城山《ならやま》の最上部にあり、古墳すべてが平たい川原石《かわらいし》に覆われている。形状は方墳の上に円墳が載った特異な形態で、その主軸を羅城門に向けて造られている。また、中世に盗掘にあったようで遺骨も副葬品もなく、その被葬者は不明であり、古墳の位置から平城京遷都に関係した人物と考えられているようだ。古墳周辺は開発によって住宅地に変貌して当初の形態を知る由もないが、この位置から御蓋山を眺められたと推測される。

「石のカラト古墳」の軸線（図3参照）を見るならば、次の三本Ⓒ・Ⓓ・Ⓔの軸線が集中して、それらが意図されたものと気づく。

Ⓒ　石のカラト古墳—聖武天皇陵—東大寺（南大門）—御蓋山《みかさやま》（中腹）の軸線（表3参照）

Ⓓ　石のカラト古墳—平城宮 朝堂院《ちょうどういん》—三輪山《みわやま》の軸線

（石のカラト古墳と三輪山を結ぶと明らかに平城宮を通るので計算を省略した）

Ⓔ　石のカラト古墳—薬師寺—本薬師寺《もとやくしじ》—キトラ古墳の軸線（表5参照）

写真３　石のカラト古墳

「石のカラト古墳」は、元明や元正天皇陵を除けば、聖武天皇陵ともっとも密接であり、平城宮の朝堂院は官吏の仕事場所であって、不比等は官吏の頂点に立つ人物である。これを見れば、「石のカラト古墳」の被葬者が明らかに藤原不比等であるとわかる。なぜなら、「石のカラト古墳」と春日大社の御神体《ごしんたい》である御蓋山が結ばれ、御蓋山―春日大社―興福寺が三条通りの水平軸で結ばれるからである。興福寺が藤原の氏寺《うじでら》であり、春日大社は藤原の守り神であって、興福寺と羅城門によって平城京が規定されていると明らかにされ、「石のカラト古墳」の被葬者の藤原不比等によって設定されていたと明確にわかる。みずからが平城京の守り神として眠っている姿は「不比等の平城京」とするにふさわしいようにおもう。

場所	北緯 (緯度)	東経 (経度)	方位角
石のカラト古墳	34.72382	135.77853	—
薬師寺本堂	34.66836	135.78429	175.095
本薬師寺跡	34.49282	135.80028	175.542
キトラ古墳	34.45125	135.80527	175.353

表５　石のカラト古墳―薬師寺―本薬師寺跡―キトラ古墳の軸線Ⓔの方位角計算表

藤原不比等は平城宮の東に孫の首皇子《おびとのみこ》（聖武天皇）のために東宮を設け、その東側にみずからの邸宅を設置した。そのようなことから、平城京の礎《いしずえ》として、聖武天皇の墓とみずからの墓を軸線で結んだと想像できる。確かに、聖武天皇陵や東大寺は藤原不比等が亡くなってから造られるが、先に亡くなった元明天皇陵は聖武天皇陵の北側にあって主軸線から外れ、前もって計画されていたからこそ、聖武天皇陵が現在地に造られた。平城京遷都の時点で首皇子（聖武）は一〇歳となっている。不比等が孫の聖武のために平城京を構想したとしても不思議ではなく、不比等以外にこのようなことはできないと断言できる。

平城京の形状は北東部分が突出しているのが特徴であり、「陰陽」の東側に御蓋山があって高台となっていたからこそ、そこに春日大社を造り、その先に興福寺を設けた。御蓋山と春日大社に守られた興福寺は羅城門の鬼門の位置に造られた。平城京の北東を突出させた意図は、藤原の地を「陰陽の陽」に当る高台に設けることであったとわかる。

「石のカラト古墳」は、薬師寺や本薬師寺と関係し、どうも、壁画のあるキトラ古墳とも関係があるようだ。〔図3〕に薬師寺の位置を示してあるが、斑鳩の夢殿や藤ノ木古墳の位置と関係があって、その位置が決められている。それを決めたのは不比等ということになり、薬師寺を現在地に造る意図をもった時期が問題となる。七一〇年の遷都の時期には決定していたとおもわれ、その時点にはキトラ古墳が存在していたと考えられる。キトラ古墳は旧都にあって、平城京遷都以前の時代に生きた人物の墓と考えるわけだが、不比等の知る人物で、薬師寺に関係する人物であることは確かであろう。

〔表5〕の計算結果について、キトラ古墳と石のカラト古墳を結べば、薬師寺や本薬師寺の伽藍は大きく、通過することは間違いなく問題ないと考えた。

5　藤原鎌足の墓――赤坂天王山古墳

〔図3〕から、さらに様々なことがわかる。まず、藤原鎌足の墓を特定しよう。前述した次の二本の軸線が聖武天皇陵を通ることから判明する。
Ⓑ聖武天皇陵―興福寺―三輪山―赤坂天王山古墳―善法寺（音羽山観音寺）の軸線（表2参照）
Ⓒ石のカラト古墳―聖武天皇陵―東大寺（南大門）―御蓋山の軸線（表3参照）

赤坂天王山古墳《あかさかてんのうざん》（写真4参照）は忍坂《おしざか》街道から談山《たんざん》神社へ抜ける桜井市倉橋《くらはし》の開けた斜面地の中心にあって、一辺四五メートル程の平面形をもつ方墳で高さ一九メートル程に階段状に積み上げられた形状と推定されている。また、周辺にいくつかの古墳が集まって写真のような大きさとなっている。

赤坂天王山古墳の被葬者は、一般的によくわからないのが現状だが、〔図3〕を見るかぎり「藤原の軸線」に絡んだ藤原一族であることは確実であり、聖武天皇陵と赤坂天王山古墳が結びつけられ、それを設定したのが不比等であれば、赤坂天王山古墳の被葬者は藤原鎌足と確定する。また、軸線の終点の善法寺《ぜんほうじ》（音羽山観音寺）が鎌足の長子の定慧《じょうえ》によって建立されたと伝承されることから、子が親の菩提《ぼだい》を弔《とむら》う構図と考えられ、定慧の父親の鎌足が赤坂天王山古墳の被葬者ということになる。

赤坂天王山古墳が善法寺と三輪山と結ばれていることから、それらは同時期に造られたとわか

写真4　赤坂天王山古墳

る。【コラム1】に示したように「三点が結ばれる直線の論理」によって、それらは意図されているわけで、赤坂天王山古墳と善法寺は共にその位置に造られることを前提としている。そして、古墳と仏教寺院の関係であって、古墳の造成に着手して、そう遠く何年も離れない、ほぼ同じような時期に仏教寺院（善法寺）が造られたと推測できる。

赤坂天王山古墳の軸線を延長して、興福寺や聖武天皇陵と結ばれた時期は、数十年を経た後と判明する。つまり、それらの軸線は石のカラト古墳と赤坂天王山古墳の被葬者と聖武天皇が血縁で結ばれていることを示している。不比等は、藤原鎌足（赤坂天王山古墳）と藤原不比等（石のカラト古墳）によって聖武天皇陵を守ると意思表示をしているように

場所	北緯 (緯度)	東経 (経度)	方位角
花山西塚古墳	34.5082	135.90611	—
崇峻陵	34.49028	135.86041	64.643
鬼の遺跡	34.46895	135.80645	64.533

表６　花山西塚古墳―崇峻陵―鬼の遺跡の軸線Ⓕの方位角計算表

みえる。

赤坂天王山古墳の軸線が延長された時期は不比等が平城京の構想を練った時期であったのであり、それによって平城京の東側が突出し、聖武天皇陵や興福寺の位置が決定した。それらの建造物は互いに見通せないが、血縁が「見えない軸線」によって結ばれる特徴があり、明らかに、不比等によって平城京が創られた証拠がここにもある。

6　藤原定慧の墓――花山西塚古墳

花山西塚古墳の軸線

花山西塚《はなやまにしづか》古墳（図３参照）が伊勢に至る街道に沿った場所にあり、飛鳥京の東側が藤原氏のテリトリーであったようだ。この花山西塚古墳の被葬者を鎌足の長子の藤原定慧《じょうえ》と推定できる理由が次の軸線ⒻとⒼなどにある。つまり、〔図３　藤原の

場所	北緯（緯度）	東経（経度）	方位角
花山西塚古墳	34.5082	135.90611	—
三輪山（頂上）	34.535	135.86694	129.567
法輪寺（中心部）	34.62222	135.73898	129.464

表7　花山西塚古墳—三輪山—法輪寺の軸線Ⓖの方位角計算表

軸線」に『日本書紀』の謎の解明につながる要素が詰まっているのだが、順を追って、述べていかねばならない。

Ⓕ花山西塚古墳―崇峻《すしゅん》陵―鬼の遺跡の軸線（表6参照）
Ⓖ花山西塚古墳―三輪山―法輪寺の軸線（表7参照）
○花山西塚古墳―ムネサカ一号古墳
　―赤坂天王山古墳の軸線（測量計算省略）
○花山西塚古墳―粟原寺《おうばらでら》遺跡―御破裂山の軸線（同右）

花山西塚古墳から法輪寺《ほうりんじ》や「鬼の遺跡」（鬼の俎《まないた》・鬼の雪隠《せっちん》遺跡の総称）に至る軸線を見るならば、【コラム1】の「三点を結ぶ直線の論理」から法輪寺の創建者や「鬼の遺跡」の被葬者とこの花山西塚古墳の被葬者が関係しているとわかる。また、「鬼の遺跡」に古墳があったと証明される。なぜならば、なにもない場所と結んでも意味は無く、花山西塚古墳の被葬者の亡くなる頃には「鬼の遺跡」は存在していた。花山西塚古墳の被葬者（定慧）は死後においても、なお「鬼の遺跡」の被葬者を鎮魂する役目を負っているようにみえる。それだけ「鬼の遺跡」の被葬者が仏教振興に尽力したと示しているのではないか。

崇峻陵に関して、《花山西塚古墳―崇峻陵―鬼の遺跡の軸線》を誰が設定したのであろうか？『聖徳太子の真実』においても傀儡とされる崇峻天皇だが、その崇峻陵がなぜここにあるのか？本書においても、崇峻天皇は「鬼の遺跡」の被葬者（天皇）の時間を埋めるための傀儡と考えているわけで、この崇峻陵には、平安時代から古墳らしきものはないという（『延喜式』）。

本書の主張は蘇我一族や聖徳一族が傀儡であるとするもので、御破裂山の北側の崇峻陵の位置・倉梯《くらはし》の地には、一時期、「乙巳の変」で殺害された古人大兄皇子の遺体があった可能性もある。なぜなら、『日本書紀』には蘇我馬子に殺害される崇峻天皇がいて、その墓の場所が倉梯となっている。『日本書紀』の編者が、実際に殺害した天皇（古人大兄）の遺体を置いた位置を崇峻の墓（倉梯岡《くらはしのおか》）として、その地に残る伝承を利用したようにおもう。つまり、『日本書紀』を編纂した不比等以外に崇峻陵を倉梯に造れる人はいない。

花山西塚古墳が、なぜ「鬼の遺跡」と法輪寺と結ばれているのか？　それは「鬼の遺跡」と法輪寺が〔図３〕に示すように、法隆寺若草伽藍の特殊な傾きと同じ、真北に対して西側に二〇度振られた角度で結びついていることが原因と考える。

法隆寺若草伽藍は、現存する法隆寺西院伽藍の南東側二〇〇メートル程の位置で一九三九年に発掘された。その伽藍配置は難波の四天王寺と同じ門・塔・金堂・講堂が一直線に並んだ形式であり、その中心軸が真北に対して西側に二〇度振られ、中心軸を延長すると欽明《きんめい》天皇陵（梅山古墳）の鳥居の位置に至る。〔図3〕に示してあるが、これが偶然でない証拠に、次に示した軸線Ⓗ・Ⓘ・Ⓙも二〇度で結ばれている。

Ⓗ若草伽藍―欽明天皇陵（梅山古墳）の二〇度の軸線（表9参照、一一八頁）
Ⓘ法輪寺―鬼の遺跡の二〇度の軸線（表11参照、一二八頁）
Ⓙ斑鳩宮（夢殿）②―高松塚⑥の二〇度の軸線（表12参照、一二八頁）

　Ⓙの軸線のごとく、二〇度の軸線に絡む高松塚には特異な壁画があり、夢殿には特異な『救世《ぐぜ》観音像《かんのんぞう》』が存在する。他にも二〇度で結ばれる例があるならば、その軸線の意味は「鎮魂《ちんこん》」ではないか？　魂《たましい》を鎮《しず》める役目を仏教寺院が負っている状況は現代に通じ、そのように想像しなければ、その軸線の説明ができない。ただ、これらの二〇度の軸線については、第Ⅱ章「飛鳥寺の創建者」において再度検証する。

　ここで、花山西塚古墳が「鬼の遺跡」や御破裂山や法輪寺と一直線に結ばれているか確かめる。花山西塚古墳は地図（平城京遷都記念集成図）上に表記されないので、桜井市教育委員会の

資料から推定した。（緯度経度情報はGoogle Map）

定慧の役目

花山西塚古墳の被葬者は、「鬼の遺跡」や法輪寺の位置を知っていた人物であり、鎮魂の意思もあったようにおもう。藤原一族の中で死後も鎮魂などの影響力を保つことが出来る人物は誰なのか。それが可能な人物は仏法を修めた定慧《じょうえ》しかいない。「鬼の遺跡」の被葬者は仏教興隆に尽力した人物と想像され、不幸な結末（子孫が殺害された）になったことを知っている人物によって、この軸線が設定されたと想像する。それでは花山西塚古墳の建造時期はいつなのか？

定慧は『日本書紀』によれば、六五三年に唐に渡り、六六五年に帰国している。『日本書紀』にはそれ以上の情報はないが、帰国後すぐに亡くなったと伝承されている。ただ、妙楽寺《みょうらくじ》（談山神社）、善法寺（音羽山観音寺）、聖林寺《しょうりんじ》（図3参照）を創建したと伝承されるならば、それらの寺院の創建は帰国後と推測され、その時間は存命していたわけで、鎌足の死後以降に亡くなった可能性は高い。なぜなら、鎌足の古墳と推定される赤坂天王山古墳の位置を定慧が知っていなければ、善法寺をそこに造ることは出来ないからで、善法寺を定慧が建立したのであれば、鎌足の死（六六九年）の後で亡くなった可能性が高い。六六五〜六六九年の間は少なくとも生存していたのであろう。とすれば、六七二年の壬申《じんしん》の乱で亡くなったと推測される。

花山西塚古墳は、石室の構造が朝鮮半島の磚槨墳《せんかくふん》によく似ているそうで、この古墳のある地方特産の榛原石《はいばらいし》をレンガ（磚《せん》）状に積み上げて造られている。その形状から、百済からの渡来系貴族の墓とされているようだが、留学僧の経験のある定慧なら、そのような墓でも不思議はない。

7「見えない軸線」と仏教寺院の役目

伊勢神宮の神域に見出す「見えない軸線」

「軸線《じくせん》」という聞き慣れない言葉を使ってきたが、私には慣れ親しんだ言葉となった。それは「丹下健三《たんげけんぞう》・都市・建築設計研究所」で一〇年間修業したことで身についた。丹下の代表作「広島平和記念施設」（写真5参照）では「原爆ドーム」とピロティで持ち上げられた「原爆資料館」が記念碑や池や通路によって視覚的に結ばれる。その視覚的に結びつける計画線を「軸線」と呼んでいる。それらは記念碑や池や通路が「見える軸線」として機能している。しかし、飛鳥時代の奈良盆地では、視覚的な結びつきではなく、「見えない軸線」とでも呼ぶような直線で、一直線に古墳や仏教寺院や神の山が並んでいる。道路や線があるわけもなく、あたかも「こころ」で結ばれているように見え、それらは現在でも確認できる。

「見えない軸線」に気づいたのは、二〇一一年の秋、伊勢神宮を訪れたあとのことであった。内宮の「神域」は冬至の太陽の登る方向に向いた鳥居（写真6参照）をくぐり、五十鈴《いすず》川《がわ》にかかる橋を渡るところからはじまる。橋の先は深い森がひろがり、参道すら見通すことはできなかった。伊勢湾を北上した台風が過ぎ去り、旅の途中の大河は台風の影響で濁流が橋脚をすくいとる

写真５　広島平和記念施設
（原爆ドームと結ばれる原爆資料館）

写真６　伊勢神宮・内宮

ようだったが、五十鈴川の流れは清く、不思議なことだが、木の葉一枚も浮いていなかった。式年遷宮《しきねんせんぐう》によって、すべてが新しくなった檜《ひのき》の鳥居や橋に導かれて参道に入ったところ、人影はなく、かわりに尾の長い、赤い鶏冠《とさか》の鶏《にわとり》が参道にいて、その鶏に導かれるように川に沿った参道の奥へ。その奥に新たな神殿が建てられていた。

伊勢神宮の、このような環境全体を「神域《しんいき》」と呼ぶが、これこそが「見えない軸線」に導かれて、神のもとにいざなわれる構成だった。なぜなら、鳥居をくぐったところで、神域を感じ、神のもとに導かれることを意識できるからだ。それを〈図5　神道《しんとう》の神域の概念図〉に示した。鳥居から本殿は見えないが、日本列島人は参道を辿《たど》れば本殿に至ることを知っている。その様を「こころ」に描いているはずだ。その「こころ」に描かれた様を「見えない軸線に導かれる」として、古墳と仏教寺院と神の山が直線で結ばれていることも同じであると考えた。それこそが日本の特徴的な空間意識であると確信した。

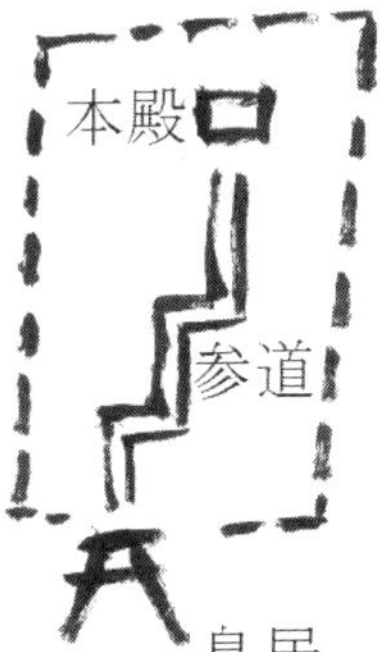

図5　神道の神域の概念図

日本の住居の特徴として、「奥へどうぞ」と客をうながすが、その「奥」はどこか？　玄関を設けて靴を脱ぐが、玄関から「奥」は見えず、廊下などを通って「奥座敷《おくざしき》」に至る。その「奥座敷」から「奥《おく》庭《にわ》」を眺めることが理想とされて、現在では奥座敷はリビングとなって住居様式の変化が激しいが、「玄関と奥」の基本構成は平安時代から変化していない。しかし他国では、玄関はなく入口のドアがあるのみで、そこを開ければホールや中庭で、前方は開《ひら》けているのが一般的だ。西欧の都市が開放的な広場を中心としていることも無関係ではない。

日本の住居にある玄関と奥座敷の関係を「見えない奥」とすると、神社などの空間構成と同じであることに気づいた。伊勢神宮（写真6）や春日大社《かすがたいしゃ》などでは、鳥居の位置から本殿を見ることはできない。参道《さんどう》を歩かなければ本殿に至らない。「見えない奥」が「神」との関係において「日本の空間的特徴」だった。このようなことから、西欧の神域を「見える軸線」とすれば、日本列島のそれは「こころ」に秘められた「見えない軸線」としてよい。つまり、飛鳥時代の特定の古墳や仏教寺院にも「見えない奥」があり、「見えない軸線」によって結ばれていることを見出すのである。

神の山とつながる仏教寺院の「役目」

古代における仏教の役目はどのようだったのか。〔図3〕に示したごとく、仏教寺院と古墳が「見えない軸線」で結ばれていることは人間の死への弔《とむら》いや怨霊《おんりょう》への鎮魂が表われていて、そこに仏教寺院の役目があったと推測される。

仏教学者の山折哲雄が著書『日本文明とは何か』で、仏教について次のように述べている。

この島国の歴史を彩《いろど》る社会・政治史と災害・疫病史《えきびょうし》を通覧《つうらん》しさえすれば、その流れのなかでいつでもこの死者の祟《たた》りへの恐怖が第一ヴァイオリンの音色《ねいろ》を響かせていたことがわかる。（中略）祟りの予兆《よちょう》、祟りの診断、祟りの治療といった一連の社会的なプロセスが、まことに洗練された形ででき上がっていったのである。

（『日本文明とは何か』ふり仮名は筆者）

新しく導入した仏教は「死者のルサンチマン（怨恨《えんこん》感情）を浄化する思想装置（同）」とされ、その一連の浄化プロセスが仏教を通して行われたとしてよく、祟りを起こす死者は怨霊であって、何かしらの行為によって怨霊の鎮魂を図らねばならなかった。そのために古墳と神の山や仏教寺院を結ぶ軸線（陰陽道の方角）が設定され、最新の測量技術が利用されたと推測される。

奈良盆地に施された軸線が、なにを表わしているか。それらの謎を解いた結果を本書に記した。古墳や仏教寺院の位置こそが古墳の被葬者と仏教寺院の創建者を表わしていた。遺跡を直線で結んだ意味はなにかを考えればよく、そう難しい問題ではない。縄文時代から自然を尊んできた日本列島人が、死に臨んで、神の山と古墳と仏教寺院を結んだことが軸線によって明白となった。ここに「偽《いつわ》り」はない。

仏教寺院が神の山と結ばれる事実は現在の「神仏習合《しんぶつしゅうごう》」の概念を覆《くつがえ》すものといえる。現状の認識は『神仏習合』（義江彰夫著）にあるように、「神の身を離れ（神身離脱）、仏教に帰依《きえ》することを求めるようになってきた」と記載され、「神仏習合」とは「最初に神々が仏教に帰依した」（『神仏習合』）との認識にあるが、それは逆で、仏教寺院は仏教導入時に御神体となる神の山と一体となる位置に造られたと言える。仏教は釈迦の苦悩から生じたもので、神の山を崇《あが》めることはなく、仏教がこの日本列島の習俗に変容させられたのだ。この軸線上に存在する仏教寺院の役目こそ、『日本書紀』の真実を解明する「てがかり」だった。

仏教寺院の役目は鎮魂の意味を持って古墳と結ばれ、しかも、神の山によって穢《けが》れや怨霊の祟《たた》りを祓《はら》う意味があったと軸線の事実が示している。それが仏教導入時の仏教寺院の役目だった。当時の「わざわい」は怨霊によって引き起こされるもので、山折哲雄が述べるごとく、その「わざわい」の元を鎮める役目を仏教が負ったのだ。そのようであれば、当時の人びとがそこに偽りを施《ほどこ》すとは考えられず、「こころ」を素直に表わしているはずだ。「偽りのこころ」を仏教寺院に込めても無意味であって、これが『日本書紀』より「軸線」に真実があるとする理由である。

『日本書紀』には、天武天皇が毎年「風神《かぜのかみ》を龍田《たつた》の立野《たつの》に祀《まつ》らせ、大忌神《おおいみのかみ》を広瀬《ひろせ》の河原に祀らせた」などと、当時の呪術的な事象が記され、天武天皇が陰陽寮《おんようのつかさ》や吉凶を占う占星台《せんせいだい》を設けていることも記載されている。そのころ、どのような意味をそこに込めたのか。その意味を汲みとらねばならないことも確かだ。風神や大忌神の問題ではなく、その位置「龍田の立野や広瀬の河原」こそが重要だった。

龍田や広瀬の位置となる「陰陽の方角」は物理的に考えれば「見えない軸線」であり、仏教寺院と墓（古墳）を直線で結ぶなら、少なくとも近い血縁者である死者の魂《たましい》を鎮《しず》めるために設定されたとおもえる。つまり、陰陽説では災《わざわ》いや病気の原因は「物《もの》の気《け》、神の気《け》、呪詛《じゅそ》」などの祟《たた》りによるとされ、天文、遁甲《とんこう》などの占星《せんせい》や式《ちく》（占いの道具）などによって占い対処していた。その結果として、古代人たちは「物の気」などを鎮めるために古墳と仏教寺院と神の山を直線で結んで建造したと考えられる。「気」の働きは直線の場合に最も効果的としたのである。

8　平城京の出発点となる裏鬼門・上宮遺跡の謎

上宮遺跡で起きた事件

《上宮《かみや》遺跡―羅城門《らじょうもん》―興福寺を結ぶ「鬼門」四五度の軸線》が平城京を構想した第一歩であり、〔図3〕のごとく平城京に入る羅城門の位置が朱雀大路《すざくおおじ》となる「下《しも》ツ道」と鬼門の軸線の交点に決定された。平城京の出発点の羅城門で「雨乞い」がおこなわれた記録が存在して、呪術的な場所として認識されていたようだ。また、夜は羅城門の門を閉めて「かがり火」を焚いたという伝承があるくらいで、邪鬼の跋扈《ばっこ》する夜の闇を恐れていたことがわかる。「羅城」とは城壁で囲んだ都市という意味で、名付けた人物（おそらく不比等）には防御する意識があったのであろう。

「上宮遺跡から来る邪鬼《じゃき》の穢《けが》れを避けるために羅城門を設けた」という意識があり、上宮遺跡になんらかの「邪鬼の穢れ」があるゆえに「裏鬼門」としたわけで、上宮遺跡でなにが起こったのか？

上宮遺跡は三回にわたって、別の時期に建物が建てられたということがわかっている（『飛鳥時代の斑鳩と小田原』）。また、焼けた凝灰岩《ぎょうかいがん》の切石片《きりいしへん》が出土し、表面の土が鋤取《すきと》られているところから、最初に建てられた建物は焼失したと判断される。謎を解明するには、最初の建造物を造った人物が誰なのかを知ることが必要となり、次に、なぜ土を鋤取って建物を建てねばならなかったのか？　通常は土を鋤取ることはなく、穢れを祓う必要があったのではないか？　つまり、二番目に建造物を建てた人物を知ることが最大の決め手となる。

上宮遺跡は三回にわたって、別の時期に建物が建てられたわけで、それらは三種類の文様の異なる軒丸瓦《のきまるがわら》（【コラム2】参照）が出土することで確認できる。したがって、この軒丸瓦の文様が単なる文様ではなく紋章《もんしょう》（エンブレム）だったと証明されれば、建立した個人を特定できる可能性があることを示している。

上宮遺跡の軒丸瓦の文様が示す真実

上宮遺跡から出土する第一期建造物の創建瓦を（写真7）に示した。花びら八枚で花びらの先端に小珠《こだま》がある軒丸瓦で、中央には雄《お》しべや雌《め》しべとみられる文様がある。これと同じ文様の軒丸瓦は、法隆寺若草伽藍《わかくさがらん》、中宮寺《ちゅうぐうじ》跡、岡本宮（法起寺《ほうきじ》）跡、及び、難波《なにわ》にある、四天王寺《してんのうじ》、百済《くだら》尼寺《にじ》、前期難波宮《なにわぐう》遺跡などから出土する。また、花弁の先端に小珠はあるが、花びらの枚数が異なる軒丸瓦は、飛鳥寺《あすかでら》（法興寺《ほうこうじ》）、橘寺《たちばなでら》、定林寺《じょうりんじ》、大野丘北《おおのおかきた》塔《とう》（和田廃寺《わだはいじ》）などから出土し、それらはすべて創建瓦である。

写真7　上宮遺跡創建軒丸瓦

軒丸瓦の文様が紋章（エンブレム）なら、これらの寺院すべてを建立した天皇は『日本書紀』によって「仏教を信じられない」とされた敏達《びたつ》天皇の可能性が高くなる。『日本書紀』は、敏達の時期に百済から仏教の振興に必要な人びとが来たと記し、馬子と厩戸（聖徳太子）が傀儡なら、蘇我一

写真８　上宮遺跡第２期

写真９　上宮遺跡第３期

族の母をもつ推古《すいこ》女帝（敏達の皇后）も傀儡であり、敏達天皇によって仏教振興がなされたと推測される。

第二期の建物の軒丸瓦を（写真８）に示す。花びら八枚で、一枚の花びらの付け根に二つの模様があるのが特徴とされる。円周の縁に消えかかっているが、鋸歯《のこぎりば》模様も特徴で、現存する法隆寺西院伽藍の創建瓦と似た文様となっている。他には川原寺《かわらでら》創建瓦、中宮寺跡、法輪寺《ほうりんじ》、法起寺創建瓦、高麗寺《こまでら》などが似た軒丸瓦であり、本書が天智一族の軒丸瓦とする文様となっている。

第三期のものを（写真９）に示したが、平城宮で使われる軒丸瓦と同じ文様となっている。政府の建物に使われているわけで、天皇の紋章としてよい。後期難波宮でも同じ文様で、個人を特定することは現在のところ不可能。以上のことから次のようなことを想定できる。

上宮遺跡では敏達天皇の時期に造られた仏教施設があって、そこで何らかの事件が起きたことを示している。事件の時期が六四五年「乙巳の変」であってもおかしくない。その後に天智一族の誰かが土地を鋤取って建物を建てた。その時期は川原寺の時期や西院伽藍を建てる時期や法起寺などを創建する三つの時期が考えられる。

天智天皇、持統天皇、元明や元正天皇の時期ということになるが、最も可能性が高いのは羅城門が造られる前後ではないか？　その根拠は、平城京遷都の時期に上宮遺跡が荒廃した状態であったゆえに「鬼門」の対象としたということで、第二期の建物が七一〇年前後に造られたことになり、元明天皇による建立であったと推測される。

上宮遺跡や藤ノ木古墳や薬師寺の「鬼門」の関係が問題であり、平城京へ遷都した理由がここにあるようにおもう。六四五年に上宮遺跡において藤ノ木古墳の被葬者たち、つまり、古人大兄の皇太子一族が殺害された。それゆえに、〔図3〕のごとく、興福寺と上宮遺跡が「鬼門」の関係になっているのであり、藤ノ木古墳と聖武天皇陵が「鬼門」の関係になっていると想像できる。また、薬師寺と関係する斑鳩宮（夢殿）や藤ノ木古墳という建造物が存在し、薬師寺に藤ノ木古墳と関連する『吉祥天画像』が奉納され、斑鳩宮（夢殿）と高松塚は若草伽藍の二〇度で結ばれている。全てが関連している。

コラム2

仏教寺院の軒丸瓦の文様

古代の仏教寺院の屋根瓦は、〔図6〕の詳細を見ると、屋根を葺くのに丸瓦《まるがわら》と平瓦《ひらがわら》を使っている。特に、軒先《のきさき》の瓦を軒丸瓦《のきまるがわら》と軒平瓦《のきひらがわら》と呼んで、先端に文様を施した。それらを比較するのだが、創建者を特定するには創建時に使われた軒丸瓦で比較しなければならない。それには各研究機関で創建瓦《そうけんがわら》と特定された資料を用いて比較した。その文様がエンブレム（紋章《もんしょう》）なら、他国と同様に個人を特定できる。

古代の仏教寺院の建造には多大な労力が注《そそ》ぎ込まれているはずであり、権力者の指示のもとに建設が進められているとおもわれる。その権力者が「みずからの名前」を残さずに建立したとはおもえず、古墳に文字を残さなかったことに同じではないか？　文字は残さなかったが、古墳の位置を見れば被葬者がわかったと同様に、位置と軒丸瓦

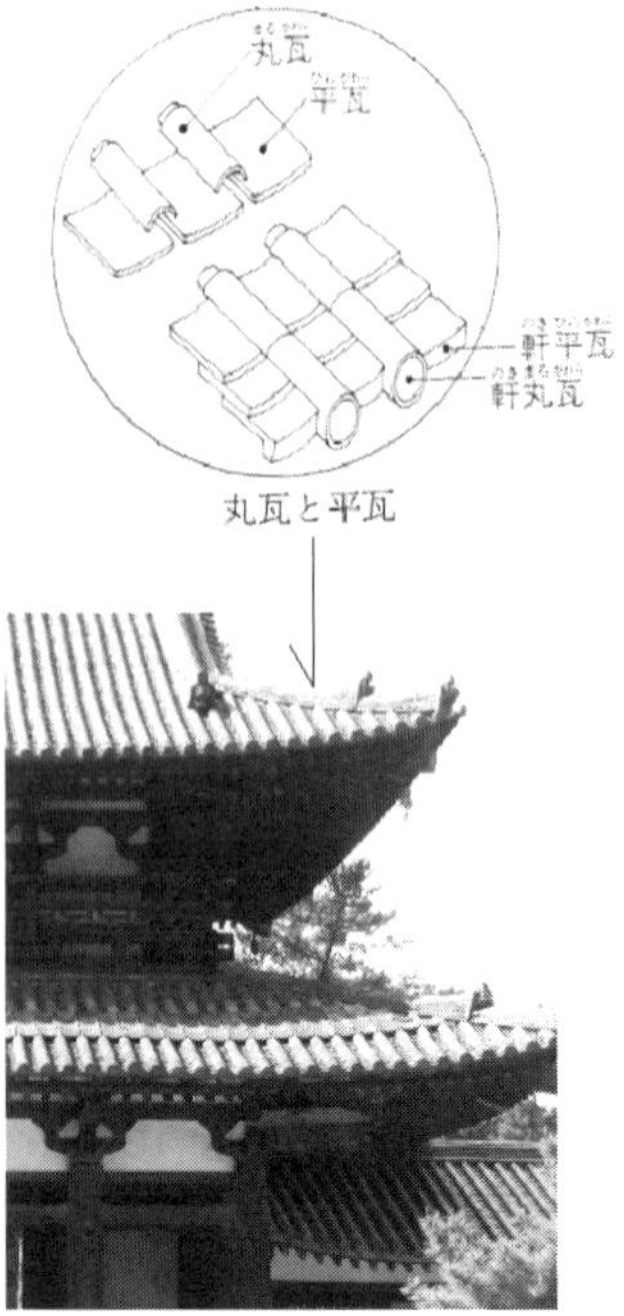

図6　軒丸瓦とは何か

の文様を見れば建立者がわかったのだろう。

軒丸瓦の文様に関して、平城宮（七一〇年）のものはエンブレム（紋章）だが、それ以前は「エンブレムではない」というような認識となっている。したがって、法隆寺若草伽藍の遺跡から発掘される軒丸瓦の文様はエンブレム（紋章）ではなく、創建者が未だに不明となっている。その理由は『日本書紀』の記述と整合しないからであって、『日本書紀』が偽りであると認めないことがすべての原因となっている。

軒丸瓦の文様は、他国と同じくエンブレムであって、人間である権力者がみずからの存在を誇示しないわけはなく、日本では他国と異なる方法で誇示していたと考える。なんらかの「目印《めじるし》」を残したはずであって、その「目印」が軸線上の位置であり、目に見える軒丸瓦の文様であった。したがって、軒丸瓦の文様がエンブレムで紋章である証拠を提出すればよいことになる。

9　不比等の館と法華寺の維摩居士像

不比等の出自と経歴

藤原不比等は『日本書紀』の終盤や『続日本紀』の前半に登場するが、官位のみの記載で彼が何を行ったのか一切記されない。そこから不比等の業績などはないとすることもできるが、平城京の都市計画（図3参照）を見るならば、その見解は間違っていると認識でき、明らかに不比等が権力者であったと理解できる。歴史書に姿を見せないことこそ、不比等がそれらの歴史書の編纂に深く関与することによって可能となっている。

不比等は黒幕として平城京を実現し、『日本書紀』を編纂し、大宝律令を制定した。それは、日本が現在ある基《もと》を構築したに等しい。その政治家が『日本書紀』や『続日本紀』をみるかぎり、歴史の表舞台に立っていないわけで、その理由を詮索したくなるのも自然のことだ。本書では、歴史に業績を残していない不比等がなにをなしたのか、少なくとも平城京の都市計画のような物理的な根拠があるので、ある程度の推測が可能となっている。

最初にやるべきは、藤原不比等がどのような人物であったか。それを哲学者の上山春平による『埋もれた巨像』の助けを得て見てみよう。

藤原不比等は藤原鎌足《かまたり》の第二子（『続日本紀』）とされ、長子は定慧《じょうえ》で僧侶となっている。他の史料（『興福寺縁起』など）によると六五九年に生まれて天智の御落胤《ごらくいん》とされているようだ。父の鎌足は天智天皇（中大兄皇子）の寵臣《ちょうしん》であり、共に「乙巳《いっし》の変」（六四五年）で蘇我蝦夷と入鹿父子を殺害して、蘇我一族を滅亡に追いやった人物である。「大化《たいか》の改新《かいしん》」を天智天皇と成し遂げた人物で『日本書紀』のヒーローの一人とされていて、蘇我一族が傀儡としても、古人大兄皇《ふるひとのおおえのみ》子《こ》一族の殺害に加担したことは確かであろう。

その後、天智側についた藤原一族の大半は鎌足の死（六六九年）に続き、天智天皇崩御の後に起きた「壬申《じんしん》の乱」（六七二年）という「古代の関ヶ原」とされる戦いに敗れて、その戦いに勝利した天武天皇の朝廷では藤原一族に活躍の場が与えられなかった。つまり、不比等は当初めぐまれた環境になかった。

不比等が歴史に登場するのは天武の死後の六八八年に刑部省《ぎょうぶしょう》の判事に任命されてからで、六八九年藤原朝臣史《ふじわらのあそんふひと》は直広肆《じきこうし》（従五位下《じゅごいのげ》）となり、六九六年に直広弐《じきこうに》（従四位下《じゅしいのげ》）、七〇〇年に直広壱《じきこういち》（正四位下《しょうしいのげ》）、七〇一年正三位大納言《しょうさんみだいなごん》、七〇四年従二位《じゅにい》大納言及び増封八〇〇戸となっている。また、元明天皇の七〇八年に不比等は正二位右大臣となり、七二〇年没した後に正一位太政大臣《だじょうだいじん》を追贈されている。太政大臣は政治の実権を握る立場で、みずからが構想した地位に最初に就いた。

藤原鎌足の代で天皇家に娘を輿入れさせることはなしえず、不比等の代となって七〇一年女《むすめ》の宮子娘《みやこのいらつめ》を文武《もんむ》天皇の夫人《ぶにん》とすることになり、宮子は首皇子《おびとのみこ》（のちの聖武《しょうむ》天皇）をもうけている。藤原家が天皇家と姻戚関係になった最初の出来事であった。この時点でわかるはずもなかったが、最終の第Ⅶ章で述べるように、鎌足は天智天皇の妃《ひ》に娘を輿入れさせていたのである。

不比等の出世の理由

不比等は六八八年に刑部省の判事に任命されて、少なくとも従五位下から七〇一年に正三位大納言となって、娘の宮子を文武天皇に嫁がせた。その間わずか一三年。現在のキャリア官僚でも事務次官や局長になるには三〇年以上かかるわけで、天智天皇の御落胤でもなければ、そのようにならないという理由も生じるのであろう。他の史料には御落胤とされているが、『続日本紀』には鎌足の第二子となっている。

天智には男の子が大友皇子《おおとものみこ》しかいないような状況で御落胤となるのか？ どちらが正しいのかというより、天智の男の子には建皇子《たけるのみこ》、川島皇子《かわしまのみこ》、施基皇子《しきのみこ》がいたが、建皇子は幼くして亡くなり、川島・施基は消息不明で大友しか残っていなかったわけで、不比等の能力をもってすれば天智の後継者になれたとおもうのだ。

結果としてそうではなく、不比等は天武朝で鎌足の子として生きられたのかどうかを疑うほうが現実的だ。天武朝に中臣《なかとみ》（藤原）朝臣大嶋《おおしま》が神祇《じんぎ》を司《つかさど》る直大肆《じきだいし》（従五位上）として仕えていたから、大嶋に庇護されていた可能性もある。〔図3〕にムネサカ一号古墳を示してあるが、大嶋の墓と考えている。

不比等が頭角を現す時期は六八八年判事への任命ではないか？ 天武崩御の直後に天武の子・大津皇子《おおつのみこ》が殺害（六八六年）され、持統天皇が政権を握ったころに頭角を現してくることが問題となる。その大津事件に不比等が関わっていると、『埋もれた巨像』で上山春平が指摘している。

大津の処刑を持統の謀殺と見る史家は少なくないのですが、その計画が誰を協力者として実行されたのか、という点まで立ち入った考察に接したことはございません。私は、当時の持統の周辺には、不比等ほどに打ってつけの人物は見当たるまいと思いますし、彼を協力者として想定するときに、はじめて解けてくる問題も少なくないのではないかと思うのです。（『埋もれた巨像』）

大津皇子の殺害が持統と不比等の合作とする見解だが、本書にはその証拠となる物理的事象がある。『日本書紀』が記すような天武・持統合葬墓や天智と天武が同母兄弟という話が偽りと考えられる証拠があって、持統天皇の代においても天智一族と天武一族には政権争いがあった。

大津皇子は天武の子で最も優秀とされ、天武に代わって朝政《ちょうせい》を執《と》った（六八三年）と記載される。朝政が天皇の仕事であり、少なくとも天皇を代行した皇太子になったことを示しているともう。確かに『日本書紀』には草壁《くさかべ》皇子が皇太子であって、大津の罪は謀反とされている。それは、持統《じとう》が天皇であったなら大津の謀反だが、大津が皇太子あるいは天皇なら謀反は持統となって、クーデター以外のなにものでもない。

大津皇子は、実は天武天皇の后《きさき》で天智天皇の子である大田皇女《おおたのひめみこ》（持統の姉？）の子であった。持統は天武の皇后とされているが、天武には少なくとも一〇人の妃がいた。そのような状況で、持統を皇后としたと『日本書紀』は記載しているが、そのように編纂したのが不比等だったから、真相はわからない。不比等と持統にはもっと別の因縁があったのである。

持統天皇は天武から天皇位を引き継いだと『日本書紀』に記載されたわけではなく、冷静に考えれば、天武は大津皇子を後継指名していたからこそ、大津が政務（朝政）を執っていたのであり、大津が天皇位についていたからこそ、殺害されたと想像される。大津の姉の大来皇女《おおくのひめみこ》が万葉集で「弟世《おとせ》」（『萬葉集 全訳注』中西進訳）と詠んだことも、文字通り「大津が天皇（弟の世）」だったのであり、『日本書紀』が偽ったと推測される。

持統天皇はみずからが生んだ子・草壁皇子を天皇とするためにクーデターを起こしたが、草壁が六八九年に早逝してしまった。そこで草壁の子（文武《もんむ》）を天皇にするまで、父親の天智の復権を遂げる意思をもって天皇になったと考える。この時点で、持統は草壁の死が怨霊の仕業《しわざ》とおもったのではないか。吉野《よしの》に行幸《ぎょうこう》を繰り返す（三一回）理由も、鎮魂の目的があり、天武の行った龍田や広瀬における祀りも代理者を立て、欠かすことはなく、吉野行幸がセットで行われている。

「大津皇子事件」は「乙巳の変」と同様にクーデターによる政権交代であり、天智と持統という親子の執念が起こした事件であった。その大津皇子事件の実行者が藤原不比等であり、彼が出世の糸口を摑んだ機会であった。そこには、非業の死を遂げた人物が存在し、彼等を鎮魂する構図が現在でも見られるのである。

死に臨んだ不比等

平城京を実現し、大宝律令を制定し、『日本書紀』や『古事記』を編纂した藤原不比等は、〔図1　平城京の都市図〕を見ると、平城宮の東に突出した区画を皇太子の東宮《とうぐう》として、その東隣にみずからの館《やかた》（法華寺及びその上の区画）を設けている。ここで皇太子の首皇子《おびとのみこ》（聖武）の教育を祖父として行った様が想像され、現在でも皇太子を東宮と呼ぶが、平城宮における不比等の計画が始まりだったとわかる。

平城京遷都は、確かに元明天皇による詔勅《しょうちょく》で決定されたが、その平城京の都市計画は、既にあった下《しも》ツ道（朱雀大路《すざくおおじ》）と斑鳩の上宮《かみや》遺跡を出発点とする羅城門―興福寺を結ぶ「鬼門の軸線」の交点となる羅城門を基点として展開されている。興福寺は藤原氏の氏寺で、明らかに不比等によって構想されたとわかる。このことから、当時の人びとには、はっきりと権力者が誰であるかわかっていた。

平城京に立つならば、東大寺の北東には若草山があって、山の頂から四五度方向に羅城門が見えたはずで、それが不比等によってなされたと誰もが認識できる。残っている文献や歴史書ばかりを見ている現代人には、歴史の表舞台に出ない人物によって国の基本が創られたように見えてしまうが、この鬼門の軸線がその先入観を打ち砕いてくれる。

不比等の存在は、聖武天皇にとって非常に大きかったのではないか？　七〇七年父の文武天皇が二五歳で早逝して、祖母の元明天皇と叔母の元正天皇と継承して、聖武天皇が七二四年に即位することになるのだが、七二〇年不比等は聖武の即位を見ずして亡くなってしまう。

不比等は死に臨んで、聖武の即位まで生きられないと、みずからの命が尽きることを悟っていたようにおもう。おそらく不比等のことだから、心残りのないよう万全の手を打っていた。最大のものは『日本書紀』の発表であり、みずからが死す時に発表すると決定していたはずで、奇《く》しくも敏達天皇崩御と推測する六二〇年の一〇〇年後であった。

不比等の意図は「乙巳の変」などの真実を知る人びとが少なくなるのを待ったのであり、みずからの代理を置くことだった。それが『日本書紀』に含まれた臣下への脅しであり、本書の主張する「稲目馬子蝦夷入鹿」という暗号であった。蘇我一族は「乙巳の変」の真実をすり替えるためと天智の一族の出自を美化するために創造されたが、もう一つの役目があった。聖武の即位を無事に進めるために、可能なことを全て行った。みずからがその場にいられないことから、天武の皇子たちや天智一族や臣下に対する牽制が必要とおもったのではないか。それが可能だったのは、不比等には四人の息子がいたことであった。

　不比等の息子たちの官位と配置に、その証拠が表れているようにおもう。不比等が亡くなる前年の七一九年には息子たちの官位をひきあげている。従四位上だった藤原朝臣武智麻呂《むちまろ》（長男）を正四位下とし、従四位下の藤原朝臣房前《ふささき》（二男）に従四位上、正五位下の三男の藤原朝臣馬養《うまかい》（宇合）に正五位上を与え、安房《あわ》・上総《かずさ》・下総《しもおさ》を管掌させている。また、皇太子（聖武）を初めて朝政に参与させている。

　不比等の死の直後の七二一年に聖武の叔母の元正天皇によって武智麻呂に二段跳びの従三位中納言が与えられ、房前に三段跳びの従三位、馬養に四段跳びの正四位上、従五位下の藤原朝臣麻呂《まろ》（四男）に三段跳びの従四位上と異例の出世となっている。また、不比等の妻の従三位の県《あがた》犬養橘宿禰《いぬかいたちばなのすくね》三千代《みちよ》に正三位が与えられている。元正天皇が藤原一族を頼りにしていた証拠がここにあるとおもう。

　不比等の死後から数年が過ぎた七二九年に左大臣で正二位の長屋王《ながやのおおきみ》（高市皇子《たけちのみこ》の子）の乱が起き、妻の吉備内親王《きびないしんのう》（草壁の娘）や子ら一族が自殺させられた。この事件を鎮圧したのは従三位の藤原宇合《うまかい》（馬養）となっているから、藤原一族が引き続き実権を握っていたことがわかる。

　長屋王は左道《さどう》（妖術《ようじゅつ》）を学んで、国家を倒そうとしていると密告されているが、その左道とは妖《あや》しげな術を使うという意味で、国家への反逆として、臣下への「みせしめ」ではなかったかとおもう。なぜなら、長屋王は七一〇年に従三位式部卿《しきぶきょう》となり、七二九年に左大臣の正二位となって、官位に対して不満はないはずで、天武天皇の皇子たちが生存しているなかで天皇となる道はなく、その点において謀反を起こす理由がないようにおもう。

不比等の死後、天武天皇の血筋の長屋王だけでなく、政権のありかたに多くの臣下が疑問を持ったはずであり、臣下への「みせしめ」として、「稲目馬子蝦夷入鹿」（第Ⅳ章参照）の暗号を実行したのではないか。それを不比等の子（宇合）が実際に行って見せたと想像できる。

不比等と維摩居士像

不比等の館《やかた》跡に建つ現在の法華寺《ほっけじ》の本堂に、生前の不比等に似せた像『維摩居士像《ゆいまこじ》』（写真10参照）があると『埋もれた巨像』にある。私もその指摘の通りであるとおもうが、その像について、いつ頃なんのために作られたのか？『埋もれた巨像』を参考に考察してみたい。

不比等の館は、七二〇年の不比等の死後も、ひき続き妻の県犬養橘宿禰三千代《あがたいぬかいたちばなのすくねみちよ》や娘の安宿媛《あすかべひめ》（光明子《こうみょうし》・光明皇后《こうみょう》）の住まいであったようで、光明子が七二九年聖武天皇の皇后となった時点で不比等邸は皇后宮《こうごうぐう》となった。それは七三〇年「正月十六日天皇は大安殿に出御して、夕暮れに皇后宮に移られた」（『続日本紀』）とあるところから推測できる。

不比等の館にて、光明子は七二七年に皇太子を産んだのだが、皇太子は七二八年に死亡してしまう。それ以後男子が生まれず、結果として聖武の後に娘を女帝（孝謙《こうけん》）として立てることになる。不比等が構想した東宮は、孝謙天皇以後は東院と呼ばれ、天皇となる皇子が生まれなかったこともあって、あまり使われなかったようだ。その後の変遷を経て、現在は東宮があった一画に宇奈太理坐高御魂神社《うなたりにますたかみむすびじんじゃ》と復元された東院庭園がある。

写真10　維摩居士像（法華寺蔵）

不比等の館は皇后宮となっていたが、七四五年に聖武天皇によって「もとの皇后宮を宮寺とした」（『続日本紀』）とあって、のちの法華寺となっている。その法華寺は「正確には法華滅罪乃寺《ほっけめつざいのてら》が、聖武天皇の詔勅にもとづいて、全国六〇ばかりの国ごとに設けられた国分尼寺《こくぶんにじ》の名称であったことは周知の通りであり、ここにいう法華寺は『大倭国法華寺《やまとのくにほっけじ》』として、全国の国分尼寺の中心に位置する存在でありました」（『埋もれた巨像』）。

　東大寺の位置を決定したり、国分尼寺を発願《ほつがん》した七四五年は、天智天皇と藤原鎌足が関わった「乙巳の変」の一〇〇年後であり、この年が偶然ではなく、彼らの末裔によって発願なされたことは、本書の論理を裏付けるとおもう。つまり「乙巳の変」が蘇我入鹿や蝦夷の殺害でないことは、もはや明らかであって、少なくとも古人大兄一族の怨霊に対する鎮魂の「こころ」が表れている。

東大寺や国分尼寺を発願するには、それなりの理由があって、七三七年に藤原四兄弟（武智麻呂、房前、宇合、麻呂）が疫病で亡くなり、藤原一族に陰りがみえることだ。その後の七三九年に夢殿が造営され、救世観音像が秘匿されたことは前述のごとくである。その時点で天智一族と藤原一族の末裔たちの想いはどのようであったか。光明皇后は七二八年に皇太子を亡くし、その後皇子に恵まれなかった。そして、頼りとする四人の兄弟を失う。その場合、何かにすがりたくなるのが人情なのではないか？

本書の論理によれば、先祖の因果が降りかかった「みずからの運命」において、その現世を生きる人間にはどうしようもない「あきらめ」が感じられ、「法華滅罪乃寺《ほっけめつざいのてら》」が造られねばならない。「法華によって罪を滅じられる寺」を全国に造ることで許されるとおもっても不思議ではない。

皇后宮で維摩講《ゆいまこう》がひらかれたのは、その頃であろう。『万葉集』にある仏前唱歌《ぶつぜんしょうか》がうたわれていたとされる。維摩講とは皇室をたすけ、仏法を存続させる目的でひらかれ、その歌は藤原家の祖先をしのぶ仏前でうたわれ、「しぐれの雨《あめ》　間《ま》無《な》くな降《ふ》りそ　紅《くれない》に　にほへる山《やま》の　散《ち》らまく惜《お》しも」（『万葉集』）となっている。

「一見、何ということのない、ありふれた歌ではありますが、うたわれた場所とうたわれた時期を念頭におきながら、これがほかならぬ維摩講でうたわれたという点に着目するならば、そこに、晩秋の叙景に託された沈痛な思いを読み取らざるをえません」（『埋もれた巨像』）。現在の法華寺の「一六〇一年淀君《よどぎみ》らによって建てられた本堂の西南隅に維摩講の主人公たる維摩像の傑作がひっそりとまつられています。」「もしかすると、仏前唱歌は、この維摩像を前にしてゆるやかなテンポで合唱されたのではないか、そのような情景を思い描くのです」（『埋もれた巨像』）。

維摩像の制作時期は『埋もれた巨像』によれば天平後期ということになるようで、ちょうど国分尼寺を発願した七四五年頃も視野にはいってくる。この時期に光明子らが維摩像を造らせても不思議ではない。逆に、かつて皇后宮であった法華寺にその維摩像が保管されている事実は、維摩講の行われた皇后宮に不比等の生前を彷彿《ほうふつ》とさせる像を置いて頼り願ったのであり、その時代にこそ必要であったとわかる。

本書が敏達天皇の亡くなったとする六二〇年の一〇〇年後の七二〇年に『日本書紀』が発表され、六四五年「乙巳の変」の一〇〇年後の七四五年に東大寺や国分尼寺が発願されることは偶然ではなく、そのように意図したわけで、天智一族と藤原一族の末裔たちにはその時が来ることが恐怖であったようにおもう。そのためにも不比等の像を維摩居士として復活させたのではないか。その像になにかの意味を持たせたようにおもう。

維摩居士像（写真10参照）を再び見ると、両手に何か持って眺めているようにみえる。それが何かということだが、経典のような巻物を左手に持ち、それをひろげて右手にその端を持っているように見える。それが経典であろうと想像するのは、維摩講の主人公であるからだが、その骨格の堂々とした様はいかにも不比等にふさわしい迫力のある風貌で、特に横顔などに恐ろしさを感じるのだが、写真のように、身内には頼りになるようにみえるのであろう。

維摩居士像の制作された時代の天平彫刻はそのリアリティさにおいて特徴があるわけだが、その像が現在でも、みずからの館のあった場所に置かれていることに、歴史の奥深さを感じざるをえない。

10　平城京と『日本書紀』を構想した藤原不比等の「謎かけ」

藤原不比等は結果として、「唐の長安」の都市計画に似せた「平城京遷都」を実現し、太政大臣《だじょうだい》臣《じん》が行政権力を握るとした「大宝律令」を制定し、『日本書紀』などの歴史書までもつくりあげ、国家の体制を確立した人物であった。

　藤原不比等は都市という「空間」を支配し、歴史書という「時間」をつくりあげ、法律という「規制」を実現させて、「空間・時間・人間」を支配した。そのありさまが現在でも、確認できることがわかった。結局のところ本書は、不比等が仕掛けた「謎かけ」を解明する作業になってしまった。

　その謎は、『古事記』や『日本書紀』といった文献からは解けないが、飛鳥時代に造られた古墳などを含めた建造物の位置から、謎が解けた。特に藤原不比等が構想した「空間の支配」による都市・平城京のありさまを見れば、本書の課題「虚構の蘇我・聖徳」が現実のものかもしれないと、誰もが感じたことであろう。

『古事記』や『日本書紀』は多くの研究者(註)が述べるように、確かに「天孫降臨・万世一系のイデオロギー」の表明であったが、そればかりではなく、権力を握った側の出自《しゅつじ》の美化が仕組まれていた。そのために飛鳥京《あすかきょう》や難波京《なにわきょう》までも隠された。本書を書き進めるうちに、そのような感慨が湧き上がってきた。その藤原不比等がしかけた「謎かけ」を現代まで信じてきたに過ぎなかったのだと。したがって、本書において成すべきことは、『日本書紀』の虚構性を明らかにすることであって、前例主義によって、綿々と受け継いできた悪弊を断つことである。

　蘇我一族や聖徳一族の実在性の否定によって、その元凶を断つことであり、『埋もれた巨像』

（上山春平著）などに著された藤原鎌足の子・藤原不比等によって『日本書紀』が編纂されたとする物理的な証拠を提出することだが、すでに平城京において東側を突出させた実力を見れば、誰もが納得せざるを得ない。

古墳や仏教寺院が軸線で結ばれた証拠や不比等がのちに「陰陽道」となる原理（鬼門）によって平城京を構想したとする根拠をみれば、『日本書紀』の蘇我一族や聖徳一族を「陰陽の二元論」によって創造した可能性があると認めざるをえないだろう。

厩戸皇子と蘇我馬子は同時代に活躍しているが、「厩戸《うまやと》」は「馬小屋」の意味であり、「馬子《うまこ》」はまさに「馬」であって、一対となっている。これが偶然であるはずがなく、「陰陽の二元論」から生み出した。つまり、偉大な天皇の業績を消すために存在させたのだ。

六〇〇年頃、同じエンブレム（紋章《もんしょう》）の軒丸瓦《のきまるかわら》を持つ多くの仏教寺院が建立されたが、誰が建立したのかわからない。伝承によって聖徳太子となっているに過ぎない。本書によって、それらの寺院が敏達天皇の建立とすることができれば、傀儡として蘇我馬子と厩戸皇子を「陰陽の二元論」から創造したとする論理が成り立つ。そこから『古事記』や『日本書紀』には不比等による後代の人びとに向けた、「謎かけ」があったようにおもう。

厩戸皇子（聖徳太子）と同様に蘇我一族もまた『日本書紀』が創り出した虚構だったのであり、偉大な天皇の業績を消すためと出自を美化するためなのだが、『日本書紀』に答えが隠されているようにおもうのだ。どちらにしても物理的な証拠を提出しなければならない。
本書の仮説は、一三〇〇年のあいだに語られた多くの説を否定するものだ。このような説は暴論として片づけられそうだが、現代の歴史研究者の誰も物理的な根拠に裏付けられた事実を否定できない。なぜなら、物理的な根拠は考古学的な根拠でもあるからだ。以上のことが成し遂げられるのであれば、『日本書紀』や『古事記』を客観的に眺められるようになると考えられる。

（註）歴史学者の津田左右吉（一八七三〜一九六一年）は『日本古典の研究』や『日本上代史の研究』などで、『日本書紀』を事実の記録として読むのは誤りであり、その時代につくられたイデオロギーを表わしているとして理解すべきであるとしている。それは、神代《かみよ》の物語、神武天皇の東征の物語、崇神天皇・垂仁天皇の物語、応神天皇以降の物語などにおいて、時間的矛盾の見られる記述や合理性を欠く記述が存在し、書紀の編纂者によって筋書きされたとする。特に、天武・持統天皇の部分は実録の性格があるとしているが、本書の立場は「乙巳の変の真実を偽装した敏達―用明―崇峻―推古―舒明―皇極と続く天皇継承」や「天武・持統天皇の合葬墓」に偽りがあると考える。

第Ⅱ章　『日本書紀』の虚構は建造物から崩れる

1　『日本書紀』によって隠された飛鳥京

写真11　三輪山と大和三山

飛鳥京の上に造られた「いわゆる藤原京」

奈良盆地の南端に展開された都市は二つあった。

現状は「藤原京《ふじわらきょう》が碁盤目状道路（条坊道路）のある日本最古の都市」との認識にあるが、本書によって、大和三山《やまとさんざん》（耳成山《みみなしやま》、香久山《かぐやま》、畝傍山《うねびやま》）に囲まれた都市「飛鳥京」が六〇〇年頃先行して造られていたと証明される。〔写真11〕のごとく、平地にポツンとある耳成山の南北を中心軸とした都市が存在したのである。

「飛鳥京」という碁盤目状の道路をもつ都市が『日本書紀』によって、意図的に隠されていたと考えるわけで、それを証明するためには、物理的な証拠を提出せねばならない。加えて、最終的には何のために都市が隠されたのか？　その理由を示す必要があり、その理由が「蘇我一族と聖徳一族を傀儡とする」本書の課題への解答となる。

〔図7〕には、歴史学者が考える「いわゆる藤原京（新益京《あらましのみやこ》）」の復元予想図の上に、耳成山《みみなしやま》の南北軸と藤原宮の中心南北軸を加えてある。その南北軸間の水平距離は「いわゆる藤原京」の碁盤目状道路の最少間隔（一三二・五メートル）に等しいという事実がある。

南北軸間の水平距離が碁盤目状道路の最少間隔に等しいことが決定的な意味をもっていた。耳成山の南北軸には「鬼の遺跡」や中尾山古墳や高松塚があり、藤原宮の中心南北軸には天武・持統陵や火振山《ひぶりやま》古墳や文武陵があって、明らかに南北道路の延長線上に古墳を造成したと考えられる。そして、耳成山南北軸の方が古い古墳群であって、その最初の古墳「鬼の遺跡」は耳成山南北軸と欽明天皇陵（梅山古墳）と御破裂山を結ぶ東西軸との交点に存在することがわかった。日本列島人は、縄文時代から象徴的な山に向けて墓を造成してきた（『縄文人の世界』小林達雄著）事実があって、藤原宮南北軸が血縁関係で並んでいるように、耳成山南北軸の古墳群もまた血縁関係で並んでいるようにみえる。

歴史学者が述べる「いわゆる藤原京」が日本最古の都城ならば、なぜ縄文時代からの慣習に反して、耳成山南北軸上に造らず、偶然、その耳成山南北軸から碁盤目状道路の間隔の一本分ずらして都市を造ったのか、疑問が生じる。

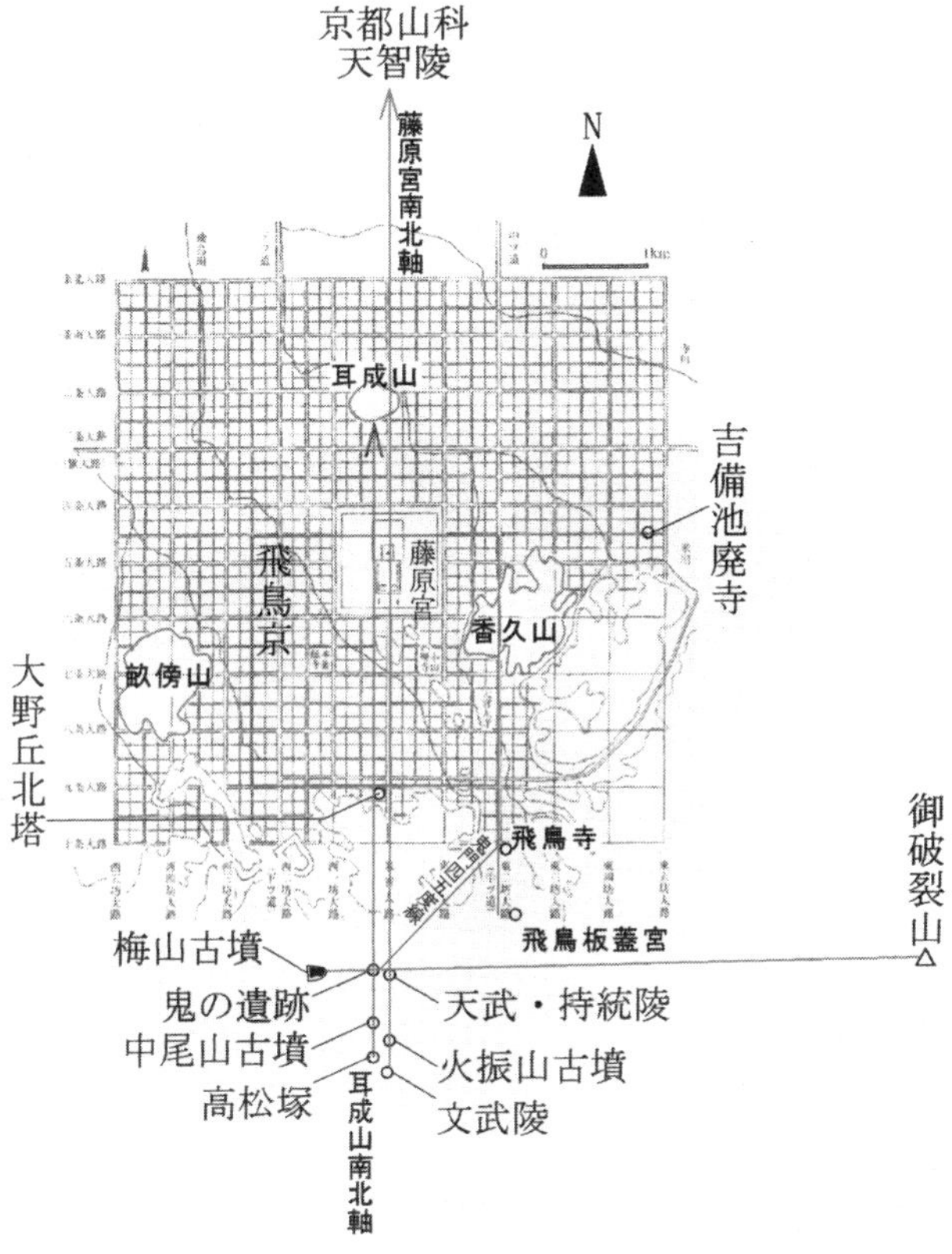

図７　飛鳥京と新益京
（藤原京復元予想図に耳成山南北軸と藤原宮南北軸を加えた）

耳成山南北軸と藤原宮中心南北軸の水平距離が碁盤目状道路間隔の一本分という事実は、先行した都市（飛鳥京）のない場所に、たまたま耳成山南北軸から道路一本分ずらして、都市（藤原京）を造る偶然性は存在しない。そのような偶然があるわけもなく、藤原宮遺跡のさらに下層から道路遺跡が出土する決定的な事実（『飛鳥・藤原京の謎を掘る』）があり、同じ間隔の碁盤目状道路をもつ飛鳥京が先行して存在していたからこそ、「新益京《あらましのみやこ》（藤原京）」を造成できたとわかる。

道路一本分を、なんのためにずらしたのか？　今回新たに判明したのは、「陰陽の二元論」がベースにあったとわかった。藤原宮南北軸を設定することによって、耳成山の南北軸線を西側の領域（陰の領域）に追い込むことができるからだ。それは藤原宮南北軸線上に眠る一族が耳成山南北軸線上に眠る一族を「陰＝死」の側に追いやる行為と考えられ、「鬼の遺跡」や中尾山古墳や高松塚に眠る被葬者は敗者であって、特に最後の高松塚の有様は怨霊を手厚く再葬したと想像される。

飛鳥京を造った時期が問題となるが、耳成山の南北軸を設定した人物がいたわけで、それは血縁と時間を表わす軸線から、「鬼の遺跡」の被葬者と考えられる。また、後から設定した藤原宮南北軸は天智天皇一族によるもので、「乙巳《いっし》の変」で政権を握った側の天智天皇の叔父・孝徳《こうとく》天皇（六四五年）以前ということになる。耳成山南北軸の三基の古墳の期間（註）を考えれば、六四五年の数十年前で飛鳥寺（五八八年）など多くの寺院が建立され始めた時期に飛鳥京が造られたとするのが合理的だろう。

（註）耳成山南北軸の三基の古墳から六四五年以前の天皇の継承は次のように考えている。
欽明―敏達―（用明―崇峻―推古）―舒明―古人大兄（皇極）―六四五年孝徳―斉明―天智―天武となり、（）内は傀儡で（用明―崇峻―推古）及び（皇極）はカムフラージュ。したがって、耳成山南北軸の三基の古墳は敏達（鬼の遺跡）、舒明（中尾山古墳）、古人大兄（高松塚）となる。

「陰」の側に追いやられた耳成山南北軸

「飛鳥京が隠されていた」とする本書の論理は「陰陽の二元論」から解けることがわかった。しかし、それを証明する物理的論拠が、少しわかりにくいかもしれない。そこで簡単なスケッチ（図8参照）を用意してみた。それを見ると大和三山（耳成山、香具山、畝傍山）と二つの南北軸（藤原宮中心南北軸と耳成山南北軸）を描いてあり、結果として、大和三山のある場所に都城《とじょう》（都市）を創ろうと考えたことは確かであろう。

「いわゆる藤原京」が日本最古の都城との通説であるが、大和三山のある場所に造られた都城なら、なにもない場所で、日本列島人の習性に反して、なぜ藤原宮を耳成山の中心軸に据えなかっ

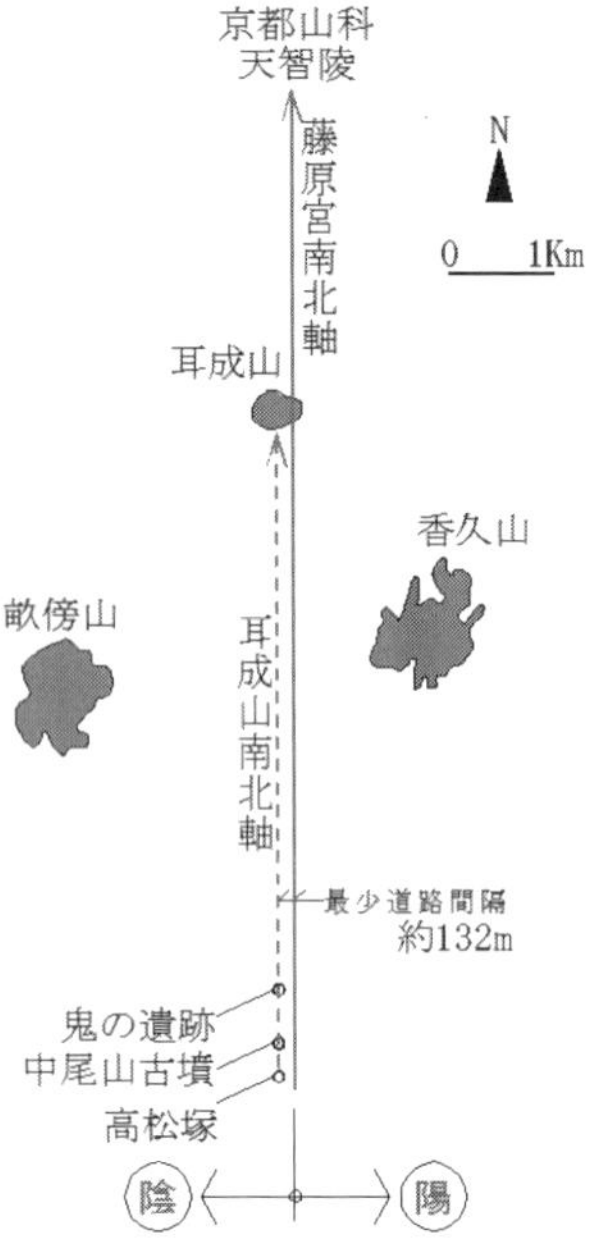

図８　２つの南北軸

たのか？　後の平安京においても、平安宮の背後に船岡山《ふなおかやま》があって、山を北側にして平安宮を配置している。やはり、新益京の中心軸の設定において、耳成山の南北軸上に「鬼の遺跡」や中尾山古墳や高松塚があって、そこは避けねばならなかったはずだ。

耳成山の南北軸を中心とした都市が先行して存在していたから、藤原宮遺跡の下層から道路遺構が出土するのであって、その事実は碁盤目状の道路をもつ飛鳥京の存在を示している。また、二つの南北軸の水平距離が碁盤目状の道路間隔に等しい事実は、最初に飛鳥京が存在したからこそ、同じ道路間隔の「いわゆる藤原京」を造ることができたわけで、意図的に藤原宮南北軸を耳成山南北軸の東側に設定したと考えられる。東側に藤原宮南北軸をつくって、耳成山南北軸を陰の側（死の側）に追いやる目的があった。

「陰陽の二元論」によって香久山側の東側に藤原宮南北軸を設定したとする根拠だが、〔図８〕

を見ると、西側の畝傍山《うねびやま》側の方が広く宮殿を展開しやすいはずで、そうしなかったのには理由があるはずだ。

藤原宮造営の六九四年には、すでに飛鳥京を覆い隠す意図が存在して、「いわゆる藤原京（新益京）」が造られたと考えるわけだが、その新益京を後世の学者が「藤原京」としたのは、『日本書紀』が正確に記載しなかったのが原因だ。新益京に先行して造られた飛鳥京を誰が造ったか、記載できなかったわけで、隠さねばならなかった理由が根本にあった。そのような都市（飛鳥京）を造った天皇の子孫の末路は、天智一族に取って代わられたわけで、それは『日本書紀』に記載できない。それにしても、なぜ藤原宮は藤原《ふじわら》なのであろうか？

「いわゆる藤原京」の誤謬

大和三山を越えて「新益京《あらましのみやこ》」が六九四年に拡大されたと考えているが、歴史学者によって「いわゆる藤原京」が日本最古の都市とされている。飛鳥京は『日本書紀』によって歴史上隠されていたのだが、なぜ隠さなければならなかったのか？　蘇我や聖徳が傀儡とされた理由と同じだった。

「飛鳥京」という言葉は『日本書紀』に登場しない。同様に、現在使用されている「藤原京」という言葉も登場しない。「飛鳥京」に相当する言葉として、『日本書紀』には「倭京《やまとのみやこ》」という言葉がある。「藤原京」の代わりに『日本書紀』に記されるのは、持統天皇によって六九四年に藤原宮が造営されて、宮殿を「遷居《せんきょ》」したとされる都市で、その都市は「新益京《あらましのみやこ》」という名前が付けられている。だが、新益京は字の表わすごとく、「新しく益《ま》した京《みやこ》」の意味であり、宮殿は遷居されたわけで、その元になった都市と宮殿があるはずだ。

「藤原京」という言葉がなぜ現代にあるのか？　その理由は、「平城宮」のあるところが「平城京」とされ、「平安宮」のあるところが「平安京」とされたので、「藤原宮」のあるところを「藤原京」と呼んだ慣習のようなものだった。だが、新益京とする『日本書紀』の記述に反して、現在は前述するように「いわゆる藤原京」に遷都され、日本最初の条坊《じょうぼう》道路（碁盤目状の道路）をもつ都城《とじょう》が造られたとの認識にある。『日本書紀 全現代語訳』にも「遷居」が「遷都」と訳されているから無理もない。

新益京以前の倭京に飛鳥板蓋宮《あすかいたぶきのみや》や飛鳥浄御原宮《あすかきよみはらのみや》（『日本書紀』）という宮殿が存在するなら、「飛鳥京《あすかきょう》」とすべきであるが、現状では碁盤目状の道路をもつ日本最古の都市は六九四年持統天皇によって造営された「藤原京」となっている。

「いわゆる藤原京」の中心部に造られた藤原宮の遺跡のさらに下層から道路や運河の遺構が出土し、六八〇年に建立される本薬師寺《もとやくしじ》の遺跡の下層からも、碁盤目状の道路の遺構が出土する（『飛鳥・藤原京の謎を掘る』）。それにもかかわらず、歴史学者の見解は「天武天皇によって六七六年から新城《にいき》がつくられ藤原京となった」（『藤原京の成立』）としている。そのようだと本薬師寺の例では、六七六年に道路を造ったものを四年目に壊すのかという疑問を抱く。四年で都市を造り壊すなどありえないわけで、その論理は通用しないが、歴史学者は「藤原京」が日本最古の都市として譲らないのが現状となっている。

「聖なるライン説」と飛鳥京の範囲

耳成山の南北軸を中心軸とした都市（飛鳥京）が先行してあったとわかったが、本書の主張とは別に、現代の歴史学者にはそのような認識はなく、二つの南北軸という認識もない。たとえば、歴史学者の岸俊男が唱えた「聖なるライン」説を〔図9〕に示したが、図のごとく藤原宮の中心南北軸上に北から菖蒲池古墳《しょうぶいけ》─天武・持統陵─文武陵が存在している。その西側に、「鬼《おに》の俎《まないた》・鬼の雪隠遺跡《せっちん》」─中尾山古墳─高松塚があって、これらの古墳が天皇クラスの古墳が連なると想像されるので、「聖なるライン」と名付けた。

「聖なるライン説」には、耳成山の南北軸を加えてあるが、「聖なるライン」のラインは線であって、現状は帯状のゾーンだ。本書では、二つの南北軸があると主張して、二つの都市が存在した証拠を提出している。ただ、この「聖なるライン説」の「いわゆる藤原京に先行する都市があった」（『難波京と古代の大阪』）とすることは本書と同じだが、注目するのは京域ということ

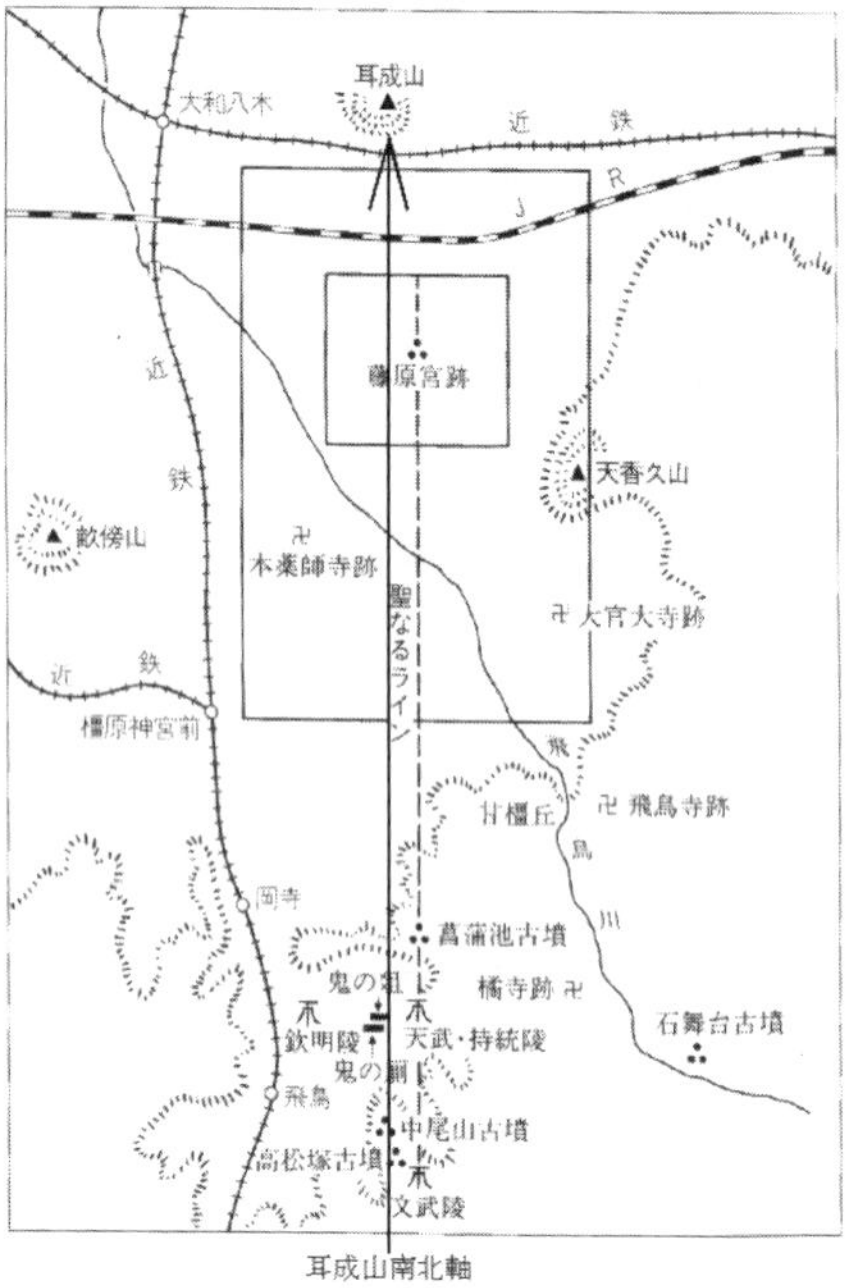

図９　聖なるライン
（岸の説に耳成山南北軸を加えた）

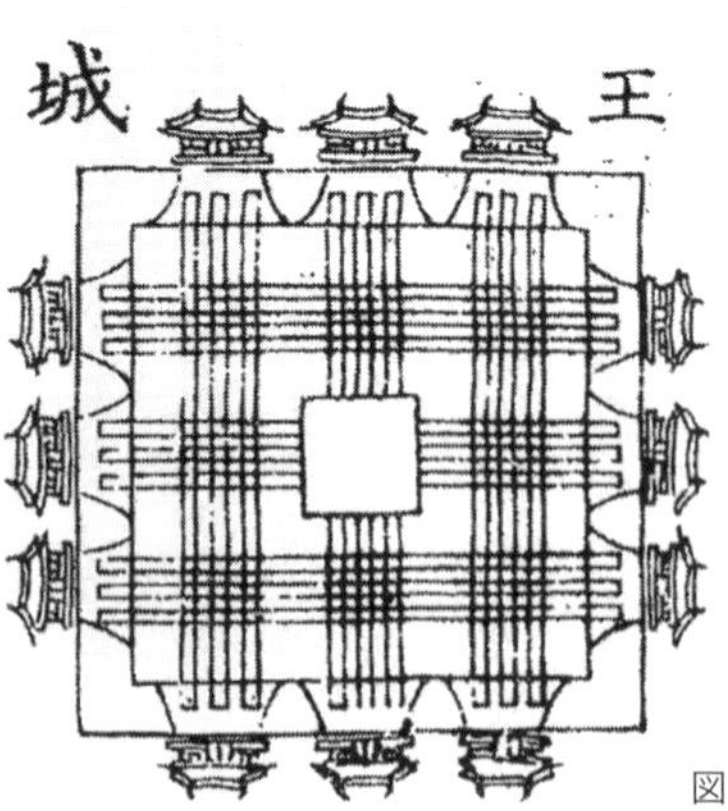

図 10 『周礼（考工記)』王城プラン

で、「都城の範囲はどのようであったか」を問題としている。「聖なるライン説」は長方形となっているが、なぜ長方形なのか？　疑問を抱く。なにか根拠があって造っているのではないか？

平城京は「長安」がモデルであり、新益京（いわゆる藤原京）は正方形で中国の周《しゅう》王朝時代の書物『周礼《しゅらい》（考工記）』（図10参照）に示される王城プランに倣っている。したがって、本書においても、前述した〔図7〕に飛鳥京の範囲を示してある。それは『周礼』と同じ三の倍数の碁盤目状道路をもった都市で、耳成山南北軸を中心軸とした正方形としている。宮殿を都城の中に置かずに、都市を囲む城壁のない日本の特徴を示していた可能性がある。六〇八年倭国の飛鳥京に来た「隋」の使者が「城郭《じょうかく》がない」（『隋書』）と記していることを考えると、「碁盤目状道路はあったが、城壁はなく」、「安定した政権の国家＝侵略するのは難しい」を印象付けたのではないか。他国では、都市の要件として碁盤目状道路と城壁は切り離せないものであった。

飛鳥京が『周礼』に倣った三の倍数の道路とした形であれば、耳成山南北軸から香久山まで九ブロックとなって、全体で一八ブロックの正方形となり、北京極《きたきょうごく》（最も北側）の東西道路が百済大寺（吉備池廃寺）に至る配置となり、根拠となり得ると考える（図7参照）。偶然にも耳成山南北軸から香久山まで九ブロックであったが、四書五経の『易経』によると、「九」は「陽の極数」（『現代に息づく陰陽五行』）であるのも理由であろう。発掘をしていないので、ひとつの想像の範囲である。この形態なら簡単に新益京へ移行できるはずだが、飛鳥京の碁盤目状道路を利用した証拠が尺度《しゃくど》にもある。

飛鳥京と新益京の造営時期は、およそ一〇〇年の間隔があり、その時代の尺度が異なっていたことからも、飛鳥京が隠されていたことが判明する。六〇〇年頃は高麗尺《こまじゃく》（一尺＝約三五センチ）を使っていて、六九〇年頃は唐尺《とうしゃく》（一尺＝約三〇センチ）でひとまわり短くなっていたが、新益京の碁盤目状道路は高麗尺で造られている。飛鳥京の高麗尺を変更できなかったからだ。そして、平城京も道路は高麗尺で造られ、遷都直後の七一三年に高麗尺は禁止される（『続日本紀格《きゃく》』）。つまり、六九〇年頃の唐尺を使用できず、飛鳥京の高麗尺でつくられた碁盤目状道路の規格を維持せざるを得なかったことを示している。

「いわゆる藤原京（新益京）」は飛鳥京という都市を隠蔽し、改造する目的もあったのであり、なぜ新益京を造営せねばならなかったのか、もう少し考えてみたい。

新益京（いわゆる藤原京）の造営目的

都市軸を改変し都市を拡大する行為は、目的があって初めて成されるわけで、持統天皇の目的は、元々あった飛鳥京の中心南北軸（耳成山南北軸）を消滅させることであった。それには、中心軸を東側に移せばよい。新益京（いわゆる藤原京）は「陰陽の二元論」で創られた都市であって、既存の中心軸を移動させる目的があった。

「陰陽」の空間意識の東西を分けるのは南北軸であり、〔図7〕に示すごとく、壮大な藤原宮を造営することによって、その中心軸が実質的な方位を分けることになる。つまり、「生と死」を「陰陽」で分けるなら、「陰」である西側が「死の領域」であり、「生の領域」は「陽」である東側となり、中心軸を藤原宮南北軸に移動すれば、耳成山南北軸は西側の「死の領域」に移動することになる。それが目的だった。

『日本書紀』の冒頭に「陰陽」の文字がみられるように、「陰陽の二元論」を志向する人物によって編纂されたことは明白であって、その二元論が当時の規範としてあったことが、都市計画にも反映されていた。その証拠に、飛鳥京の発掘から古墳は西側に集中して（図30参照、二九八頁）、東側には蘇我馬子の墓とされる石舞台古墳や都塚《みやこづか》古墳などしかなく、神の山（三輪山、御破裂山など）は東側にある。飛鳥京は「陰陽の二元論」で構成されていたとしてよく、「陰陽」の空間意識は存在したと言える。

隠された天皇（敏達）によって創られた飛鳥京は碁盤目状の道路をもつ都市だったが、宮殿は小墾田宮《おはりだのみや》や飛鳥板蓋宮や飛鳥浄御原宮《あすかきよみはらのみや》で都城の中心部にはつくられなかった。それゆえに、藤原宮の造営による中心軸の変更が意味をもった。飛鳥京の輪郭を変更拡大して、耳成山の南北軸上にある巨大古墳「鬼の遺跡」（図16参照、一三二頁）を破壊せねばならなかったと考える。

持統天皇は、藤原宮の造営と「鬼の遺跡」の破壊を同時に行うことによって、視覚的に藤原宮の南北軸に都市の中心を移動させたが、そればかりではなく、京都山科に天智陵を配して、みずからの墓を現在の火振山古墳（又は天武・持統陵）の位置とし、その南側に文武陵を予定した。その意味は、天智一族による「いわゆる藤原京」の支配を形に表わすことで、持統天皇と文武天皇には平城京遷都の意思は全くなかったと想像される。

京都山科の天智陵というのは、実は伝承や推定であって、なぜか『日本書紀』に天智天皇の墓は記載されていない。その山科の天智陵に関して、文武天皇から始まる歴史書『続日本紀《しょくにほんぎ》』の六九九年に京都の山科山陵《やましなのみささぎ》と車木《くるまき》（高市郡高取町）の越智山陵《おちのみささぎ》を造営及び修造した記録がある。持統太上《だじょう》天皇の存命中で、持統の命によって造営したとおもわれるが、誰を葬ったのか一切記されない。

山科山陵は持統の父の天智天皇陵とされ、越智山陵は祖母の斉明天皇陵（図20参照、一八二頁）とされているが、なぜか天智天皇は六七一年に亡くなって、どこに葬られたのか、一切記載がなく、二八年間どこかの殯《もがり》の宮に遺体があったとの解釈がされているようだ。天武天皇の遺体は一年間ほど殯《もがり》の宮に置かれたと記されているので、殯の期間が二八年間ということはなく、天智の古墳は記載できなかったと考えられる。

越智山陵を斉明天皇陵とすると、『日本書紀』の六六七年に斉明天皇と孝徳皇后（斉明の娘）を小市岡上陵《おちのおかのうえのみささぎ》（牽牛子塚古墳《けんごしづか》）に葬り（図20参照、一八二頁）、大田皇女《おおたのひめみこ》をその陵の前の小さな

場所	北緯（緯度）	東経（経度）	方位角	軸線角度
天武・持統陵	34.46840	135.80793	359.91	0.09 （360度マイナス方位角）
天智陵（京都山科）	34.99713	135.80697		

表８　天武・持統陵と天智陵の軸線角度計算表（位置データは Google Map）

墓（越塚御門《こしづかごもん》古墳）に葬ったと記されていることに矛盾している。つまり、天智天皇とその母（斉明）の墓の謎を解けば、おおよそのストーリーがわかるということなのだ。

「山科山陵が天智陵である」との伝承は測量計算で確かめられる。山科山陵が藤原宮の中心南北軸上にあることによって正しいと証明される。〔表８〕に計算結果を示したが、限りなく〇度に近づき、約五九キロメートルの距離を隔てて正確に配置している。したがって、藤原宮の中心軸線が持統天皇によってなされたことが明白であって、飛鳥京を拡大変更して、孫の文武に天皇位を移譲する準備だったとされる。

ただ、ここには天智天皇の墓や斉明天皇の墓の謎など多くの問題が横たわっているので、「第Ⅵ章」にて再度言及する。

柿本人麻呂の歌が陰陽の空間意識を示している

持統天皇は耳成山の南北軸を中心軸とした都市・飛鳥京を覆い隠すために、その東側に藤原宮を造営して、中心軸線を移動させたと前述している。それが陰陽の原理にそって造られた都市・新益京だった。なにか、それを示す当時の証拠がないか、考えていたところ、『万葉集』の歌にあることに気づいた。万葉歌人の柿本人麻《かきのもとひとま》呂《ろ》の歌を研究した『人麻呂の暗号』（藤村由加著、一九八九年）に「手がかり」があった。『人麻呂の暗号』の内容は、歌を日本語だけでなく、韓国語や中国語で読み解いた研究で知られたもので、その歌の中に「陰陽の原理」が詠み込まれていたが、『人麻呂の暗号』の説明から始める。

「持統三年（六八九年）晩秋、人麻呂が軽皇子《かるのみこ》（のちの文武天皇）につき従って安騎野《あきの》を訪れたときに詠んだ歌」

東野炎立所見而反見爲者月西渡

（東野《ひむかしのの》に炎《かぎろひ》の立《た》つ見《み》えて反見《かへりみ》すれば月傾《つきかたぶ》きぬ）

一般には「この東方の野には曙の光がさし初め、西をふりかえると月が傾いてあわい光をたたえている」（『人麻呂の暗号』）という解釈となっているが、藤村は「あの世とこの世の境の野　この東野に　亡き草壁皇子のお姿が　炎のように立ち現れる　懐しい想いでいるというのに　皇子はふたたび冥界へとむかわれる」（同）と解釈する。

草壁皇子《くさかべのみこ》は天武と持統のあいだの子で、『日本書紀』によれば皇太子であったが、この歌と同じ六八九年の四月に亡くなってしまう。つまり、この歌は草壁の死後のもので時期的には問題がなく、持統は草壁の子・軽皇子《かるのみこ》（文武天皇）を即位させるまで天皇位に就くことになる。

『人麻呂の暗号』の解釈のポイントは「炎立所《かぎろひのたつ》」で、「炎」は火が二つならんだ字、火や日は「太陽」を表わしていることにより、ある人物を指すとしている。

草壁皇子は別名「日並所知皇子《ひなみしのみこ》」（『続日本紀』）と呼ばれ、その根拠は「日並所《ひなみし》」の「並」の原字が「竝」であって、立をならべたものが「並」であり、「日並」は「炎」を示しているという。つまり「炎」は「日並」で草壁になる。確かに、そのような解釈も成り立つのであろう。

草壁皇子の別名「日並所知皇子」は和風諡号《わふうしごう》と呼ばれるもので、天皇の別名が『日本書紀』（七二〇年）に記されている。それ以前の六八九年に使われていたのかどうか、確かではなく、時期的なものが崩れればこの解釈は成り立たないが、現状では判断できない。ただ、このような歌に詠まれた別名がその後に受け継がれてきた可能性もあり、柿本人麻呂の歌にはそのような意味が含まれていると判断するところだ。以上のようなことも考慮して、本書の「陰陽の原理」で読み解くと次のようになる。

「東野炎立」について、「炎」は明らかに「太陽」をさし、東の野に太陽が昇るさまを描いている。この語によって、「陽」の側にいる「炎（日並）」の草壁が天皇位に就いたことがわかる。そして「反見《かへりみ》すれば（振り返って見ると）」「月西渡」では、「月」が西にしずむ様子ということで、おそらく草壁皇子が「太陽のように」天皇位を継承したが、病で倒れて亡くなったことを詠っている。また、「月西渡」の解釈として、耳成山南北軸に葬られた一族も「死の領域（西側）」に追いやられることを暗示しているようにおもう。

太陽と月が東西同時に見られる時期は満月にあたり、ここで思い出すのは高松塚の壁画の日月である。耳成山南北軸上にある高松塚は、六九〇年頃に再度葬られたと推測するのだが、その根拠として草壁も文武天皇も早逝して、「彼らが健康でなかった」（『黄泉の王』）ことが推測される。古代の病《やまい》が怨霊の影響と信じていた人びとが、草壁の死にあたって、軽皇子（文武）のことを案じて高松塚を現在のように再葬したと想像する。つまり、人麻呂の日月は二つの南北軸を意識していて、「陰陽の原理」が働いているとわかる。

天智天皇が設定したと推定される菖蒲池古墳《しょうぶいけこふん》（図9参照、一〇〇頁）の南北軸線は、天智の娘である持統によって、後の藤原宮南北軸として六九四年には復活する。飛鳥京が「陰陽の原理」による中心軸線の移動によって明らかに死の領域へ追いやられ、新益京が誕生した。日月が「陰陽」の生死を意味して、耳成山南北軸の高松塚の有様がそのようであっても不思議はない。以上の意味を含んだ柿本人麻呂の歌であり、東の太陽と西の月が情景を詠うだけではなく、都市までも隠していたことを暗示している。

飛鳥京はなんのために造られたのか

奈良盆地の南端に飛鳥京を建設した意図はなんであったのか？　奈良盆地の南端になにか特別なことがあったのかもしれないが、物資の集積地でもなく、交通の要衝なら斑鳩や難波の方がよく、軍事的なメリットもないようにおもう。その地域に都市を建設する何のメリットがあるのか？　多少の鉱物（金メッキに使う辰砂《しんしゃ》など）の産地であるようだが、主な理由にはなり難く、もっと別の大きな理由が存在するのではないか？

飛鳥京は、光り輝く「仏教都市」だったのでは？　同一時期に多くの寺院がひしめくように建っていたことが遺跡から判明している。奈良盆地の南東側の山並を背景とした仏教寺院の塔が林立する都市がイメージとしてふさわしく、それ以上の想像はできない。

その仏教都市を眺める視点は斑鳩の高台にある法隆寺若草伽藍に相違なく、飛鳥京は二〇度振られた若草伽藍の中心軸を延長した方向に眺められるわけで、それが意図されていなくてなんであろうか。景観的にも斑鳩方面から眺めれば、寺院の背景となる山並は北斜面で陰影が濃く、多数の寺院の塔には金銅製の飾り金具が付いて、光に反射していたはずだ。前述するように、それらを造った天皇は敏達と考えるわけだが、その天皇の伝承は何世紀も消えることはない。

その仏教都市が造られた時期は、遣隋使を二回(註)派遣して、中国「隋」の使者が倭国を訪れた時期（六〇八年）に重なっている。「隋」は朝鮮半島を侵略中であって、隋の皇帝（煬帝《ようだい》）は仏教の信奉者だったこともわかっている。そのような国際的な情勢も遣隋使派遣や仏教都市建設の理由であったのかもしれない。少なくとも「隋」との衝突はなかった。それ故に、それらを造った天皇の傀儡である聖徳太子伝説が消えないのだとおもう。

以上のような理由において、軒丸瓦の文様がエンブレム（紋章）なら、「飛鳥寺や大野丘北塔は蘇我馬子が建立したのではなく、四天王寺も厩戸皇子の建立ではない」と証明される。つまり、六〇〇年頃に聖徳太子のような仏教推進に尽力した天皇が存在したという証拠が存在することになる。

（註）『隋書』の六〇〇年と『日本書紀』の六〇七年を含むが、『日本書紀』には六〇〇年の派遣の記載がない。

2　飛鳥寺の創建者は蘇我馬子ではない

飛鳥寺は飛鳥京に造られた

「飛鳥寺（法興寺《ほうこうじ》）は蘇我馬子が建立した」と『日本書紀』に記され、その事実を疑う歴史学者はいないようだ。しかし、前述するように、都市や建造物の位置は偶然そこに存在するわけはなく、綿密に検討されていたことがわかった。本書は、『日本書紀』が「飛鳥寺の創建者を蘇我馬子とした」意図を明らかにして、それを否定し、飛鳥寺の位置から誰が創建したかを物理的に明らかにしようとしている。

飛鳥京が六〇〇年頃には存在したと前述するように、その都《みやこ》は耳成山の南北軸を中心とした碁盤目状の道路をもつ都市であった（図11参照）。その後、持統天皇によって六九四年に藤原宮が造営されて、都市が拡大されて「新たに益《ま》した京（新益京《あらましのみやこ》）」となり、その藤原宮の中心南北軸を北極星の方向・京都山科に延長して天智天皇陵（山科山陵）が六九九年に設けられた。天智一族の軸線（藤原宮南北軸）が耳成山の南北軸を「陰の側」に追いやったと説明している。その二つの南北軸間の水平距離が飛鳥京の存在を浮かび上がらせた。

飛鳥京が碁盤目状の道路をもった都市で、六〇〇年頃には完成していた。そこから、飛鳥寺の周辺に道路が存在していたとわかり納得した。なぜなら、現代でも道路がなければ建設工事はで

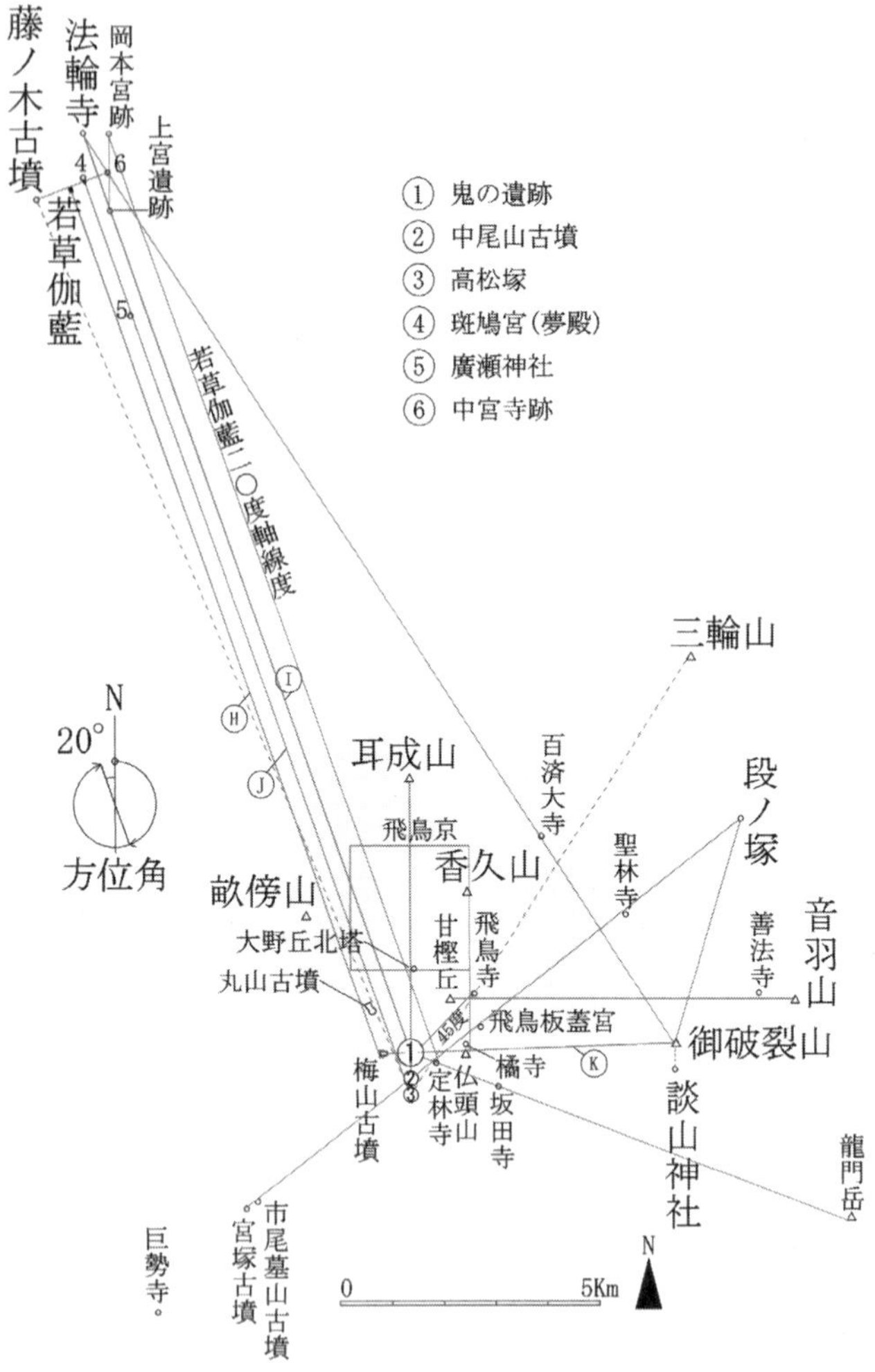

図11　斑鳩と飛鳥を結ぶ若草伽藍の20度の軸線

きないが、飛鳥寺を復元した図などを見ても道路を描いてないものが多く、古代は違ったのだろうか？　と疑問があったからだ。

　飛鳥京が存在したとわかって疑問が解けた。古代ローマ帝国においても「すべての道はローマに通じる」という諺《ことわざ》があったように、「文明」は道路（街道）からもたらされ、飛鳥時代の仏教寺院の建立はひとつの「文明」だったはずで、道路を先に造ってから建造物を造ることは古代も同じであった。そもそも道路がなければ、その場所に行くことは困難で建造物を造る意味もない。

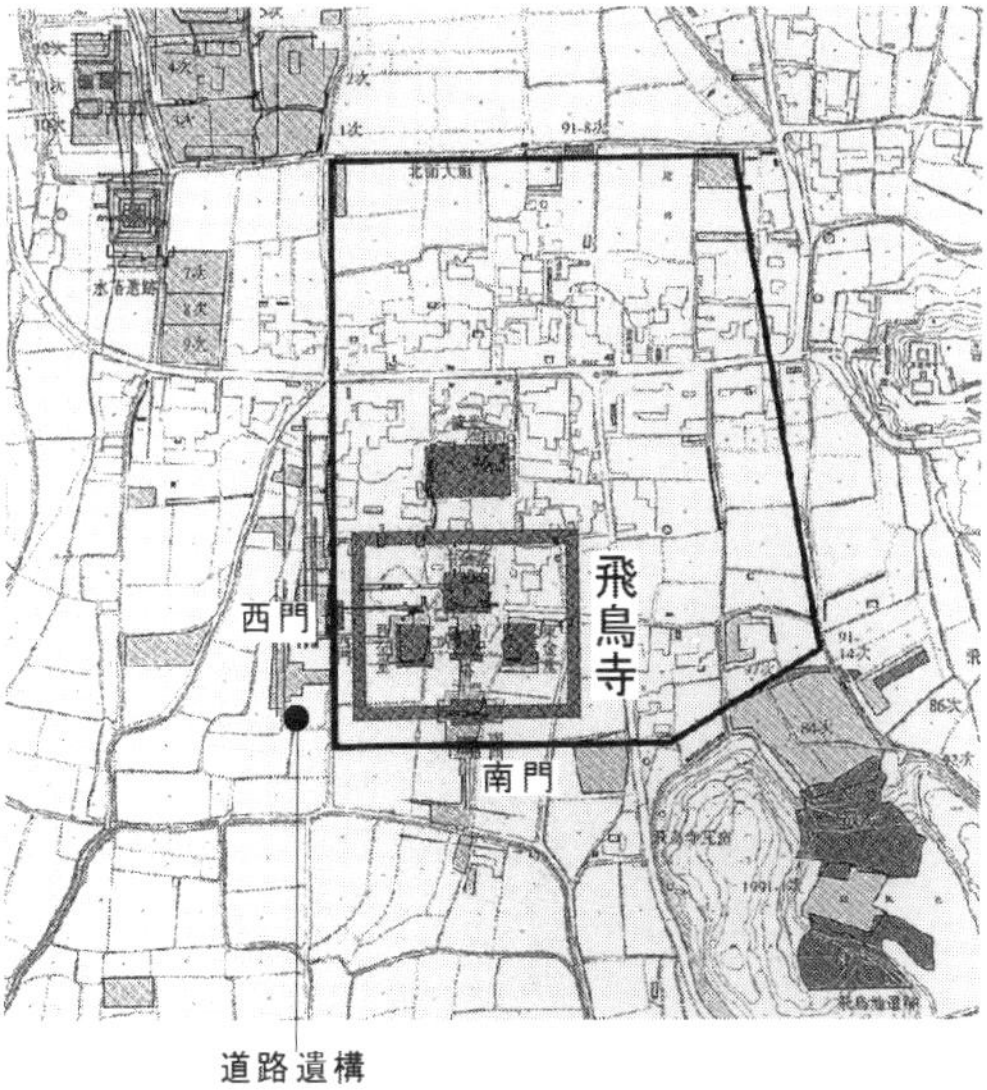

図12　飛鳥寺西側道路遺構

　飛鳥寺の西側に道路遺構が出土している様を〔図12〕に示しているが、この道路が飛鳥寺より先に造られたことは明白で、香久山と仏頭山の橘寺を結んでいた。飛鳥京と飛鳥寺は互いに切り離せない関係にあったと考えられる。

　飛鳥寺の建立は六〇〇年頃で、歴史学

者の論理は、早くても六七六年から「いわゆる藤原京」が造られるのであって、六〇〇年頃には、飛鳥寺の位置に道路はなかったとの認識にある。『日本書紀』を信じれば、そのようになるのであって、本書の論理を認めるわけにいかない理由が存在する。しかし、私は飛鳥京がなければ、その場所に意味は無く、飛鳥京があったからこそ飛鳥寺や多くの寺院が建てられ、六〇八年中国の「隋」から使者が来たのだとおもう。この章において証明されるが、難波京《なにわきょう》に到着して飛鳥京まで来たと考えている。

飛鳥寺の位置

飛鳥寺と飛鳥京は互いに切り離せない関係にある。なぜなら、平城京の興福寺が権力者の意思によって造られていると同様に、飛鳥京の飛鳥寺は当時の権力者の意思によって造られたと想像される。飛鳥時代の主要な建造物が、他となんの関連もなくその地に存在しているのではないと、平城京の都市計画や「陰陽の方角」から学習してきた。平城京は奈良時代だろうとおもうかもしれないが、飛鳥時代に構想されていた。歴史の区切りは後から付けられたもので、当時の科学としての「陰陽の二元論」を基にして造られてきた。

飛鳥寺の位置は〔図11〕に示すごとく、飛鳥京の東南の豊浦宮《とようらのみや》や小墾田宮《おはりだのみや》や飛鳥板蓋宮《あすかいたぶきのみや》などの宮殿が営まれたエリアにある。飛鳥寺をその位置に建立することは宮殿に住む人物の願望によ

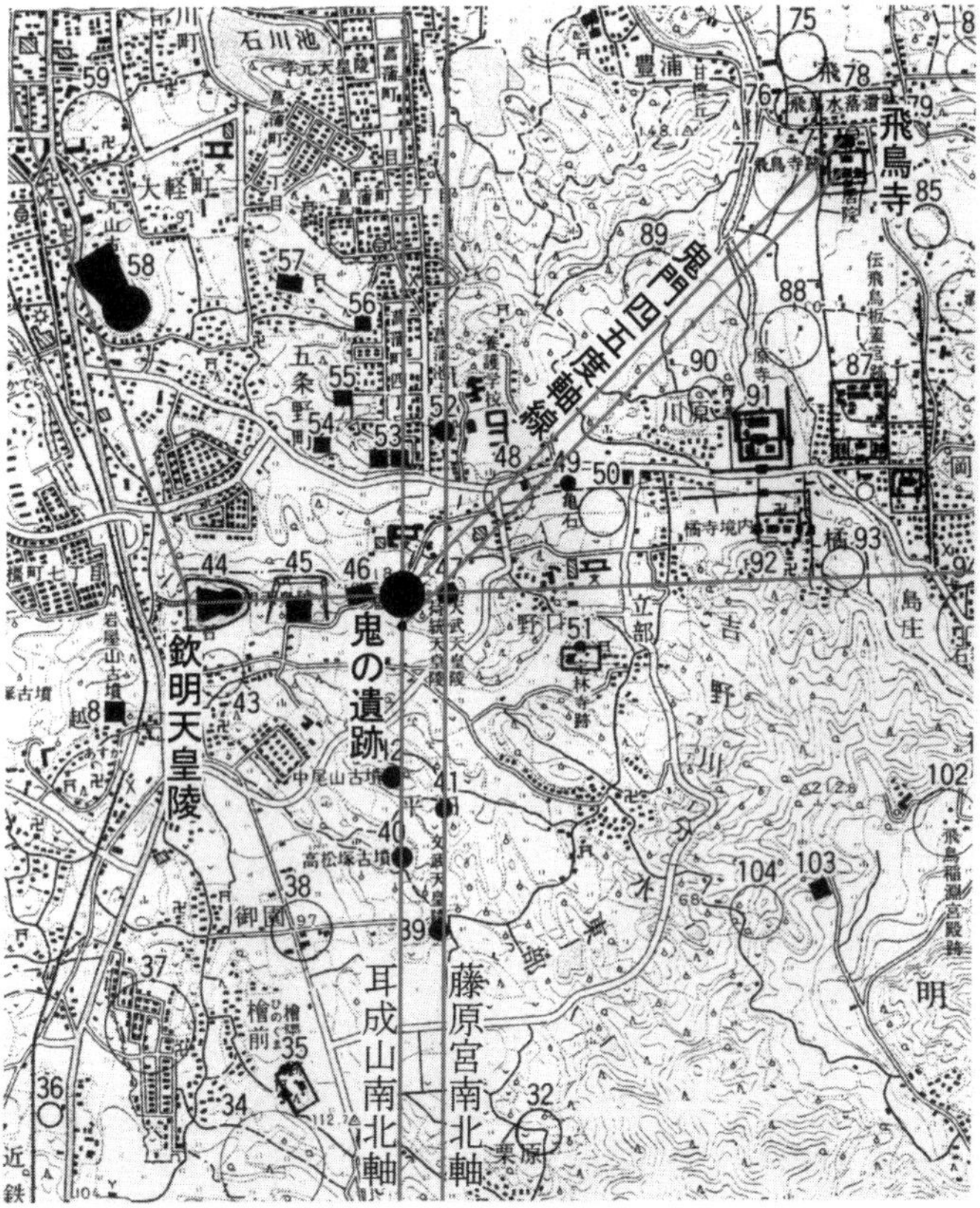

図13　鬼の遺跡―飛鳥寺の鬼門軸（明日香村教育委員会資料に軸線を加えた）

るものであろう。また、飛鳥寺は〔図13〕のように、耳成山の南北軸にある「鬼の遺跡」と四五度の「鬼門」軸で結ばれている。その後に《高松塚―飛鳥寺―三輪山の軸線〔図11参照〕》が設定されるところをみても、耳成山南北軸に眠る被葬者一族に関係していることが明白である。

「鬼の遺跡」は周辺に「鬼の俎《まないた》・雪隠《せっちん》遺跡」があるような破壊された古墳で、どのような形態であったのか？　知ることはできないが、「鬼の遺跡」の被葬者と飛鳥寺が「鬼門」で結ばれねばならない理由があると推測できる。確かに「鬼門」の概念がこの時代まで遡ると認識されていないが、「陰陽の二元論」が存在するなら、認めねばならない事実だ。

飛鳥寺は、〔図13〕のごとく「鬼の遺跡」の被葬者を守り鎮魂する位置に建てられたことは間違いなく、「鬼門」の位置に建てられた平城京の興福寺が藤原一族の氏寺だった例もあり、宮殿エリアにあるなら、宮殿に住む一族の氏寺であったと推測される。その寺院は天皇一族のもので、決して蘇我馬子の建立ではなく、蘇我は傀儡であった。

飛鳥寺の位置は、難波京から続くストーリーのなかにあると想像するが、直接的には、前期難波宮の東南二〇度の方向に斑鳩《いかるが》の法隆寺若草伽藍《わかくさがらん》があり、その中心軸線が西側に二〇度振れていたことが始まりであった〔図14、18参照〕。その中心軸線を明日香村まで延長すると、欽明天皇陵〔梅山古墳〕とされる前方後円墳の祭祀の場〔鳥居〕に至り、その前方後円墳は東西軸とされて御《ご》破裂山《はれつざん》に向けて造られ〔写真12参照〕、途中の耳成山南北軸や香久山《かぐやま》の南北軸との交点に、「鬼の

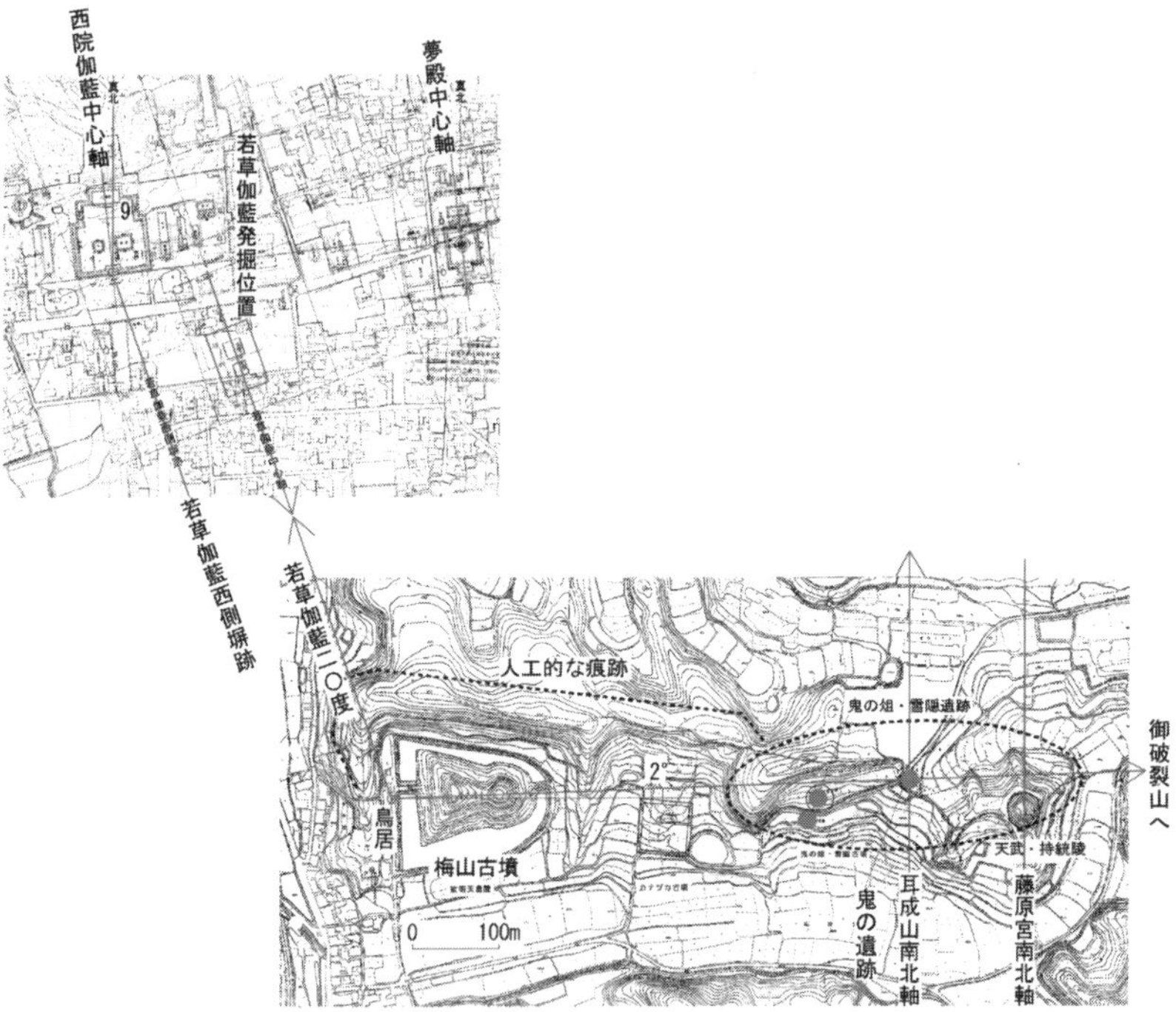

図 14　若草伽藍と欽明天皇陵（梅山古墳）を結ぶ略図

写真 12　手前の梅山古墳から御破裂山を望む

場所	北緯 (緯度)	東経 (経度)	方位角	軸線角度
若草伽藍 (塔中心部)	34.61295	135.73613	339.9208	20.0792 (360度マイナス方位角)
梅山古墳 (鳥居部分)	34.46864	135.79994		

表9　若草伽藍―欽明天皇陵（梅山古墳）の軸線Ⓗの角度計算表

遺跡」や橘寺《たちばなでら》（仏頭山《ぶっとうざん》の北側）が造られた。

　飛鳥寺はまた、香久山の南北軸と音羽山《おとわさん》と甘樫《あまかしの》丘を結ぶ東西軸で構成される十字形の交点にあり、その伽藍配置も十字形（【コラム3】参照）で意図されて、終着点のように見える。日本列島人が縄文時代から神の山に向けて墓を造っていた慣習がある（『縄文人の世界』）と前述するように、仏教寺院の位置もそのようであり、飛鳥寺の最終的な位置は、難波京から続くストーリーのなかで宮殿エリアに造られ、飛鳥寺は支配者一族の氏寺であって、「鬼の遺跡」の被葬者を守る位置に造られたと想像できる。それらの軸線を次に示す。

○飛鳥寺―鬼の遺跡を結ぶ「鬼門」軸（図13参照、測量計算省略）
Ⓗ若草伽藍―欽明天皇陵（梅山古墳）の二〇度の軸線（表9参照）
Ⓚ欽明天皇陵（梅山古墳）―仏頭山（橘寺）―御破裂山の軸線（表10参照）
○香久山―飛鳥寺―仏頭山（橘寺）の南北軸（測量計算省略）
○音羽山―飛鳥寺―甘樫丘の東西軸（測量計算省略）

場所	北緯（緯度）	東経（経度）	方位角	軸線角度
御破裂山（山頂）	34.47049	135.86005	—	90度マイナス方位角
梅山古墳（鳥居）	34.46864	135.79994	87.8547	2.145

表10　欽明天皇陵（梅山古墳）―御破裂山の軸線Ⓚの角度計算表

○高松塚―飛鳥寺―三輪山の軸線（表21参照）

ⒽとⓀの軸線角度を測量計算し、表9、10に示した。法隆寺若草伽藍は遺跡の発掘によって二〇度の角度が確認されているが、その角度は磁北か真北か確定していない。この測量計算によって、真北（北極星に対する角度）で建立されたとわかる。また、欽明天皇陵（梅山古墳）は作図によって水平に対して約二度の傾きが得られ、測量計算によっても同じ値が得られた。

コラム3　仏教寺院の伽藍配置

仏教寺院の伽藍配置が重要な論拠なので、ここで、その説明をしておく（図15参照）。難波の四天王寺は門・塔・金堂・講堂が一直線に並ぶ伽藍配置となっていて、法隆寺若草伽藍や橘寺なども四天王寺式となっている。飛鳥寺は三棟の金堂が塔を囲む特徴があり、朝鮮半島にも似た形式がある。現存する法隆寺西院伽藍などが塔と金堂を東西方向に並べる特徴があって、日本独特の形式とされている。

飛鳥寺と同様の十字形の伽藍配置が朝鮮半島の五世紀の高句麗《こうくり》にあって、平壌《ぴょんやん》の東北の清岩《せいがん》里《り》廃寺が先例となったとされるが、塔は八角基壇で異なる。

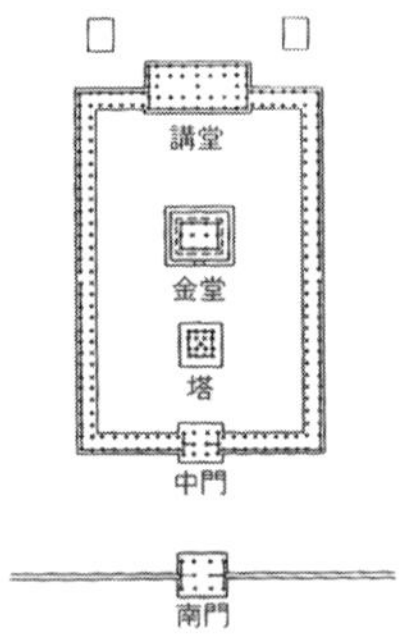

四天王寺

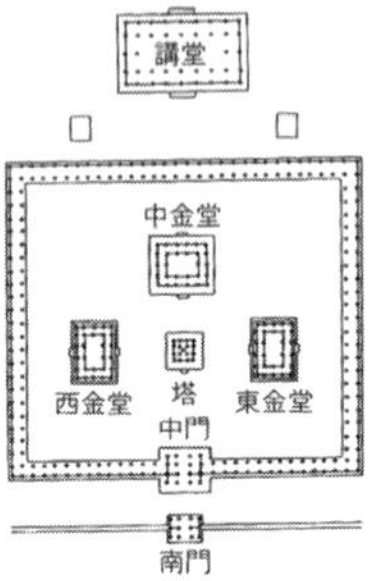

飛鳥寺

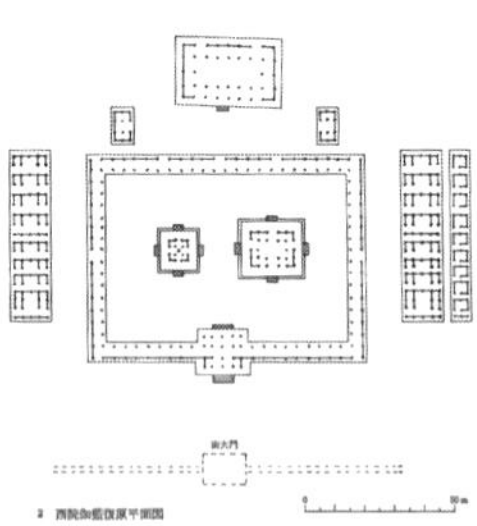

法隆寺西院（復元図）

図15　伽藍配置

飛鳥寺の軒丸瓦の文様

飛鳥寺の軒丸瓦《のきまるがわら》（写真13）の文様は花びらの先端に小珠《こだま》があるのが特徴で、橘寺や定林寺《じょうりんじ》（写真14）や坂田寺や馬子が建てたとする大野丘北塔《おおののおかきたとう》（和田廃寺）などの遺跡から出土する瓦に同じとなっているが、花びらの枚数は九〜一一枚で固定されない。また、花びらの枚数八枚のものは、前述した上宮遺跡（写真7、六七頁参照）、若草伽藍（写真15）、四天王寺（写真30、一五四頁）、難波宮前期遺跡（写真31）などから出土し、この軒丸瓦が敏達天皇のエンブレム（紋章）と特定されるなら、聖徳太子のような仏教振興に尽力した天皇が存在したことになる。少なくとも軸線に絡む若草伽藍や橘寺や大野丘北塔（耳成山南北軸上）や定林寺は敏達の建立と推定される。

飛鳥寺は以上述べてきた軸線や軒丸瓦の関連性の中に存在している。したがって、単独で建っているのではなく、欽明天皇陵や「鬼の遺跡」と関連が深い。それが何を意味するのか？「飛鳥寺は蘇我馬子の建立ではなく天皇が造った」ということだ。

飛鳥寺を馬子が建てたなら、欽明天皇陵が蘇我稲目《いなめ》の墓で「鬼の遺跡」が馬子、中尾山古墳が蝦夷《えみし》、高松塚が入鹿《いるか》となる。高松塚の壁画は通常にはなく、殺害された入鹿にふさわしいとおもうのだろう。したがって、蘇我一族が天皇だったとする研究者も出てくるわけだが、この傀儡の

写真 13　飛鳥寺創建瓦

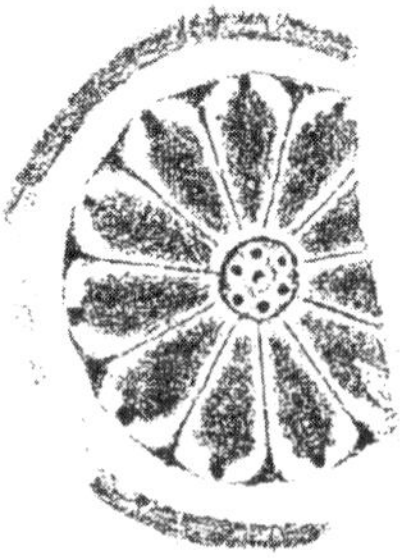

写真 14　定林寺創建瓦拓本

写真 15　若草伽藍創建瓦

人数と同じ数の天皇が実在したとした方が、仏教寺院や古墳の位置や軒丸瓦の紋章から合理的に説明がつき、他の説明では矛盾だらけとなる。つまり、欽明（梅山古墳）―敏達（鬼の遺跡）―舒明《じょめい》（中尾山古墳）―古人大兄皇子《ふるひとのおおえのみこ》（高松塚）となって、用明《ようめい》・崇峻《すしゅん》・推古や皇極《こうぎょく》の代はなかったことになる。用明・崇峻・推古及び厩戸《うまやと》は蘇我一族から生じた人物で、蘇我一族自体が傀儡であり、古人大兄も蘇我に組み込まれてしまった（註）（古人大兄は舒明天皇と馬子の娘との子と記される）。

古人大兄皇子は舒明天皇の長子でありながら、六四五年「乙巳《いつし》の変」直後に異母兄弟の中大兄皇子《なかのおおえのみこ》（天智）によって一族と共に殺害された。その後は中大兄（天智）や藤原鎌足が実権を握って、結果として平城京を構想したのは鎌足の子である不比等であり、『日本書紀』編纂の黒幕も不比等である。「乙巳の変」は蘇我入鹿や蝦夷の殺害ではなく、天皇の殺害というクーデターだったのであり、この事実は記載できずに傀儡によってカムフラージュされたのが『日本書紀』なのだ。また、天智一族や藤原一族の出自の美化もなされていると推測される。

結局、『日本書紀』の発表は七二〇年で、不比等が亡くなった同年となり、当時（六四五年）の真相を知る人びとが死んでいなくなるのを待ったということであろう。

（註）この問題は本書の課題であるが、古人大兄皇子、中大兄（天智）、大海人皇子（天武）は共に舒明天皇の皇子で、年齢順序も『日本書紀』からこの順序とわかる。『日本書紀』では天智と

天武が同母兄弟となっているが、第Ⅵ章において、古人大兄と天武が同母兄弟であったと推定できる証拠を提出している。

飛鳥寺の創建者

飛鳥寺の伽藍配置は三棟の金堂と中門で塔を囲む十字形（【コラム3】参照）をして、寺の位置の十字形と呼応している。また、仏頭山の北側にある橘寺は四天王寺式伽藍配置の直線形でⓀの軸線（梅山古墳―鬼の遺跡―仏頭山―御破裂山）の東西軸に沿った配置となっている。

難波の四天王寺・若草伽藍・橘寺は同じ直線形の伽藍配置で一本の線のように並び、飛鳥寺だけが他にはない十字形の伽藍配置となって、飛鳥寺が終着点に見えてくる。また、それらの寺院の軒丸瓦の文様は、花びらの枚数に違いはあっても、花びらの先端の小珠は共通して他に見られず、特定の人物の紋章（エンブレム）としてよい。

飛鳥寺の位置は「鬼の遺跡」から「鬼門」の位置にあり、その古墳の被葬者と飛鳥寺の建立者は同一人物か血縁の非常に濃い人物ということになる。また、飛鳥寺は耳成山南北軸を創設し飛鳥京を造った人物が、難波京から大和川を遡り斑鳩を通って飛鳥京に至るルートを想定した上で、最終地点に建立した仏教寺院であったと想像できる。それゆえに、三棟の金堂をもった寺院で終着点に造られたのであり、庭園と宮殿のある地域に造られねばならなかった。

飛鳥寺を建立した天皇は、通常なら、欽明天皇を継いだ敏達《びたつ》天皇ということになる。『日本書紀』に「仏法を信じられない」とされる人物であるが、逆に信憑性があるようにおもう。なぜなら、蘇我馬子や聖徳太子（厩戸）の活躍する場面が敏達や推古《すいこ》（敏達の皇后）の時代となっているわけで、傀儡を登場させる目的から必然性がある。

飛鳥寺を建立したと想像する敏達天皇に関係する軸線について、藤原一族が御破裂山や音羽山などに執着している様《さま》がうかがえ、これにも『日本書紀』の謎に迫るヒントがある。

藤原一族は、元は中臣《なかとみ》氏で神祇《じんぎ》を扱う一族で鎌足の時代に藤原という姓を賜《たまわ》った。前述するように、花山西塚古墳の被葬者・藤原定慧《じょうえ》によって音羽山の山頂の下に善法寺《ぜんほうじ》（音羽山観音寺）が建立され、御破裂山の麓に妙楽寺《みょうらくじ》（談山《たんざん》神社）が創建されて、藤原一族が神の山を鎮魂する姿勢を見せているからである。この二つの山は「鬼の遺跡」の被葬者が祈った御神体で、飛鳥寺や橘寺や若草伽藍の軸線に関係して、藤原一族はその山を鎮魂せねばならない理由があると考えられる。

「鬼の遺跡」の被葬者への明らかな怖れが鎌足の子の藤原不比等や藤原と天智一族の血を受け継ぐ聖武天皇に影響を及ぼしている。平城京において、斑鳩の上宮《かみや》遺跡や藤ノ木古墳を平城京の「鬼門」に据えたように、「乙巳の変」の真実が蘇我入鹿や蝦夷の殺害ではないとわかる。つまり、偉大な業績を持つ「鬼の遺跡」の被葬者を「聖徳太子」として復活させて、民間の伝承に合致させたのであろう。『日本書紀』に記される厩戸の「イエス・キリスト」に倣ったエピソード（第Ⅳ章参照）などから想像される。

法隆寺若草伽藍の二〇度

法隆寺若草伽藍は一九三九年に発掘調査がおこなわれ、門・塔・金堂・講堂が一直線に並ぶ四天王寺式（【コラム3】参照）とされる伽藍形式で、その中心軸線は真北に対して二〇度西側に振って建てられたとわかった（図14参照）。また、その中心軸線を東南方向へ延長すると、明日香村の梅山古墳と呼ばれる欽明《きんめい》天皇陵の鳥居に至る。梅山古墳は『日本書紀』に欽明天皇の檜《ひの》隈坂合《くまのさかあい》陵《のみささぎ》と記され、その場所は現在でも檜前《ひのくま》と呼ばれ、幾本かの坂が合流する地点にあり、間違いないところだが、歴史学者のあいだでは確定していない。しかし、仏教寺院と古墳が結ばれる意味とその位置に造られた意味が重要であって、それを辿《たど》ればそれらを建立した人物が判明する。

若草伽藍の中心軸線が梅山古墳の祭祀の場（現状の鳥居）に至っていた意味は、前述した原爆ドームと原爆資料館を視覚的に結ぶ「こころ」と変わらない「こころ」が、仏教寺院と古墳の結びつきにあるようにおもう。確かに、「こころ」の中身は違うかもしれないが、原爆ドームと原爆資料館の関係性より仏教寺院と古墳の関係性の方が普遍的だ。墓（古墳）と仏教寺院の関係は

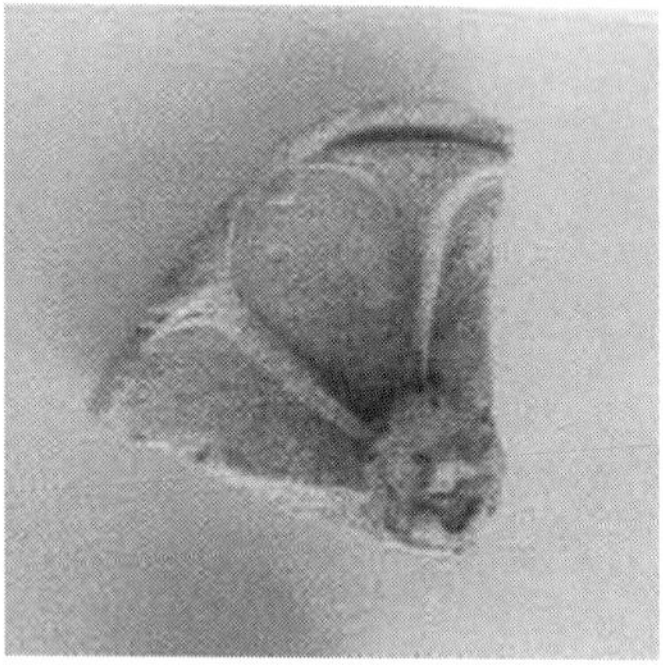

写真16　岡本宮跡創建瓦

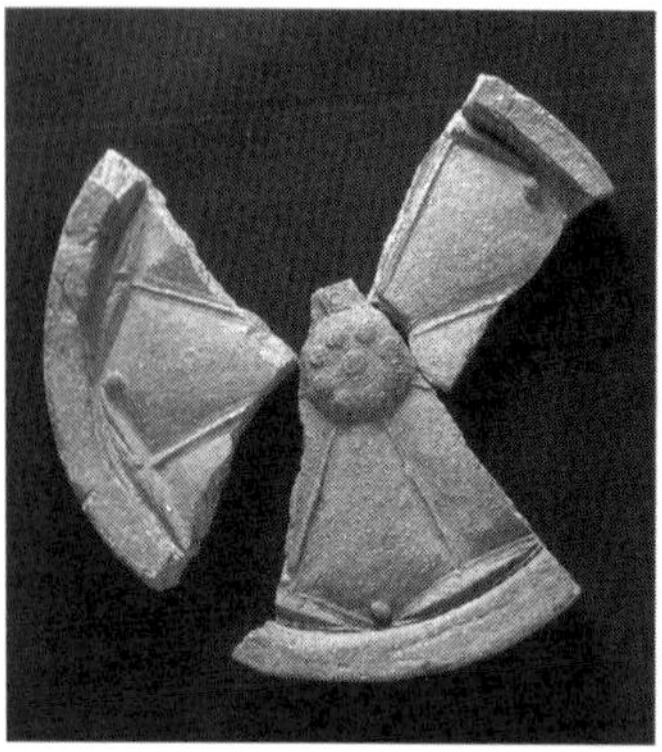

写真17　中宮寺跡創建瓦

現代と変わらない構図であり、その関係性は子の天皇が親の天皇の死を悼《いた》む（菩提《ぼだい》を弔《とむら》う）構図であろう。

『日本書紀』による欽明天皇陵の記述が確かなら、梅山古墳は考古学的にも五七一年に亡くなった欽明天皇の前方後円墳としてよく、若草伽藍が欽明天皇の子である敏達《びたつ》天皇による創建であると、ほぼ確定する。ここで問題になるのは、前述するように『日本書紀』に敏達天皇は「仏法を信じられずに、文史を愛した」と記されることだ。

敏達天皇の時代五七七年に百済から、経論《きょうろん》、律師《りっし》、禅《ぜん》師《し》、比丘尼《びくに》、呪禁師《じゅこんのはかせ》、造仏工《ほとけつくるたくみ》、造寺工《てらつくるたくみ》が来たと記されている。仏教導入期でその記述に不思議はなく、敏達天皇が寺院の建設とその後の運営を考慮していたとわかる。つまり、本当に敏達は仏法が信じられなかったのか？　どちらが真実なのかということだが、それこそ蘇我馬子と厩戸皇子（聖徳太子）が傀儡であって、敏達天皇の業績を陰と陽に分割したという本書の論理があてはまる。そもそも、仏教は釈迦の哲学的思考であって、「文史を愛した」なら当時の最先端の仏教を学んだはずで、答は隠されている。

若草伽藍周辺の仏教施設のあった場所で、〔図11〕のごとく軸線で結ばれる岡本宮跡（写真16）や中宮寺（写真17）や上宮遺跡（写真7参照、六七頁）から出土する創建軒丸瓦の文様が若草伽藍と一致する事実がある。その中で『日本書紀』に記載されるのは岡本宮跡のみで、現在の法起寺《ほうきじ》周辺とされ、厩戸が六〇六年に勝鬘経《しょうまんきょう》を講じた場所とされる。それらの建造物は六〇〇年頃には完成していたとしてもよく、敏達天皇によって造られたと想像される。また、「鬼の遺跡」と二〇度で結ばれる法輪寺の創建軒丸瓦の文様だけが異なり、敏達天皇が建立した若草伽藍と欽明天皇陵の関係に同じとなっている。つまり、法輪寺は敏達天皇を継いだ舒明天皇が建立したと証明される（「3　舒明天皇の軒丸瓦」参照）。

若草伽藍の二〇度の傾きは《法輪寺《ほうりんじ》―上宮《かみや》遺跡―鬼の遺跡（表11参照）》や《斑鳩宮（夢殿）―高松塚（表12参照）》や《岡本宮《おかもとのみや》跡―定林寺《じょうりんじ》（表13参照）》にも使われ、偶然でないことがわかる。それらの軸線を次に示す。

Ⓗ　若草伽藍―欽明天皇陵（梅山古墳）の二〇度の軸線（表9参照）
Ⓘ　法輪寺―上宮遺跡―鬼の遺跡①の二〇度の軸線（表10参照）

場所	北緯 (緯度)	東経 (経度)	方位角	軸線角度
鬼の遺跡①	34.46895	135.80645	—	(360 度マイナス 方位角)
上宮遺跡	34.61132	135.74435	340.17	19.83
法輪寺 (中心部)	34.62222	135.73898	339.9962	20.003

表 11　法輪寺—鬼の遺跡の軸線Ⓘの方位角計算表

場所	北緯 (緯度)	東経 (経度)	方位角	軸線角度
④斑鳩宮 (夢殿)	34.61435	135.73893	—	(360 度マイナス 方位角)
③高松塚 (中心)	34.462222	135.8063899	339.8683	20.131

表 12　斑鳩宮④—高松塚③の軸線Ⓙの方位角計算表

場所	北緯 (緯度)	東経 (経度)	方位角	軸線角度
岡本宮跡	34.62248	135.74457	—	19.75 (360 度マイナス 方位角)
定林寺跡	34.46708	135.81207	340.25	

表 13　岡本宮跡—定林寺跡の軸線角度計算表

Ⓙ斑鳩宮（夢殿）②―高松塚⑥の二〇度の軸線（表11参照）
〇岡本宮跡（法起寺）―定林寺の二〇度の軸線（表12参照）

古代人たちは、なぜ二〇度の軸線を使ったのだろうか？　このように多くの二〇度がある理由を知りたくなる。『現代に息づく陰陽五行』（稲田義行著）には「『易経《えききょう》』に関して、陽は奇数を指し陽の極数九とし、陰は偶数を指し陰の極数八とする」とされ、「『憲法十七条』は陽の極数九と陰の極数八を足した十七とした」とある。『易経』とは「四書五経」の一つで四世紀頃日本に伝わったとされ、一般に浸透していた可能性は高い。

二〇度の意味は、仮説として、一八〇度の九等分で、その位置が九番目であれば、陽の極数となる。東西を九等分して計算していたのではないか？　今のところ、そのような理由しか浮かばない。前述するように、飛鳥京の東西も九ブロックと「陽の極数」が使われていると想像されるところから、信憑性はある。

古代人たちは「この世のあらゆるものが陰と陽に分けられ、それらが互いに相生相剋《そうせいそうこく》関係を保ちながら調和を維持し、人間の身と心が自然と一体となる（同）」と考えていたわけで、「陰陽の方角《ほうがく》」を用いて「建造物の位置」を決定していた。それは現代の「家相《かそう》」につながる慣習で、偶然その位置に造ったのではなく、綿密に計算をして位置を決定し、その角度や形状までも操作し

写真18　鬼の遺跡とする丘陵

ていたとわかる。

飛鳥寺と鬼門で結ばれる「鬼の遺跡」

「鬼の遺跡」（写真18参照）とする場所に現在古墳はないが、周辺に破壊された古墳の「鬼の俎《まないた》・鬼の雪隠《せっちん》遺跡」（写真19参照）があって、人工的な等高線のある大きな丘陵が残っている（図14参照）、それを裏付ける記事が『日本書紀』に存在する。

「鬼の遺跡」に関する記事は「六二〇年さざれ石を檜隈陵《ひのくまのみささぎ》（欽明天皇陵）の敷石《しきいし》にしいた。域外《めぐり》に土を積み上げて山を造った。大きな柱を山の上に建てさせ、倭漢坂上直《やまとあやのさかのえのあたい》がずば抜けて高い柱を建てた」とある。欽明天皇は五七一年に亡くなっており、五〇年後その陵（梅山古墳）に石を敷いたとするが、区域の外に土山を造っても意味はなく、その山は明らかに別の古墳ではないか。柱を立てることは葬送の儀式にもあるようで、その時期に「鬼の遺跡」が造成されたのではない

写真19
鬼の雪隠　　鬼の俎

か？　つまり、その時期に敏達天皇が亡くなり、舒明《じょめい》天皇が即位し、六三〇年に遣唐使を送ったとすれば納得される。

『日本書紀』によれば、敏達天皇は五八五年に亡くなり、舒明天皇は六二九年に即位してすぐに遣唐使を送ったことになる。船の建造や人選など送り出す準備、また受け入れ準備として宮殿の造営などが一年あまりでは足りず、不自然な記述であり、六二〇年頃に即位したと考えた方がよい。つまり、『日本書紀』には、飛鳥板蓋宮《あすかいたぶきのみや》を皇極《こうぎょく》天皇（舒明の皇后）が六四二年に蘇我蝦夷に造らせたとしているが、「唐」の使節を迎えいれるために六三〇年頃舒明天皇が造らせ、おそらく「乙巳の変」で焼失したのであろう。飛鳥寺の場合も「隋」の使者を迎えるためであり、建造物は目的をもって造られる。

「鬼の遺跡」は『日本書紀』が発表された時点において、すでに破壊されていた。なぜなら、『日本書紀』の発表は七二〇年であり、藤原宮南北軸の設定は六九四年で、その時点で耳成山南北軸の巨大古墳は目障りであって、破壊されねばならなかっ

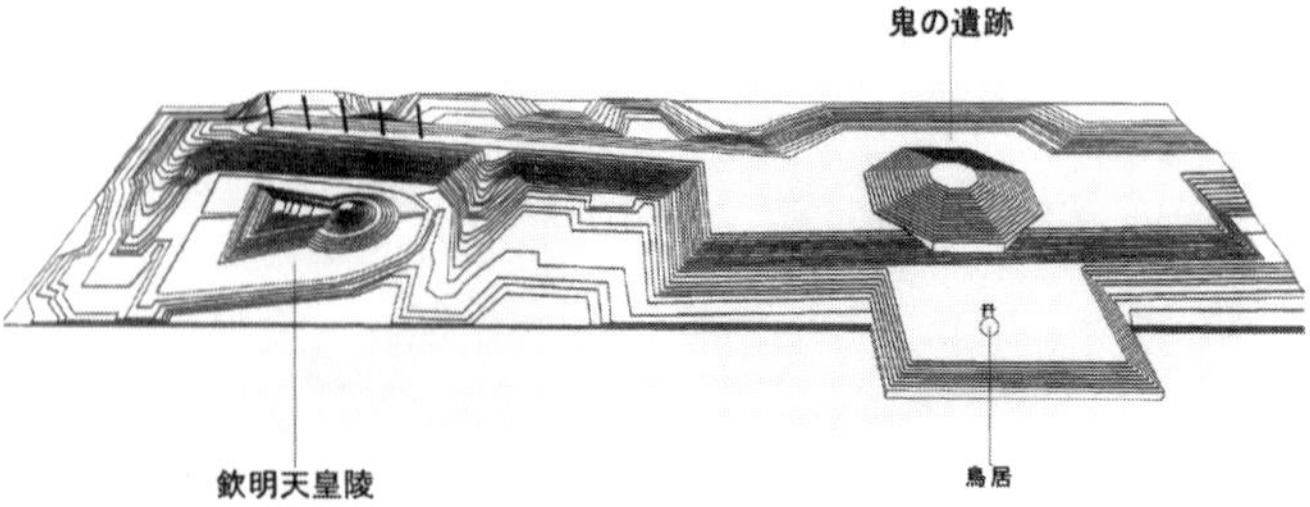

図16　想像の「鬼の遺跡」と現状の梅山古墳（欽明天皇陵）

た。したがって、『日本書紀』において存在しないものは記載できずに、「欽明天皇陵の域外に山を造った」としか書けなかったが、大きな仕事として記録を残したと想像される。

「鬼の遺跡」の想像図（図16参照）を描いてみた。八角墳としたのには理由があって、飛鳥寺の手本となった高句麗の清岩里廃寺の塔が八角基壇で石塔だったとされることだ。「鬼の遺跡」と飛鳥寺は「鬼門」四五度線で結ばれる。特に推定だが、古墳の南側の祭祀の場・鳥居（推定）と飛鳥寺の塔が四五度で結ばれるようにおもう。祈りの場と舎利を納める塔が直結している。また、前期難波宮の遺跡から、八角形の平面の建物が出土することも考慮した。それは初めて八角形の古墳が造られたことを意味しているが、破壊されてしまっては検証する術はない。その後、舒明天皇が再葬されたと考える段ノ塚古墳（図25参照、一九九頁）が八角形をしているところから、敏達の古墳が八角形だったとする根拠にはなる。

「鬼の遺跡」に古墳があったことを証明する軸線を紹介しておく。

《鬼の遺跡─定林寺─坂田寺─龍門岳（山頂）の軸線》で、定林

場所	北緯（緯度）	東経（経度）	方位角
鬼の遺跡	34.46895	135.80645	—
定林寺跡	34.46708	135.81207	111.886
坂田寺跡	34.46317	135.8244	111.24
龍門岳（頂上）	34.44082	135.89756	110.415

表14 鬼の遺跡—定林寺—坂田寺—龍門岳の軸線方位角計算表
（位置情報は Google 地図）

寺や坂田寺の軒丸瓦は飛鳥寺と同じとなっている。神の山と結びつけて位置を決めたことがわかる事例となっている。その軸線について、それらが一直線に並んでいることを方位角計算（表14）で示したが、龍門岳の数値が少しずれている。それは龍門岳が名のごとく連続する山並で、どこが一番高いのか、肉眼では特定できず、問題ない範囲とした。

飛鳥寺の創建者は『隋書』に登場している

倭国《やまとのくに》の天皇は『隋書』に登場して、六〇〇年と六〇七年に遣隋使を派遣している。『日本書紀』には六〇七年のみ小野妹子を派遣したと記され、六〇〇年は省かれている。その時期（六〇〇年頃）には飛鳥寺が建立されているわけで、遣隋使の派遣と飛鳥京にある飛鳥寺の完成は関連している。

倭国の天皇の名前は『隋書』に「阿毎《あめ》、多利思比《たりしひ》孤《こ》、阿輩雞弥《あほけみ》」と記されているが、私には「天《あめ》たりし、彦《ひこ》の大王《おおきみ》」と読める。明らかに男の天皇で、推古女帝の時期とする『日本書紀』と異なり、本書の論理に同じとなっている。『隋書』に記載した名前は、おそらく倭国の使者が口上したものを、日本語を理解せずに、発音記号として文字を書いたのであって、正確とは限らないとおもわれる。

『日本書紀』には敏達の子で舒明の父に彦人大兄《ひこひとのおおえの》皇子《みこ》がいたとされ、本書の論理は敏達天皇から舒明天皇へ直接継承されたとしているので、彦人大兄が敏達の生前の名前（諱《いみな》）であったとすれば、『隋書』の記述の通りとなる。また、敏達ではなく彦人大兄が天皇だった可能性もあるが、その場合、耳成山南北軸の古墳の数と整合しない。

『隋書』の遣隋使の記事を『日本書紀』の編纂者である藤原不比等は知っていたか？　疑問があるが、『隋書』の成立が六六〇年頃と推定され、その内容を知っていたからこそ、厩戸皇子（いわゆる聖徳太子）が摂政として国政をすべてまかされたと記しているのだろう。また、天皇の名「阿毎《あめ》、多利思比孤《たりしひこ》、阿輩雞弥《あほけみ》」や皇后の名「雞弥《けみ》」や皇太子の名「利歌弥多弗利《りかみたふり》」は未だどのように読むか判らないわけで、不比等もそのように理解したはずだ。ただ、『隋書』に登場する皇后「雞弥《けみ》」を「君《きみ》」とし、皇太子「利《り》　歌弥《かみ》　多弗利《たふり》」を「次《つぎ》の　上《かみ》　田村《たむら》」とすれば、田《た》村皇子《むらのみこ》は舒明天皇で本書の主張通りとなるが、手前味噌の感はぬぐえない。

「隋」の使者、裴世清《はいせいせい》が倭国に来た時点の天皇は、『日本書紀』では推古だが、敏達の子（彦人大兄）が存在して舒明に継承されている。ここに真実が見えるようにおもう。なぜなら、中大兄皇子（天智）の出自を美化するためには、ルーツの正統性を示さねばならず、敏達から天智の父である舒明への継承は必須事項であり、敏達から彦人大兄を挟んで舒明に渡っている。ここには、蘇我一族が絡んでいない。その他の天皇や皇太子が用明・崇峻・推古・厩戸であって、彼らが全て蘇我一族に絡んでいるのとは異なっている。

用明・崇峻・推古・厩戸を組み込んだ理由は、敏達や舒明の業績をそのまま記載するわけにはいかなかった。なぜなら、偉大な天皇が二代続いた後にクーデターを起こしたとすれば、誰がなぜ起こしたのか理由を問われる。したがって、継承を乱し、業績を縮小するために傀儡が必要だったのであり、蘇我・聖徳が傀儡とされた理由だ。

遣隋使の派遣を政治的に見ると、みずからの国へ使者を招聘《しょうへい》する目的はなにか？　自国を見せる必要があったと想像され、それには相当な自信がなければならない。その時期は、軒丸瓦の文様が敏達天皇の建立を示すごとく、多くの仏教寺院を建立し、難波より奥に仏教の都「飛鳥京」が完成していたと想像されて、目的もタイミングも一致する。そのタイミングとして、「隋」が朝鮮半島を侵略している時期でもあり、「隋」の皇帝は仏教に傾倒していたようで、遣隋使を派遣する意味は大きかった。

3　舒明天皇の紋章を示す軒丸瓦の文様

舒明天皇が創建した法輪寺・百済大寺・巨勢寺・山田寺の軒丸瓦

敏達《びたつ》と舒明《じょめい》天皇が施した軸線のみを抽出した〔図17〕を示してある。この図が、本書の課題となる「軒丸瓦の文様は紋章である」を証明する軸線となっている。このなかで、天智や天武天皇の父とされる舒明天皇が六三九年から建立した百済大寺《くだらだいじ》は『日本書紀』に記され、研究によって桜井市吉備にある吉備池廃寺《きびいけはいじ》と推定されている。塔は九重塔として造られたと記載され、発掘からも大きな平面形の塔遺跡が出土する（『飛鳥・藤原京の謎を掘る』）。

百済大寺（吉備池廃寺）は、《法輪寺《ほうりんじ》―中宮寺跡―百済大寺―御破裂山《ごはれつざん》の軸線Ⓛ》と《三輪山《みわやま》―百済大寺―巨勢寺《こせでら》の軸線Ⓜ》の交点に建てられている。また、山田寺《やまだでら》は《三輪山―山田寺―飛鳥板蓋宮の軸線Ⓝ》のなかにある。法輪寺は中心軸を畝傍山《うねびやま》へ向けて、《法輪寺―上宮遺跡―鬼の遺跡となる若草伽藍由来の二〇度の軸線Ⓘ》と御破裂山への軸線Ⓛとの交点に建てられている。

それらの軸線を次に示す。

Ⓛ 法輪寺―中宮寺跡―百済大寺―御破裂山の軸線（表15参照）

Ⓜ 三輪山―百済大寺（吉備池廃寺）―巨勢寺の軸線（表16参照）

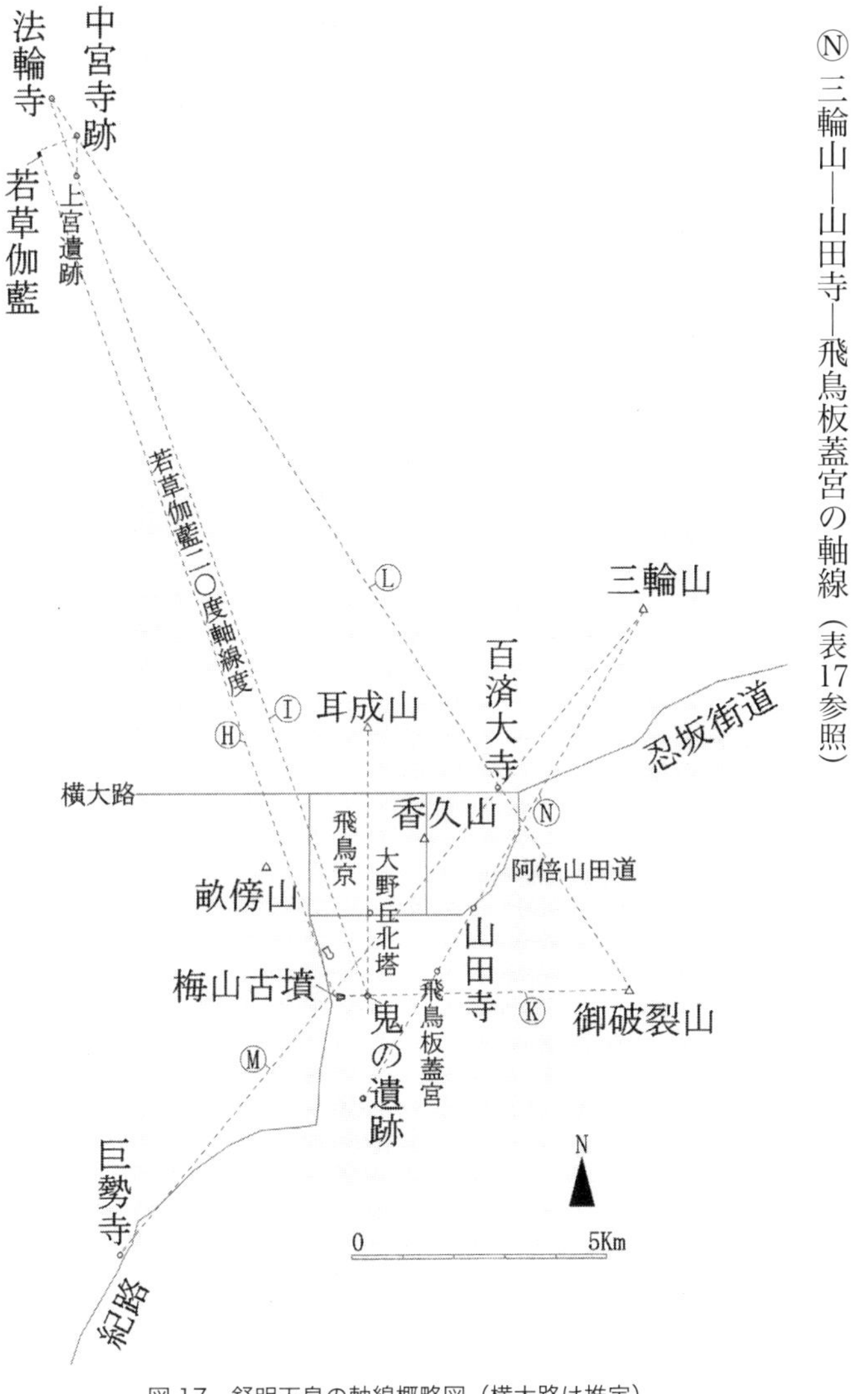

図 17 舒明天皇の軸線概略図（横大路は推定）

写真 20　百済大寺跡と三輪山

写真 21　巨勢寺跡と三輪山

百済大寺と巨勢寺と山田寺は、仏教寺院と神の山（三輪山）を結ぶ軸線であり、当時の都（飛鳥京）へ入る主要街道に沿った位置に仏教寺院が建てられていた。これらの寺院の軒丸瓦の文様は中宮寺跡を除いて、すべて同じとなっている。そこから、『日本書紀』に記される百済大寺を創建した舒明天皇がこれらの寺院を創建し、軒丸瓦の文様がエンブレム（紋章）であったと証明される。

百済大寺は〔図17〕にあるように、伊勢方面の東から飛鳥京へ向かう忍坂《おしざか》街道の正面に配置され、巨勢寺は吉野方面の南から飛鳥京へ向かう紀路《きじ》の峠道《とうげみち》に造られていた。その峠の巨勢寺の位置から、百済大寺と三輪山を望めるように、百済大寺の塔を九重塔（六二メートル程）としたと考えられる。法隆寺西院伽藍の五重塔の高さ（三一メートル程）とすると、高低差の関係で巨勢寺から見えないのが理由だ（『飛鳥の暗号』）。それらの証拠写真が百済大寺と三輪山（写真20参照）であり、紀路の峠道から三輪山や百済大寺や巨勢寺を眺められるように配置した（写真21参照）。明らかに意図した位置に、それらの寺院を建立したとわかる。

山田寺は忍坂街道から分岐して宮殿のある地域へ直接向かう阿倍山田道《あべやまだどう》の屈曲点に造られ、《三輪山―山田寺―飛鳥板蓋宮《あすかいたぶきのみや》の軸線Ⓝ》上に造られた。これらの寺院はランドマークタワーの役目も持たされていたが、飛鳥京における主要街道の出発点に仏教寺院を建立する意図がないかぎり、そのようにはならない。この街道と仏教寺院をセットにする計画は、百済大寺を建立したとされる舒明天皇が行ったことに間違いはないところだが、最初に構想したのではなく、それより以前に四天王寺や法隆寺若草伽藍もまた同じ意図のもとに計画されていた。

　難波京の難波湊《なにわみなと》は交通の要衝にあり、四天王寺だけでなく多くの仏教寺院がある。大和川《やまとがわ》を遡って奈良盆地に入ると竜田道《たつたどう》の先には

写真22　法輪寺

若草伽藍が聳《そび》えているわけで、舒明天皇はそれらの施策を引き継いでいると言える。

　飛鳥京の「鬼の遺跡」は斑鳩の法輪寺と若草伽藍由来の二〇度の軸線で結ばれ、若草伽藍と梅山古墳が二〇度で結ばれることを踏襲している。明らかに、親の天皇の菩提を弔う構図が同じで、舒明天皇が若草伽藍由来の二〇度の軸線で結ばれる《法輪寺―鬼の遺跡の軸線》を構築したとされ、敏達天皇を直接引き継いだと証明される。文献から迫った「聖徳太子虚構説」と同様に「用明、崇峻、推古の大王位はなかった」のであり、『日本書紀』は敏達から舒明への継

承と天皇の業績を隠したと、物理的に証明される。
法輪寺（写真22）は『日本書紀』に一切記載されず、隠された意図的なものを感じる。法輪寺の位置は他のランドマーク的な寺院に比較して、斑鳩の奥にあって目立たないことは確かで、それゆえに無視したのであろう。ただ、遺跡調査から七世紀前半の建立（奈良文化財研究所）との推定で、時期的に舒明天皇の建立として問題ない。この軸線的に重要な法輪寺が『日本書紀』に記載されないことこそ、その編者にとって「舒明天皇の業績を少なく見せる必要があった」のである。

巨勢寺は六八六年天武天皇崩御の時期に登場し食封二〇〇戸を賜った（『日本書紀』）とされるが、誰が創建したか記載はなく、地名の古瀬《こせ》付近に本拠地のあった豪族巨勢氏《こせし》が建立したとされている。ただ、街道とセットで建てられた仏教寺院の軒丸瓦の文様が一致することは、六二〇年頃その施策をおこなった人物として他に該当する人がいないこともあり、ひとりの天皇が行った施策と考える方が合理的であろう。

そこで《法輪寺—鬼の遺跡の軸線》が二〇度となっているか。また、《法輪寺—中宮寺跡—百済大寺—御破裂山の軸線Ⓛ（表15参照）》や《三輪山—百済大寺—巨勢寺の軸線Ⓜ（表16参照）》が直線となっているか。測量計算をして確かめておく。（位置情報は奈良文化財研究所やGoogle Mapから得た）

場所	北緯（緯度）	東経（経度）	方位角
御破裂山（山頂）	34.47049	135.86005	—
百済大寺（門中心）	34.50381	135.83396	147.035
中宮寺跡	34.6125	135.74472	146.0654
法輪寺（中心部）	34.62222	135.73898	146.5314

表 15　法輪寺—中宮寺跡—百済大寺—御破裂山を結ぶ軸線Ⓛの方位角計算表

場所	北緯（緯度）	東経（経度）	方位角
三輪山（頂上）	34.535	135.86694	—
百済大寺（門中心）	34.50381	135.83396	41.18326
巨勢寺（塔中心部）	34.42565	135.75323	40.7

表 16　三輪山—百済大寺—巨勢寺を結ぶ軸線Ⓜの方位角計算表

場所	北緯（緯度）	東経（経度）	方位角
三輪山（頂上）	34.535	135.86694	—
山田寺	34.48449	135.83009	31.11856
飛鳥板蓋宮	34.47325	135.82116	31.52671
キトラ古墳	34.45125	135.80527	31.35239

表 17　三輪山—山田寺—飛鳥板蓋宮の軸線の方位角計算表

それらを〔表15、16〕に示した。結果として、法輪寺―鬼の遺跡は二〇度であった。仏教寺院のつながりでは百済大寺（吉備池廃寺）の数値が少しずれるが、視覚的に確認される建造物であること、また伽藍が大きく計測位置によっても変化するので問題ないとした。

写真 23　法輪寺軒丸瓦

写真 24　百済大寺軒丸瓦

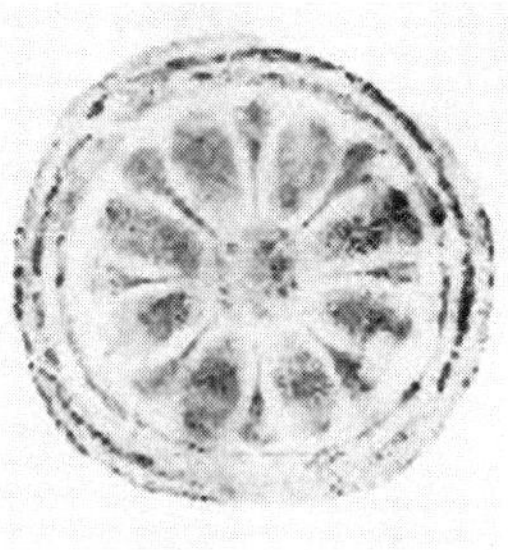

写真 25　巨勢寺軒丸瓦拓本

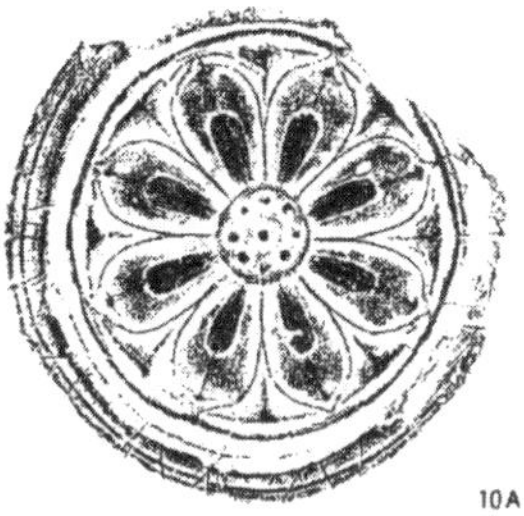

写真 26　山田寺軒丸瓦拓本

〔表17〕には、なぜかキトラ古墳が入っているが、キトラ古墳の被葬者と舒明天皇が関係するからと考える。ただし、この話は後段にて言及せざるをえない。

舒明天皇の紋章を示す軒丸瓦

法輪寺創建軒丸瓦（写真23）や百済大寺創建軒丸瓦（写真24）や巨勢寺創建軒丸瓦（写真25）や山田寺創建軒丸瓦（写真26）は軒丸瓦の文様が八枚の単純な花びら文様となっている。その文様は若草伽藍や飛鳥寺のように花びらの先端に小珠がないが、全体的な文様は継承され、中央の模様（雌しべや雄しべ）も同じとなっている。それらは研究によって全て創建瓦となっており、法輪寺、百済大寺（吉備池廃寺）、巨勢寺、山田寺は舒明天皇による建立としてよく、「仏教寺院の軒丸瓦の文様は紋章である」としてよい。

舒明天皇の紋章とする軒丸瓦の文様をよく見ると、花びらに微妙な変化が見られる。花びらの付け根が法輪寺と山田寺では異なっているが、時間の経過によって花びらの付け根を明確化し、デザイン性と製造過程の作業性を向上させたようにおもわれる。その変化はエンブレム（紋章）であるからこそそのデザイン性向上努力となっている。そこから建設順序がわかり、法輪寺、巨勢寺、百済大寺（吉備池廃寺）、山田寺の順序で建てられたと推定される。

法輪寺が「鬼の遺跡」と結ばれることは、若草伽藍と梅山古墳が結ばれることに同じで、法輪寺からの寺院（百済大寺、巨勢寺、山田寺）が軸線でつながり、建てられた時期も位置も共通で、都市のランドマークとする建造の目的も軒丸瓦の文様も一致している建築物であって、明らかに舒明天皇がすべて建立したことに間違いないと考える。なぜなら、これらを別々の人物が建立したとする論理を立てにくい。一族の誰かが建立したとする見解もあるが、そのような人物は見当たらない。もし、同じ軒丸瓦の文様を用いて他の人が建立したとする論理なら、その人物はなぜ資金を投入して、その文様を模倣せねばならないのか？　人間の本性を見誤っている。

舒明天皇が法輪寺、吉備池廃寺（百済大寺）、巨勢寺、山田寺これらをすべて建立したということになり、軒丸瓦の文様が個人を示す紋章であったと証明される。この事実は非常に大きい。飛鳥寺や橘寺や定林寺や坂田寺や大野丘北塔（和田廃寺）及び法隆寺若草伽藍や中宮寺や四天王寺の創建者は少なくとも敏達天皇が関わっているとしてよい。確かに一人の人物による建立とすると、仏教寺院の数が多いことが疑問となるが、それこそ聖徳太子のような偉大な天皇がいたという証明のような話となる。数は聖武天皇が国分寺を全国に建てた方が多いだろう。

飛鳥京において、豪族たちの協力による仏教寺院の建立とすれば、軒丸瓦の花びらの数でその協力者を示しているとも考えられる。古墳に文字を入れなかった人びとなら、仏教寺院にも文字を使用しなかった可能性は高く、花びらの数によって豪族を示していても不思議ではない。花びらの枚数の固定される若草伽藍や中宮寺や四天王寺などが敏達天皇独自の建立とすれば納得できるのではないか。本書において、この後も様々な文様の軒丸瓦が表れ、それらがエンブレム（紋章）でないなど、ありえない。

中国には古墳に墓誌が存在し、「随」代の軒丸瓦に文字を描いたものもあって、その文化を習ったにもかかわらず、古墳や仏教寺院に文字を用いなかった理由こそ追求されるべきだが、行われなかった。文字の代わりに軸線や軒丸瓦の「花びら」が使われ、まさに「こころ」は秘すべきものであり、自然の美が用いられている。それこそが日本列島において顕著となっている。

『日本書紀』が偽った山田寺の創建者

法輪寺や百済大寺や巨勢寺や山田寺は軒丸瓦の文様が同じで、特に法輪寺を除くと主要街道が飛鳥京に至る位置に建てられたことが共通し、その軒丸瓦の文様はエンブレム（紋章）であるとしてよい。しかし、舒明天皇の創建とした山田寺は、実は『日本書紀』の六四九年に蘇我倉山田麻呂《そがのくらのやまだのまろ》の建立と記載されている。

山田寺の記述が原因で、蘇我一族が「大化の改新（乙巳《いっし》の変）」によって消滅したのではなく、その後も生き残ったとする説を展開する歴史学者が多い。それらは『蘇我氏の古代』（吉村武彦著）や『蘇我氏―古代豪族の興亡』（倉本一宏著）や『蘇我大臣家』（佐藤長門著）など多くの文献にあるが、蘇我一族の存在が『日本書紀』以前に根拠はないことの証明のような話である。

山田寺の建立は舒明天皇によるものと軸線や軒丸瓦の文様から証明されるが、その詳細な部分にも証拠があると考える。〔図17〕に示しているが、《三輪山―山田寺―飛鳥板蓋宮の軸線》から、飛鳥板蓋宮と山田寺の建設時期がわかる。つまり、「三点を結ぶ直線の論理」（【コラム1】参照）から、この軸線が成立するためには、飛鳥板蓋宮と山田寺が同時に建てられるか、どちらが先でも、その位置に建造すると決定されていたことが明らかなことだ。神の山とされる三輪山と飛鳥板蓋宮のあいだに山田寺が建てられた理由は、飛鳥板蓋宮に住んでいる人間の想いではないか、安寧《あんねい》を願う感情が感じられる。

飛鳥板蓋宮は『日本書紀』に舒明の皇后であった皇極《こうぎょく》天皇が蘇我蝦夷に造らせた（六四二年）とされ、山田寺は蘇我倉山田麻呂の子によって六四九年頃には完成していたと記している。別々の人間が勝手な理由で造ったが、神の山と一直線に並んでいる（表17参照）。全く物理的な事実と喰い違い、一直線に並べるには、意思が一致していなければならない。このように舒明天皇の施策に『日本書紀』の偽りが集中して、それらを次に示す。

一つ目は、《三輪山―百済大寺―巨勢寺の軸線》と《法輪寺―百済大寺―御破裂山の軸線》が百済大寺（吉備池廃寺）で交差している事実がある。その百済大寺（六三七年）は横大路や忍坂街道の正面にあり、紀路からも望むことができる。そのように計画したからこそ実現しているのであって、遣唐使を派遣する時期（六三〇年頃）、舒明天皇以外にそれを構想し、実現できる人物はいなかった。したがって、阿倍山田道の屈曲点にある山田寺の建立目的と位置が舒明の他の寺院と一致し、三輪山と山田寺と飛鳥板蓋宮が一直線に並ぶのであれば、飛鳥板蓋宮は舒明天皇の意思による造営であるとおもう。

なぜなら、舒明天皇は六三〇年に遣唐使を初めて派遣した天皇であって、彼には唐からの使者を迎える目的があり、実際に唐から使者が来ている（六三二年『旧唐書《くとうしょ》』）。私は経験上から、建造物が造られるには理由があり、国家レベルであれば尚《なお》さらで、何もない時期六四二年に皇后だった皇極が建設するなどありえないと考える。つまり、『日本書紀』は「乙巳の変六四五年」の時期に、皇極天皇という女帝にしておく必要があった。それは、古人大兄皇子が天皇であり、その天皇殺害のクーデターが「乙巳の変」の真相であったからだ。これが、全ての始まりであった。また、『日本書紀』の六四五年「乙巳の変」の時期に、「飛鳥板蓋宮に崩壊する兆《きざ》しがある」と記されている。斑鳩宮と同様に、その時点で宮殿は焼失したと想像されるが、『日本書紀』は六五五年に出火したと記している。

二つ目は、蘇我倉山田麻呂が、山田寺をなぜ舒明の軒丸瓦を使って建てねばならないのか。この問題こそ、歴史学者が証拠とするように、藤原不比等には蘇我一族が「乙巳の変」後も生き延びたとせねばならない理由があった。そして、山田寺の建立が本書の推定する舒明の時期になることを、『日本書紀』の編纂者が認識していることを示している。

三つ目は、飛鳥板蓋宮は軸線が示すように舒明の構想であり、それを彼の死後に造営するのか？　という問題がある。すでに答えは出ているが、舒明天皇が構想し建造したからこそ、その軸線が存在していると考える。遣唐使を派遣した六三〇年頃には飛鳥板蓋宮が完成し、山田寺や百済大寺は着工していたのではないか。

以上のように想像すれば、それらの軸線の存在に適《かな》い、舒明天皇が世界情勢を考慮して遣唐使を派遣し、唐から使者が来た時期（六三二年）に合致する。『日本書紀』はその建立などの時間を一〇年遅くしたようにおもう。そのようであれば、百済大寺建立　六二九年（六三九）、飛鳥板蓋宮造営　六三二年（六四二）、山田寺建立　六三九年（六四九）、飛鳥板蓋宮焼失六四五年（六五五）となって「乙巳の変」に合ってくる（（）内は『日本書紀』）。

敏達が創建し舒明天皇に受け継がれた仏教寺院

軒丸瓦の文様は、世界共通のことだが、エンブレム（紋章）であった。その証拠に、敏達天皇が創建した仏教寺院のメンテナンスを舒明天皇が行っている事象が存在する。そのきっかけは『聖徳太子　実像と伝説の間』（石井公成著）において、聖徳太子の実在性の証拠として、豊浦《とようら》寺や法隆寺若草伽藍を聖徳太子が建立したとしていることであった。『聖徳太子　実像と伝説の間』では、その根拠として、豊浦寺（写真27参照）と若草伽藍の軒丸瓦の文様（写真15、一二二頁参照）が一致することをあげているが、本書以前には軒丸瓦の文様がエンブレム（紋章）とされず、その文様が聖徳太子の建立の証拠とは言えないはずである。

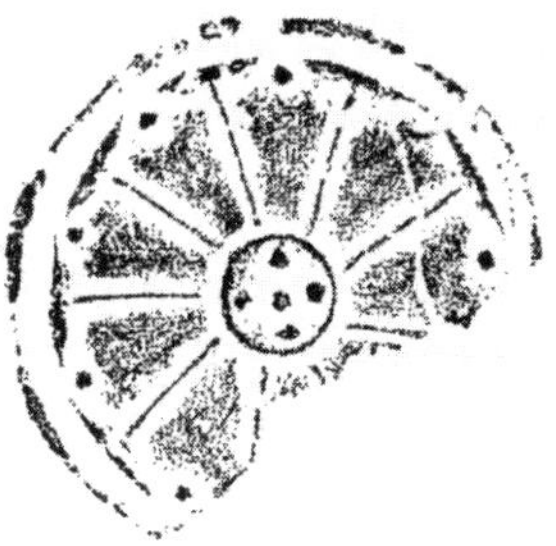
写真27　豊浦寺創建軒丸瓦拓本

　豊浦寺の軒丸瓦において創建瓦と別の軒丸瓦が出土しており、軒丸瓦の研究（『軒丸瓦製作手法の変遷』納谷守幸著）に

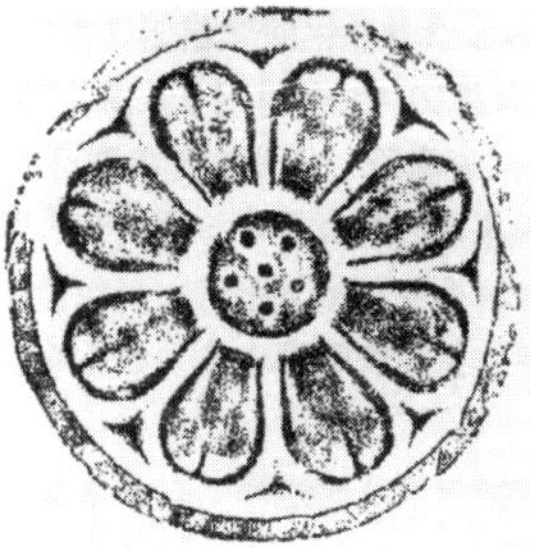

写真28　豊浦寺軒丸瓦拓本

よれば、確かに豊浦寺の創建軒丸瓦（写真27）は若草伽藍（写真15）と同じ特徴があるが、花びらの枚数が九で異なっている。同じ特徴の瓦で花びらの枚数が異なる理由として、他の地域と区別したか、豪族などの協力者を表わしている可能性があるとした。しかしながら、同じ模様は他にはなく、豊浦寺および若草伽藍は共に敏達天皇の創建としてよいと考える。

豊浦寺のその後に出土する軒丸瓦（写真28）が花びら八枚で小珠のない文様となって、舒明天皇の百済大寺や法輪寺の創建軒丸瓦（写真23、一四三頁）に同じ文様とするもので、「『扶《ふ》桑略《そうりゃっ》記《き》』に舒明六年（六三四年）に塔の心柱を立てる」（『軒丸瓦製作手法の変遷』）とあるようで、その文献に信憑性《しんぴょうせい》があるなら、本書の推定（敏達から舒明への継承）と一致し、豊浦寺は敏達天皇によって創建され、舒明天皇に受け継がれたと、軒丸瓦の紋章から証明できる。また、四天王寺においても、同様の瓦が存在して舒明天皇へ受け継がれている（次項4参照）。

敏達天皇が「我は聖徳太子として蘇る」となって、聖徳太子として伝承されているというのが本書の論理であって、聖徳太子が建立したとする宗教的な伝承は民衆の力であり、宗教的には正しかったということになるのかもしれない。もちろん、聖徳太子が伝承された傀儡の人物であって、敏達天皇が実在して、多くの寺院を創建したということに変わりはない。

4 隠された難波京と四天王寺の創建者

四天王寺の創建者は厩戸皇子ではなく敏達天皇である

『日本書紀』には、四天王寺は厩戸皇子によって五九三年より造り始めたとされ、難波京《なにわきょう》は六四五年の「乙巳の変」後に、孝徳《こうとく》天皇（皇極の同母弟）によって難波長柄豊碕《なにわながらのとよさき》に遷都されたことになっている。歴史学者の見解も大方これにならっているが、本書では、四天王寺は六〇〇年頃の「難波京」に存在していたと考えている。つまり、六四五年の遷都まで碁盤目状の道路はないとされるが、実際はその道路区画に四天王寺の伽藍がおさまっている。後から伽藍に道路区画を合わせたという歴史学者の論理だろうが、道路がなければ、工事ができずに、その寺院に行くこともできないと前述している。

四天王寺の位置は創建時から変化せず、〔写真29〕のように、現在の大阪・阿部野橋《あべのばし》駅近くに建つ三〇〇メートルの超高層ビル「あべのハルカス」の展望台から北側を見下ろすと、伽藍を一直線に南北に配置されていることがわかる（【コラム3】参照、一一九頁）。斑鳩の法隆寺若草伽藍

写真 29　四天王寺

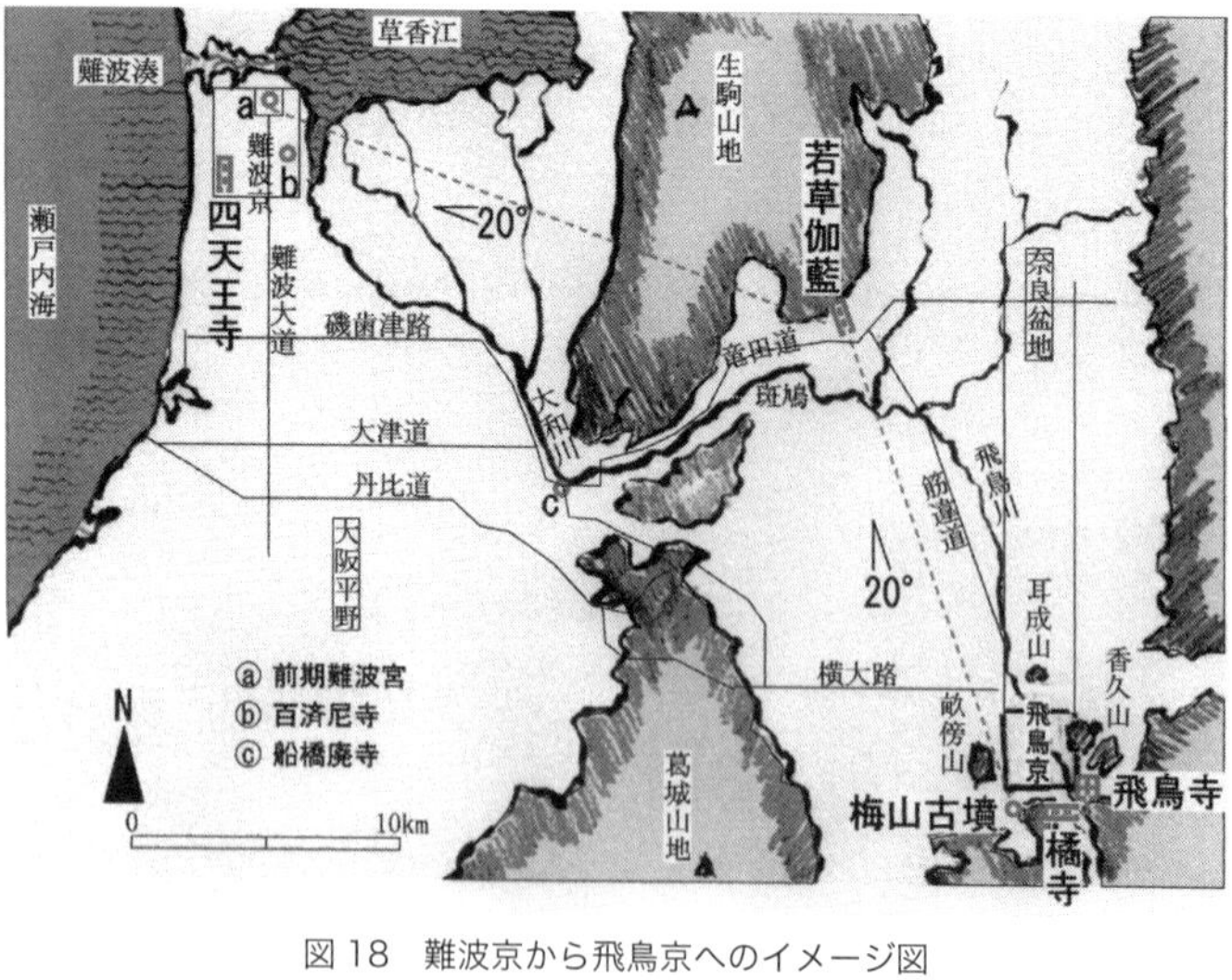

図 18　難波京から飛鳥京へのイメージ図

も同じ伽藍配置だったわけで、若草伽藍がなぜ南北でなく二〇度振られていたのか、やはり意味があったとおもわざるをえない。

前期難波宮《なにわのみや》や四天王寺や法隆寺若草伽藍や飛鳥寺の位置関係を〔図18〕に示しているが、難波宮より東南二〇度の方向に若草伽藍があり、若草伽藍は南東二〇度の方向に欽明天皇陵（梅山古墳）を望むように配置されていた。つまり、なにもないところと結ぶ意味はなく、若草伽藍が建立された時期には前期難波宮が難波京に存在していた可能性が高いことを示している。

四天王寺は当時の貿易港である難波湊《なにわみなと》にあって、その高さを誇っていたと考えられる。瀬戸内を航行する船からの視点を考慮して、寺院の塔を視認できる位置に造ったのであり、〔図18〕のⓐの位置・前期難波宮遺跡やⓑ百済寺《くだらでら》や百済尼寺《くだらにじ》遺跡もまた大和川からのランドマークタワーであった。

四天王寺の創建軒丸瓦を〔写真30〕に掲載しているが、文様は若草伽藍の創建瓦と同じであり、他に難波京の前期難波宮遺跡（写真31参照）や百済尼寺《くだらにじ》遺跡（写真32参照）からも同じ文様の創建瓦が出土している。その事実は、前述するように、それらの文様がエンブレム（紋章）であって、一人の天皇がそれらの寺院を建立したことになり、飛鳥寺の創建者である敏達天皇ということになる。そこには、一つのストーリーがあるようにおもう。

写真30　四天王寺創建瓦

写真31　前期難波宮軒丸瓦

写真32　百済尼寺瓦の変遷
（奥が創建瓦）

「隋使《ずいし》」の辿った道

敏達天皇による遣隋使は、中国「隋」からの使者を迎えるためであり、難波から斑鳩を通って飛鳥京へ至るルートに仏教寺院を配置していると考えられる。その整備が完了した時期は、遣隋使を二度派遣した六〇〇年（『隋書』）や六〇七年頃ではないか。そして、それらの寺院が考古学的にも六〇〇年頃に建立されている事実（軒丸瓦や木簡）がある。つまり、難波京と前期難波宮は完成していたと想像される。

『日本書紀』は六〇〇年の遣隋使を記載せず、『隋書』と異なっている。どちらが正しく伝えているか？　当時の倭国は中国から蛮夷《ばんい》の小国とおもわれていたわけで、中国側が朝貢《ちょうこう》の回数を

「水増し」しても意味はなく、『隋書』のほうが正しいのではないか。また、「隋」から使者を派遣する要因としても、二度の朝貢《ちょうこう》があったゆえであり、朝鮮半島へ侵攻中の『隋書』の記事が正しいとする理由となっている。それでは、「隋」からの使者を要請した理由はなにか。それは政治的な理由で、難波京から飛鳥京まで、多くの寺院が建立された状況を「隋」の使者に見せる必要があったのだろうと推測する。あまりにも見事に、「仏教による国づくり」の情景が整備されているからで、「隋」の皇帝が仏教の信奉者であり、「隋」の侵攻を防ぐ意味があったと推測できる。

難波京に四天王寺や前期難波宮や百済尼寺があり（図18参照）、大和川を遡って奈良盆地に入った場所・斑鳩に、上宮遺跡や中宮寺や岡本宮が南北に連なり（図11参照、一一二頁）、手前の高台に法隆寺若草伽藍がランドマークとして聳えていた。また、筋違道《すじかいみち》や飛鳥川も二〇度の方向となっていて、斑鳩には二〇度の角度の都市計画線が施され、斑鳩宮も二〇度振られていた。

斑鳩の高台にある法隆寺若草伽藍が二〇度振られて指し示す方向に飛鳥京があり、これが意図されていなくてなんであろうか。都市デザインそのものだ。〔写真33〕に現在の大和川と法隆寺の関係が示してあるが、当時の大和川には堤防がなく、若草伽藍は二〇〇メートルほど右側に移動した位置にあったわけで、見通すことが可能だった。

本書が述べると同じ説が一〇〇年前から言われていた。岩倉使節団（一八七一年）の一員として欧米を歴訪した久米邦武《くめくにたけ》によるもので、「是時方に隋使を延見《えんけん》する準備を急がれければ、難波津の天王寺（四天王寺）と京師《けいし》の元興寺《がんこうじ》（飛鳥寺）との中間に於て、竜田口《たつたぐち》は良地を相し、斑鳩《いかるが》寺《てら》を建立ありしは、蓋し隋使に文明崇教を観《しめ》すの微意も存せしなるべし。」（『聖徳太子の研究』文中ルビや括弧内は筆者）と記している。

久米の示す意味は、「隋」からの使者に仏教文明を受け入れているところを見せる必要があったとして、そのために難波の四天王寺と飛鳥寺との中間に斑鳩寺（若草伽藍）を建立したとしている。そのような意図があったと推測される例が他にもある。

奈良盆地へ至る手前の大和川流域の河内《かわち》には大和川に沿って船橋廃寺《ふなばしはいじ》（図18ⓒ参照）や土師寺《はじでら》跡があって、その遺跡から飛鳥寺や若草伽藍と同じ文様の軒丸瓦が出土する。[註] その事実は四天王寺―百済寺―船橋廃寺―若草伽藍―橘寺―飛鳥寺と同じ紋章の寺院を連ねているわけで、意図してそのように配置し、特に大和川を往来する人びとに見せることが重要だったとわかる。その意図は明らかに、「隋使」に仏教を主とした国家を構築している様を見せたかった。その証拠に、「隋の煬帝《ようだい》」に対して倭国の使者の口上は次のようであった。

「大海の西方にいる菩薩のような天子は、重ねて仏教を興隆させていると聞きました。それ故に使者を派遣して天子に礼拝させ、同時に僧侶数十人を引き連れて仏教を学ばせようと思ったのです。」（『隋書　倭国伝』）

当時の仏教は最先端の科学であり、それが導入され完成している姿を見せたかったのではないか。当時の「隋」は領土を拡張している時期で、朝鮮半島を侵蝕していた。海外からの圧力がかかった明治維新と似た情勢で、敏達天皇は強大な国力と新しいものを取り入れる力を示して、倭国への侵略を阻止する手を打ったと考えられる。岩倉使節団もまた、自国を「文明開化」する使命があり、それに参加した久米は仏教寺院を建立した天皇の意図を察することができたとおもわれる。明治時代と同様に、対外的なバランスをとらねばならない日本列島の宿命を意識したのが飛鳥時代であった。

写真33　手前の大和川と法隆寺（撮影筆者）

飛鳥寺と四天王寺が敏達天皇（諱《いみな》は彦人大兄皇子）による建立であったという物理的証拠を述べてきた。軸線と軒丸瓦の文様は、極めて個人的なデザインや紋章であり、他の人物に代われるものではない。それらの証拠が軸線に沿って、軒丸瓦の文様を共通として難波から奈良盆地に存在している。本書で述べてきたことは、今まで研究された資料に基づいて別の視点から眺めたに過ぎないが、『日本書紀』の内容に反している。しかし、本書の物理的証拠に基づいた論理を否定できるのだろうか。

歴史学や考古学に関して、「『日本書紀』はすべて正しいとする思い込み」は捨てねばならないが、出発点をどこにおいたらよいのかもわからないのだろう。少なくとも考古学的成果と『日本書紀』の記述を一致させようとする努力は止めるべきだ。

（註）『同笵・同形式軒瓦による古代寺院の造営氏族の研究』小笠原好彦著

隠された難波京

難波京は、一般的に『日本書紀』の六四五年に孝徳天皇が難波長柄豊碕《なにわのながらのとよさき》に遷都したとあり、それが、初めて造られた難波京であるという認識なのだ。六四五年は「乙巳の変」があって、蘇我一族が滅亡した年となり、本書では、天皇（古人大兄皇子）殺害のクーデターがあった年となる。どちらにしても、クーデターのなかで国立競技場（国家プロジェクト）を建設しているようなもので、そんな非常時に、都市を新しく造営するような遷都など、できないのではないか？むしろ元の都《みやこ》であった難波京に戻したようにおもう。

前期難波京遺跡で碁盤目状の道路遺構が出土することから、飛鳥京より先に造られていたとするのが自然だと、考えている。その根拠の一つとして、難波京の碁盤目状道路の道路間隔が飛鳥京のものと一致する事実がある。『東アジアに開かれた古代王宮―難波宮』（積山洋著）においても「四天王寺の東門など四ヵ所の飛鳥時代の遺構が条坊《じょうぼう》地割《ちわり》に一致することがわかった。」とされている。条《じょう》は東西道路で坊《ぼう》は南北道路のことで、飛鳥京と同じ規格（高麗尺）で都市が造られていたことがわかる。前述するように、碁盤目状道路をもつ飛鳥京は六〇〇年頃に存在していた。

写真 34　難波宮跡地（現在難波宮公園）

　難波京が飛鳥京より古いとする根拠は、単純に、交通の要衝であって朝鮮半島からの使節が頻繁に往来しているからで、そのような場所に都市が造られるのが常である。また、前期難波宮から四天王寺や若草伽藍と同じ文様の軒丸瓦が出土して、敏達天皇による整備と確認され、少なくとも六〇〇年には碁盤目状の道路をもつ都市があった。しかし、『日本書紀』の記述を信じる歴史学者の認識は、このようではない。

　四天王寺を建立した時点（六〇〇年頃）では碁盤目状の条坊道路《じょうぼうどうろ》はなかったとされ、疑問を抱かざるをえない。なぜなら、〔写真34〕に難波宮の跡地を示しているが、その下層から法円坂《ほうえんざか》倉庫群の遺跡（四〜五世紀）が出土し、その倉庫は東西二群に別れ、並んで建っていて中央に南北道路があった。その倉庫に荷物を運んで収納するには直線道路が必要であると認識されていた。同様に都市には道路が必要であり、仏教寺院の工事にも、そこへ行くのにも必要である。それが碁盤目状の道路遺跡となって出土している。『日本書紀』に記載されていなくとも、六〇〇年頃には碁盤目状の道路をもつ都市があった。

　軒丸瓦の文様が紋章であったことから、飛鳥京と難波京は六〇〇年頃には完成していたと考えられ、〔図19〕に示すように、四天王寺や百済寺などがその条坊道路の中に納まっていても不思議はなく、敏達天皇によって難波京や飛鳥京が造られたが、『日本書紀』によって隠された。なぜ隠されたのか？　理由は難波京と飛鳥京が存在した場合、誰が造ったのか記さねばならない。それが敏達天皇であったなら、それを引き継いだ天皇も注目され、六四五年の「乙巳の変」の真実の隠蔽が難しくなる。それをカムフラージュするために蘇我一族とそこから派生した聖徳一族を傀儡として「つくり話」を創り、都市までも葬り去った。

　難波京も、飛鳥京と同様に隠されたとする決定的で物理的な証拠が存在する。それは六〇〇年

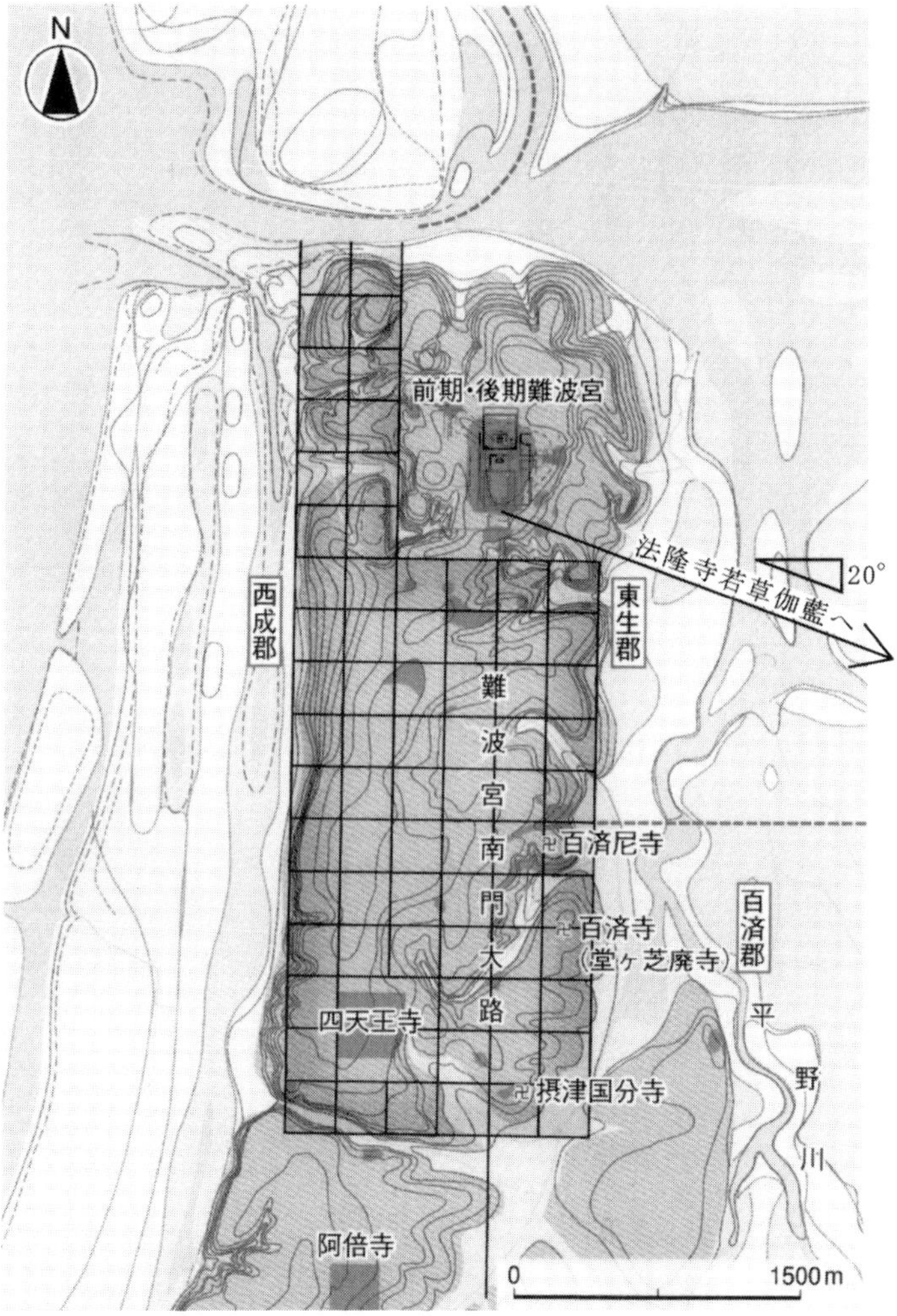

図19 前期・後期難波京復元図（『大阪上町台地の総合的研究』）

頃には完成していた四天王寺や百済寺や百済尼寺が難波京の条坊道路区画に納まっていることだ（図19参照）。なぜなら、恣意的な位置に造られた三つの寺院がその後に造られた都市の碁盤目状の道路区画に納まることはない。当然のことながら、碁盤目状の道路が造られてから仏教寺院の建設が始まった。また、前期難波宮の東南二〇度の方向には法隆寺若草伽藍があり、その若草伽藍の角度も二〇度であって偶然とは言えず、それらの建造物は同一人物、または父子によって六〇〇年頃につくられたとする方が自然である。

四天王寺や百済寺や百済尼寺や前期難波宮の軒丸瓦の文様（写真30〜32参照）が根拠となり、敏達天皇（あるいは欽明天皇）によって前期難波宮が整備されたとほぼ確定する。天智一族のルーツである敏達や舒明天皇には偽りを施していないわけで、残りの問題は、敏達天皇と彦人大兄《ひこひとのおおえの》皇子《みこ》が同一人物か、どうかに絞られる。

難波京と飛鳥京の位置関係

難波湊（難波津《なにわづ》）の難波京と飛鳥京の成立過程を想像すると、どちらが先に出来たかという課題が浮かび上がる。その課題解決には、それらの位置関係（図18参照）が重要な要素となる。法隆寺若草伽藍の西北二〇度方向に前期難波宮が存在し、南東二〇度方向に欽明天皇陵（梅山古墳）が存在する事実は、前述するように、それらが同時期につくられたことを示している。つまり、難波京が飛鳥京に先行してつくられた可能性が高くなる。

一般的に都市の成立を考えれば、海と河川の交わる場所が先にできるとする方がよいと考える。物資が集まりやすく、交通網も舟運《しゅううん》など容易であるし、朝鮮半島からの使者も頻繁に往来している様子が『日本書紀』に描かれている。波静かな瀬戸内に面した難波湊は古くから栄えていたようで、そこに最初に都市ができたとするのが自然だ。

『東アジアに開かれた古代王宮――難波宮』によれば、〔図19〕に示したように、「難波宮下層遺跡は、六世紀を通じてその規模を拡大し、六世紀末～七世紀初頭の頃にほぼピークに達し、人びとの大規模な集住がつづく。」とされている。つまり、六〇〇年頃に建造物の遺構がピークとされているわけで、六世紀頃に碁盤目状の道路が整備された可能性が高い。道路があるから建造物の集積が可能になるのであって、この時期に難波京が整備され難波宮がつくられたとする本書の根拠が浮上する。

交通の要衝に都市ができ、その後その後背地《こうはいち》に首都を移したのではないか。現在でも奈良や京都は大阪という商業地があってこそ成り立つのではないか。その証拠が現在でも見られ、人口や商業規模は昔から差があったと考えられる。奈良や京都はその成立時から、都市規模として大阪を越えることはなかったのであり、『日本書紀』に六一三年「難波より京に至る大道を置く」と記されて、難波が京より大きいとその編者も認識していたとわかる。

『日本書紀』は六四五年まで難波京の施設に関して、四天王寺と大郡《おおごおり》という政府の饗応施設しか記載していない。『日本書紀』に朝鮮半島の国々から多くの人びとが来ている様子が描かれ、難波に都市がなかったなど、考えられず、先に整備されていたからこそ、飛鳥京が造られたとする方が自然だ。ここでも、敏達天皇の業績を消しているのではないか。

難波京が先につくられ、その後の奈良盆地に三つの古代都市が造られた。それは、碁盤目状の道路がある都《みやこ》であり、飛鳥京、新益京《あらましのみやこ》（いわゆる藤原京）、平城京の三都市であったが、本書において明らかにしなければならない。結果として、難波から首都を移転したと考えるわけだが、政治的な理由の他に、日本人の空間意識も作用しているようにおもう。〔図18〕に難波京と飛鳥京の位置関係を示しているが、飛鳥京は難波から生駒・葛城山地の隙間を抜けた奈良盆地にあり、それこそが、現代に引き継がれた空間意識「奥」であるとおもう。

難波京の「奥座敷」＝光り輝く仏教都市

「奥」とは、日本の住居空間として最も特徴のある玄関から、内部を見通すことが出来ない空間構成のことで、「奥座敷」や「奥庭」は玄関から見通せない空間となっている。同じように庭園も神社も、主要部分は、すべて入口から見通せない空間構成となっている。これは世界に稀な空間構成と言ってよく、「都市の玄関」や「どこそこの奥座敷」などと呼ぶ空間意識が世界的に特別なものとなっている。

飛鳥京も平城京も、さらに平安京も、まさに「奥座敷」のような地にあって、京都や奈良は現代まで続く都である。その「奥」という空間意識で造られた最初の都市は新益京《あらましのみやこ》でも藤原京でもなかった。その都市は、碁盤目状の道路を持った「飛鳥京」であって、数多くの仏教寺院が光り輝く、秘められた都市であった。当然ながら、世界と同じ空間構成の都市・難波京が玄関として先行していたからこそ「奥」の飛鳥京があったと考える。

奈良盆地になぜ古代国家の首都が造られたのか？　「奥」とは別の理由もあったかもしれない。それは、日本列島が自然災害の多発する列島であることと関係しているのではないか。一九九五年の阪神大震災やその後の中越地震、二〇一一年東日本大震災による津波被害の驚愕、二〇一四年御嶽山の噴火、二〇一六年熊本地震などが記憶に新しいが、その他に台風や水害などをあげたら、きりがないほどの災害列島だ。

奈良盆地は、自然災害という視点からみると安定しているようにみえる。まさしく盆地と言うように起伏も少なく、見通しもよい。周囲の山々は自然の要塞のようだ。それら、自然環境の安定感や朝鮮半島の慶州に似た景観も選ばれた理由のようにもみえる。また、そのような内部的要因ということもあるが、中国を五八一年に統一した「隋」の脅威という外部的要因もあったのではないか。それは難波京が先行して存在したからこそ、飛鳥京という選択肢があるのだが。

「隋」の中国統一が進み、朝鮮半島を侵略しつつある段階では、「隋」がどこまで手を伸ばすかわからず、倭国まで攻められる恐れがあった。遣隋使を派遣しているのは、そのような時期で、政策として無視できない事実である。その時期は、『日本書紀』が記載する推古女帝の時代で、厩戸皇子の活躍する場面となっている。しかし、多くの仏教寺院が飛鳥京に建設されている時期であるのに、厩戸皇子がそれらを建立したと記載されていない。

厩戸皇子がそれらを建立したとすると、巨大な権力を握った人物に見えてしまい、蘇我一族が活躍する場面がなくなる。なぜなら、そのような権力をもった聖人がいれば、蘇我馬子が飛鳥寺を建立できるはずもないからである。したがって、厩戸皇子は聖人としてのみ描かれたが、真実は多くの仏教寺院を建立した敏達天皇が存在した。軒丸瓦の文様がエンブレム(紋章)だと証明されたことによって、蘇我・聖徳一族が傀儡であったとわかった。

真実は、敏達天皇が遣隋使を派遣し、次の舒明天皇が遣唐使を派遣した。その後を古人大兄皇子が引き継いだが、「乙巳の変」で彼と一族が殺害された。クーデターを起こしたのは「親百済の政権」だったとすれば、天智天皇が百済再興のために戦った六六三年の「白村江《はくすきのえ》の戦」での敗戦が示すように、「乙巳の変」は政治的なクーデターであったと納得できるのではないか。

『日本書紀』を編纂した時期の権力者・藤原不比等は人びとの伝承を利用して、「蘇我聖徳」という呪文を仕掛けた。敏達天皇を聖徳太子として蘇らす呪文であって、現存する法隆寺西院伽藍

に破壊された古墳「鬼の遺跡」の被葬者を再葬した。それが西院伽藍に体現されていると考えられる。（第Ⅶ章参照）

「六一三年難波より京に至る大道を置く」の意味

他方、道路建設によっても難波京が六〇〇年頃に整備されたことが推測される。『日本書紀』の六一三年に「自難波至京置大道」と書かれているが、「難波より京に至る大道を置く」ということで、何か表現に疑問を感じる。通常なら、大きい都市から小さい町へ至る道路を敷設するわけで、東京から静岡まで東名高速道路を造ったなどと記す。また、「京《みやこ》から〇〇へ」というのが通常となる。それが難波から京《みやこ》へ至るわけで、本来なら、京から難波へ至ると書かねばならないようにおもう。

『日本書紀』の編纂者には、明らかに難波の方が大きくて、京の方が小さい都市という認識があった。現在でもそのようだが、交通の要衝に都市が発達するのが、人間の世の常で、難波の方が大きく、宮殿も対外的に装って整備されていたと想像される。飛鳥の宮殿とは、置かれた場所に差異がある。

六一三年の道路建設は、〔図18〕を参照して欲しいが、横大路と丹比道《たじひ》（竹内街道）とされ（『道が語る日本古代史』）、磯歯津道《しはつみち》（八尾街道）や大津道（長尾街道）が存在していた上に、さらにもう一本追加するということであった。それは飛鳥京への近道を造ったことで、磯歯津道や大津道が斑鳩へ出るルートであったのに比較して、難波から直接飛鳥京に向かうルートであった。

飛鳥京の都市機能が整ったために、横大路と丹比道（竹内街道）が必要になったと考えられる。当初は斑鳩に都市拠点があったが、それを飛鳥京に移動したのだろう。今もそうだが、大阪の気忙《きぜわ》しさと大和川を遡った奈良盆地の風情は好対照となっている。難波の奥座敷のような、その空間の違いを生かして、「奥」の「奥」に光り輝く仏教都市を造ったのではないか？　そのような敏達天皇の意気込みを感じる。

軒丸瓦が示す難波京の成立時期

難波京が造られた時期を推定する根拠を示したい。

難波宮は前期と後期の二つの遺構が出土して、後期遺構で出土する軒丸瓦を〔写真35〕に示したが、奈良時代の平城京の宮殿（平城宮）の軒丸瓦（写真36）と同じとなっている。したがって、難波宮の後期遺構は平城宮と同じ政府によって造営されたことが軒丸瓦の文様から判明する。つまり、奈良時代の初頭において軒丸瓦の文様はエンブレム（紋章）だったのだが、飛鳥時代の軒丸瓦の文様はエンブレムでなかったと、歴史学者や考古学者が認識しているとわかる。

歴史に区切りなどあるわけもなく、前述するように軒丸瓦の文様はエンブレム（紋章）だっ

写真35　後期難波宮の軒丸瓦

写真36　平城宮の軒丸瓦

た。それを認めると、法隆寺若草伽藍の軒丸瓦の話に飛び火するので、都合が悪いのであろう。したがって、難波宮の前期遺構（図18参照）から出土する法隆寺若草伽藍や四天王寺の軒丸瓦と同じ文様（写真31参照、一五四頁）はエンブレム（紋章）との認識がなく、造営時期が確定していない。『日本書紀』の記述を優先すれば、そのような論理となるのであろう。そんなに『日本書紀』は正しく正確なのだろうか。多くの研究者に共通する話だが、これはもう歴史研究ではなく、「『日本書紀』は正しい」とするイデオロギーであって、個人的な信条のようなものではないか。

軒丸瓦の文様はエンブレム（紋章）であったと、本書において物理的に証明された。その事実は『日本書紀』の内容を根底から覆すものだ。四天王寺や法隆寺若草伽藍の創建者は欽明天皇を継いだ敏達天皇（彦人大兄[註]）であった。敏達天皇は、『日本書紀』によって業績を隠されていたが、その難波京や飛鳥京において、仏教寺院の建ち並ぶ姿を構想していた。六〇〇年頃に飛鳥京だけがあって、難波京はなにもなかったとするのは、やはり間違いだろうとおもう。

前期難波宮の遺跡が発掘され、条坊道路遺跡も出土しているが、この難波京は一般的に『日本書紀』に記載され、六四五年に孝徳天皇が難波長柄豊碕《なにわのながらのとよさき》に遷都した都市だとされている（『東アジアに開かれた古代王宮─難波宮』）。そして、六八六年に火災にて焼失したとされる。気になるのはその年で、六四五年は「乙巳の変」の年で古人大兄一族が殺害された年であり、六八六年は天武天皇が死去し、大津皇子《おおつのみこ》が殺害された年となっている。不思議なのは、孝徳天皇は六四七年に小郡宮《おごおりのみや》を造ったと記されていることで、これらの宮殿は六〇八年に隋の使者を難波の大郡《おおごおり》で饗応したとする記事と比較すると、郡《こおり》の大小がどのような関係なのか遺跡との整合性もない。『日本書紀』には飛鳥京と難波京を隠さざるをえない理由が存在し、六四五年に都市と宮殿を造ったことにしなければならなかった。

前期難波宮の遺跡から出土する軒丸瓦は法隆寺若草伽藍の軒丸瓦のエンブレム（紋章）と同じで、四天王寺や前期難波宮は六〇〇年頃には完成していたとする方が、この物理的な証拠を繋《つな》ぎ合わせた説明にふさわしい。したがって、難波長柄豊碕は前期難波京であって、大郡《おおごおり》や小郡宮《おごおりのみや》は前期難波宮であるわけで、それらの軒丸瓦が四天王寺や法隆寺若草伽藍と同じで、半世紀ほど経って、六四五年頃に孝徳天皇がそれらと同じ文様（紋章）の瓦を使って建設することのほうがおかしいとおもわねばならない。

難波京や飛鳥京の建設において、現代と同様に道路を先行して造ってから仏教寺院を建設したと何度も述べている。仏教寺院の五重塔の心柱《しんばしら》は二〇～三〇メートルあり、地上を運ぶにはソリ（修羅《しゅら》）を使ったとおもわれ、平坦な道のほうが効率的だ。それら建設資材を運び込むためや工《こう》人《じん》が行き交う必要があり、工人のための毎日の食事の用意（水や食材の運搬）など道路がなかったら効率が悪く、道路を先に造成するのが常識なのだ。また、建物の完成後はその建物に行くための道路は必要で、特に仏教寺院には必須となる。その道路を最初から造ればよいだけの話で、どうも、この常識が欠けている。四方形の伽藍をもつ四天王寺のような建物は碁盤目状の道路があってこそ美しい。

（註）敏達天皇と彦人大兄皇子は同一人物と考える。以下同様。

前期難波宮の成立と存続期間

前期難波宮の成立と存続時期について重要な研究を紹介し、本書の見解を述べておきたい。

前期難波宮遺跡（法円坂廃寺《ほうえんざかはいじ》）（註）の建設時期に対して、六二五年頃とする研究（『難波における古代寺院造営』谷崎仁美著）がある。この研究から難波宮の存続時期を推定できるようにおもう。

前期難波宮（法円坂廃寺）の軒丸瓦の中央部分の文様（写真37）の形状が五段階存在している

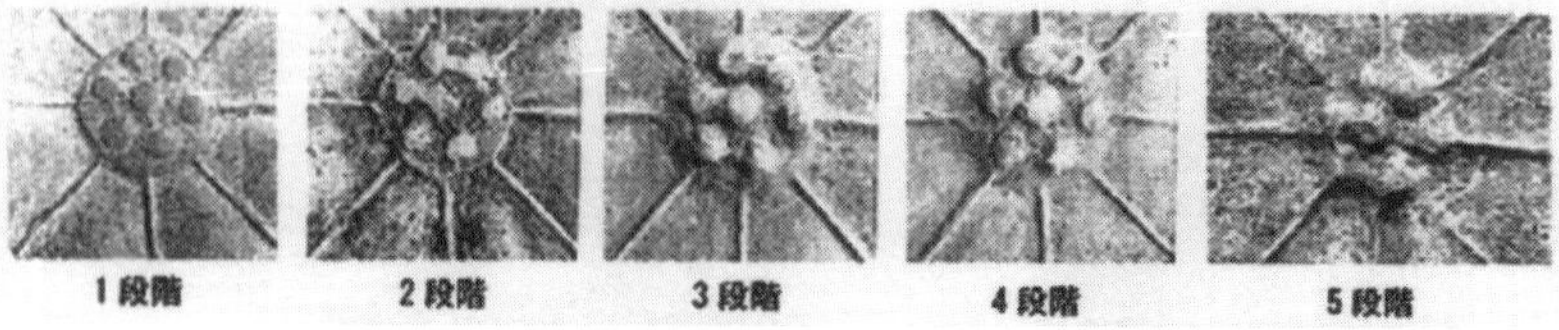

写真37　法円坂廃寺（前期難波宮）の軒丸瓦中央部の出土例
（谷崎仁美著『難波における古代寺院造営』）

様子が掲載されている。その変化についての理由は、執筆者の谷崎によれば、軒丸瓦の製作に使用する成形枠《せいけいわく》（笵《はん》）の摩耗によって起こっているとしている。つまり、繰返し使用されたために摩耗が起こったのだから、同じ成形枠（笵）を使用している四天王寺より後（六二五年頃）に前期難波宮（法円坂廃寺）が造られたとの論理である。確かにそのような論理もあるが、その論理なら第一段階のような摩耗していない瓦は存在せず、すべて摩耗していなければならない。したがって、「創建時の最初の成形枠を使わざるをえなかった」とする別の視点も存在する。

　軒丸瓦の「材料としての耐久性」と「エンブレムとしての意味」の視点から考えてみたい。

「エンブレムとしての意味」の視点から、〔写真38〕に四天王寺の第二期とされる軒丸瓦の拓本を提示しているが、これは「第Ⅱ章　3」において、明らかに舒明天皇の軒丸瓦とした花びら八枚の文様となっている。百済大寺（吉備池廃寺）や山田寺と同じ文様で、本書による舒明天皇の推定在位期間（六二〇年頃〜六四一年）のなかでも、後半に位置する文様と考える。そこから、四天王寺が再建された可能性あるいは屋根を改修したことを示し、敏達天皇が創建した寺院を舒明天皇が引き継いだことを示している。飛鳥京の豊浦寺と同じ話（一四九頁参照）で、本書が証明した「軒丸瓦の文様はエンブレムだった」通りの話となっている。

平城宮と後期難波宮の軒丸瓦が共通する〔写真35、36参照〕ように、宮殿の軒丸瓦のエンブレムは変更できなかったのではないか。〔写真37〕に示した前期難波宮（法円坂廃寺）の軒丸瓦の文様は宮殿のエンブレム（紋章）であって、最初から同じ成形枠を使い続けてきたために起こった変化と考えられる。

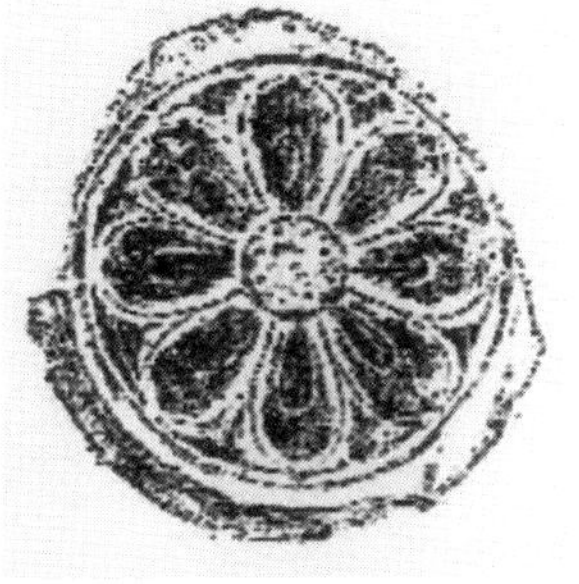

写真38　四天王寺第二期軒丸瓦
（谷崎仁美著
『難波における古代寺院造営』）

「屋根材料としての耐久性」としての軒丸瓦はメンテナンスが必要なはずであって、その寺を受け継いだ人物によって、再建かメンテナンスされ、その際に軒丸瓦の変更がおこなわれたとするのが自然だ。軒丸瓦の耐用年数から難波宮の創建年を探るとしても、耐用年数は材質（土や釉薬《ゆうやく》の性質）や製造過程（乾燥状態）や作業精度によって雲泥の差が生じるので、その方向からは判断できない。やはり、軒丸瓦の文様が頼りだ。四天王寺はメンテナンスあるいは再建によって、軒丸瓦の文様が代わったと前述しているが、平城宮からは一貫して同じ文様の瓦が出土している。それは、平城宮（宮殿）は再建かメンテナンスがあったとしても軒丸瓦の文様を変えなかったことを示している。

前期難波宮おいて、前述の四天王寺や法隆寺若草伽藍に同じ軒丸瓦の中央部の文様変化（写真37）を示したごとく、同じ成形枠（笵《はん》）が摩耗しても使われている事実は、文様のデザインを変更できずにメンテナンスを行ったのではないかと考えられる。つまり、前期難波宮の屋根は、長い間、同じ成形枠（笵）を使わざるを得なかったとおもわれ、その文様が五段階あるなら数十年間同じ成形枠を使用してメンテナンスを行った。「乙巳の変」で政権を握った側が、このエンブレム（紋章）を変更できなかったのではないか。そのような場合、従来の紋章の新しい成形枠（笵）を作成しないようにおもう。

以上のように考えた方が、これらの現象を説明でき、新宮殿（前期難波宮）の造営時期に成形枠（笵）を摩耗するまで使って、形の整っていない瓦を載せたと考える方が、まことに不自然だとわかる。現代の皇居の宮殿は最高の技術と精度をもって造営された。古代においても同様なはずだ。結果として、難波宮は敏達天皇によって六〇〇年頃に造営されて、六八六年に焼失したと考えられ、難波京もまた『日本書紀』によって隠されていた。

（註）前期難波宮遺跡は法円坂廃寺とも呼び、同じ遺跡のことだが研究チームによって呼び名が異

なる。

5　飛鳥京と難波京を隠さねばならなかった理由

飛鳥京は新益京と藤原宮を造営した持統天皇によって覆い隠されたと言える。そして、難波京は『日本書紀』の編纂者によって完成時期を偽られ、造営者も隠された。つまり、物理的には「いわゆる藤原京（新益京）」に先行して二つの都市があったが、『日本書紀』という文献によって、隠されていた。国家の首都ともいえる二つの都市が隠されねばならなかった理由は大きな謎だが、そのようなことまでして隠す必要があった。最終的に、『日本書紀』の発表時（七二〇年）に、政権を握っていたのは、「乙巳の変」を主導した天智天皇の子孫と藤原鎌足の子孫ということに注目する必要がある。

『日本書紀』の発表時七二〇年の天皇は女帝の元正《げんしょう》天皇であり、文武天皇の姉で天智天皇の孫となっている。文武天皇の早逝後、その母（元明天皇）が継承し、その姉（元正）に引き継がねばならなかった理由は、文武の子・首皇子《おびとのみこ》（聖武天皇）を天皇とするためであった。首皇子は藤原不比等の孫でもある。

不比等は首皇子を天皇とするためには、なんでもやったのではないか。孫の即位まで生きられないみずからの寿命を知った権力者が『日本書紀』編纂の黒幕であり、その歴史書が彼らに都合よくなされていても不思議はない。つまり、「乙巳の変」の真実は、中大兄皇子（天智）と藤原鎌足や軽皇子《かるのみこ》（孝徳天皇）たちによる、舒明の長子である古人大兄皇子一族の殺害で、天皇位に就いていた人物を殺害したクーデターだったとすれば、謎は解ける。

真実である敏達―舒明―古人大兄という継承では、なぜ古人大兄を殺害したのか理由が問われる。したがって、蘇我一族と聖徳一族を登場させて、天皇の継承を乱さねばならなかった。そのように考えれば謎は解ける。その証拠が耳成山の南北軸に眠る三基の古墳に表われている。

耳成山の南北軸線は飛鳥京を造営した敏達天皇の血縁による軸線となっている。それゆえに破壊されねばならなかった「鬼の遺跡」に敏達天皇、中尾山古墳に舒明天皇、高松塚に天皇位にあった古人大兄皇子が葬られていると考えれば、ストーリーが浮かんでくる。

直系の三人の天皇の存在は、権力を握った側には天皇殺害のクーデターとなって都合が悪い。そこで、蘇我一族や聖徳一族を登場させて「敏達」や「舒明」の業績を代行させ、この二人の天皇の存在感を消し去った。それによって都市（難波京と飛鳥京）をも隠蔽《いんぺい》し、天皇殺害のクーデターを隠すことができたと理解される。

舒明天皇は、前述するように段ノ塚（押坂陵）に再度葬られたが、段ノ塚は大きな古墳で山腹に造られた。おそらく、政権を奪取した側（天智天皇）によって「継承のセレモニー」のために造られたのであろう。

高松塚にも、政権側の意思のような証拠が表われている。なぜ高松塚に女官や舎人の壁画が存在し、四神や天文図が描かれねばならなかったか。高松塚に葬られた人物が怨霊だったとすれば、女官や舎人は生きている怨霊の世話をする人びとであり、四神に囲まれて、閉塞感のある石《せっ》槨《かく》に封じ込められた理由が理解される。他にそのような古墳はない。

高松塚は若草伽藍由来の二〇度の軸線で斑鳩宮やその跡地に造られた夢殿と結ばれている。夢殿に救世観音像《ぐぜかんのん》が秘匿《ひとく》されていた理由もまた、高松塚の怨霊と関係がある。さらに高松塚は斑鳩の藤ノ木古墳と明日香の檜隈寺《ひのくまでら》（倭漢氏《やまとあやし》の氏寺）の中心軸線の角度二三度で結ばれていた。つまり、耳成山南北軸の三基の古墳が都市の隠蔽を象徴していたのである。

古墳の位置には、それらの謎を解く鍵がある。飛鳥時代の古墳から文字がひとつも出土しないことを、歴史学者や考古学者はもっと深く考えるべきであった。結果として、古墳や仏教寺院の位置に意味があった。明治維新以来、呪術的なもの（陰陽道の方位など）を科学の範疇から排除したことによって、古代人の誰もが知っていたことが現代人にわからなくなったといえる。

第Ⅲ章　「乙巳の変」の真実

1　蘇我入鹿の殺害は不比等による「カムフラージュ」

「鬼門」の軸線は滅ぼされた天皇一族を指している

『日本書紀』を信じて「古代史の謎」を解こうとしても、「百年河清《かせい》を俟《ま》つ」ようなもので、黄河の水のごとく、透き通って先が見えることはない。それを打ち破るには、今までにない何か変わった手法が必要で、『日本書紀』に記される「陰陽」が飛鳥時代の解明に有効と考える。

日本列島の宗教的根源は呪術的であるはずだが、歴史学のなかで呪術的な「陰陽道《おんみょうどう》」は中心的な研究とされていない。その呪術的な根源を解明せずに現在に至ってしまったが、「陰陽の方角」となる軸線に「血縁・こころ・時間」が表わされているとわかった。また、軒丸瓦の文様は個人を表わすエンブレム（紋章）であって、『日本書紀』の謎解きはそんなに難しい問題ではなく、物理的に解明可能なのだ。

本書の課題は「蘇我・聖徳が陰陽から生み出された傀儡である」と示すことであり、六四五年飛鳥板蓋宮で蘇我入鹿が中大兄（天智）と藤原鎌足に殺害される事件（乙巳の変）が「つくり話」であるとされるなら、蘇我入鹿が傀儡であると証明される。

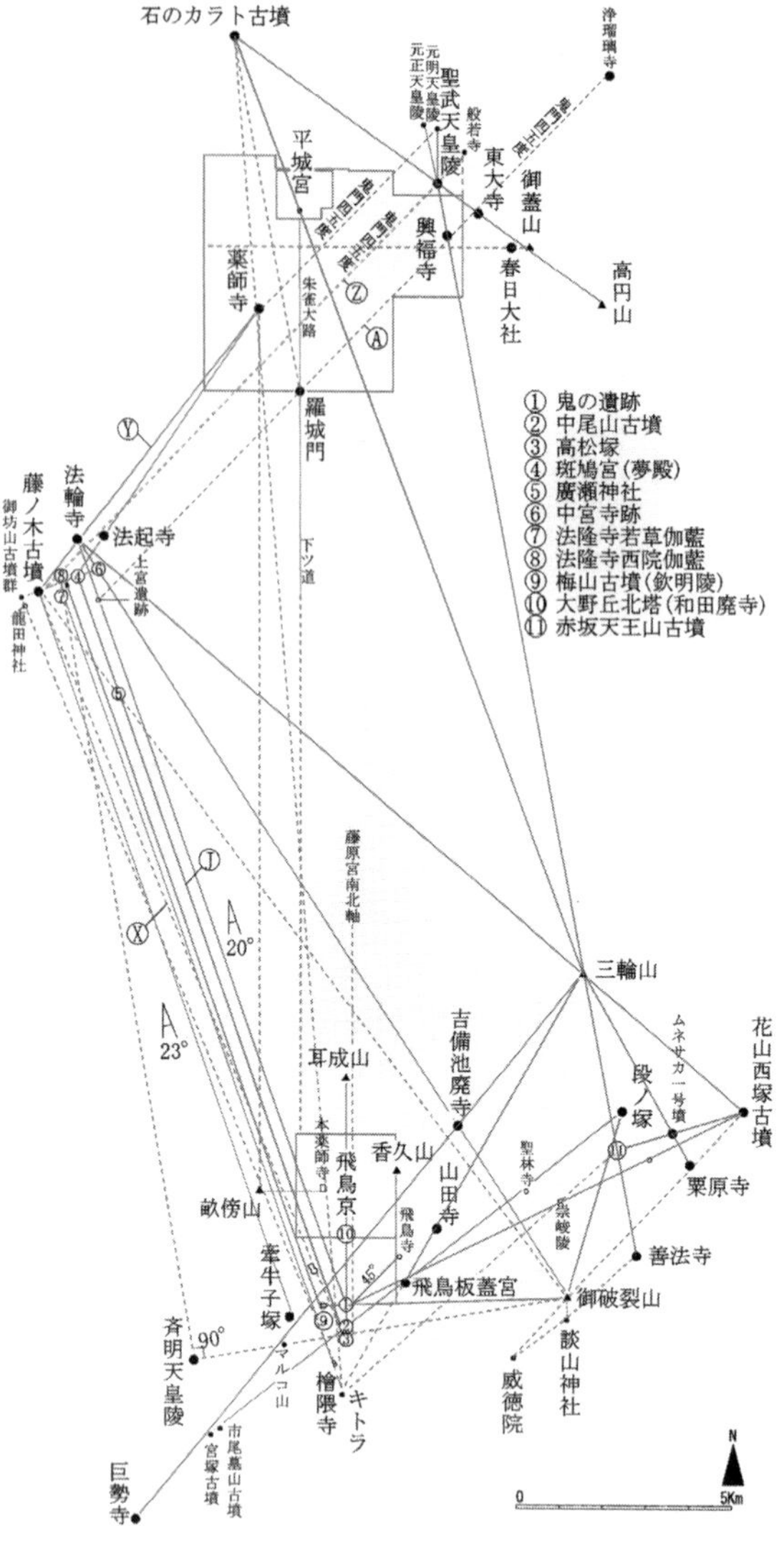

図 20　飛鳥と斑鳩と平城京を結ぶ軸線（全軸線図より抽出）

舒明天皇の長子である古人大兄皇子《ふるひとのおおえのみこ》は「乙巳の変」後に殺害されているが、孝徳天皇即位後であって、古人大兄皇子の謀反《むほん》ということになっている。したがって、『日本書紀』のカムフラージュを破るためには、「『日本書紀』が示す六四五年の時期の皇極天皇が傀儡であった」となればよい。「皇極天皇ではなく、高松塚に眠る古人大兄皇子が天皇であった」と示すことができれば、真実に至るとわかる。そして、それは可能である。

『日本書紀』は持統天皇が孫の文武に位を移譲する場面が最後で、結果として政権を握った側は、中大兄（天智）の子で天武天皇の妃であった持統天皇と藤原鎌足の子の不比等であった。不比等は『日本書紀』にほとんど登場していないが、編纂の黒幕で、『日本書紀』を生み出して関与している。本来なら、大宝律令をつくり、平城京遷都を実現し、『日本書紀』を編纂した藤原不比等が、『日本書紀』に何をしかけたのか、それを研究しなければならなかった。何を隠したのか「鬼門の軸線」が答えを教えてくれる。

平城京の都市計画に現れている「鬼門」の軸線（図20参照）は三本あり、次に示す。

Ⓐ上宮遺跡─羅城門《らじょうもん》─興福寺─東大寺（表1参照、二三二頁）
Ⓩ般若寺《はんにゃじ》─聖武天皇陵─藤ノ木古墳（表4参照、四〇頁）
◯元明天皇陵─薬師寺の四五度軸線

明らかに政権を握った側と斑鳩の上宮遺跡や藤ノ木古墳との「鬼門」は蘇我一族と関係なく、耳成山南北軸の滅ぼされた天皇一族に関係している。つまり、上宮遺跡と藤ノ木古墳は若草伽藍や中宮寺跡や斑鳩宮と関連づけられた位置にあり、創建軒丸瓦も共通して、耳成山南北軸の古墳群（鬼の遺跡、中尾山古墳、高松塚）と関係して、滅ぼされた天皇一族を「鬼門」の位置に据えている。それらが蘇我一族と関係するわけもなく、「乙巳の変」で蘇我入鹿を殺害することが真実を隠蔽するカムフラージュだったとわかる。

東大寺や聖武天皇陵などは不比等の死後（七二〇年以降）に造られているが、軸線は時間経過も示し、それらは二次的なもので不比等の最初の構想の内に入っている。つまり、以上のような「鬼門」の軸線を設定できる人物は藤原不比等しかいない。そのような実力者が『日本書紀』を編纂しているわけで、その中に「しかけ」があるとおもわねばならない。蘇我一族の名前（稲目、馬子、蝦夷、入鹿）にも暗号が組み込まれていた。

「乙巳の変」六四五年の真実

「万世一系・天孫降臨」というイデオロギーが『日本書紀』のコンセプトなら、それに反する事実（天皇殺害のクーデター）があった場合にどう対応するのか。それが「蘇我聖徳一族」を傀儡として、蘇我入鹿を殺害した後に、蘇我一族の出身の母から生まれたとされた古人大兄皇子の殺害だった。古人大兄皇子は出自までも貶《おとし》められて殺害されたということになる。したがって、それを隠すために『日本書紀』と『古事記』を編纂したのだ。

真実は、飛鳥板蓋宮で中大兄（天智）によって天皇（古人大兄）が殺害され、斑鳩宮や上宮遺跡を急襲した藤原鎌足によって古人大兄の子（皇太子）一族が殺害された。飛鳥板蓋宮と斑鳩宮はその時点で焼失した。おそらく、斑鳩宮に隣接する法隆寺若草伽藍も焼失したと考える方が自然だ。これを隠蔽するには、何としても、一度に板蓋宮や斑鳩宮や若草伽藍が焼失した事実を避けねばならない。

真実のカムフラージュが飛鳥板蓋宮での入鹿の殺害であり、入鹿による斑鳩宮での山背大兄《やましろのおおえの》皇子《みこ》（厩戸の子）の急襲となっている。したがって、斑鳩宮の焼失を入鹿の襲撃が原因とし、飛鳥板蓋宮は六五五年に単なる出火、若草伽藍は六七〇年に落雷で焼失とした。

隠蔽の証拠は「鬼門」の軸線であり、藤原一族や天智一族が上宮遺跡や藤ノ木古墳を「鬼門」の位置に据えている理由となっている。「鬼門」から邪鬼が入り込み祟りをおこさないようにするためであって、上宮遺跡で死亡した人や藤ノ木古墳の被葬者が蘇我一族ではなく天皇一族であることだ。つまり、蘇我一族には全く関係ない「鬼門」の軸線が証拠となる。それは斑鳩宮や藤ノ木古墳が滅ぼされた天皇一族に関係することによって証明される。

場所	北緯（緯度）	東経（経度）	方位角	軸線角度
③高松塚（中心部）	34.462222	135.806389	336.9727	23.0273
藤ノ木古墳（中心部）	34.61182	135.729471		

表18　高松塚と藤ノ木古墳の23度のⓧ軸線の角度計算表

高松塚と斑鳩宮が若草伽藍由来の二〇度の軸線Ⓙで結ばれ（表12参照、一二八頁）、高松塚と藤ノ木古墳（ⓧ軸線）が飛鳥京の檜隈寺《ひのくまてら》の中心軸の傾きと同じ二三度で結ばれる事実（表18参照）がある。つまり、高松塚と藤ノ木古墳の被葬者は「乙巳の変」で殺害された人びとであり、高松塚に天皇であった古人大兄皇子が葬られ、藤ノ木古墳に皇太子夫婦が葬られた。これらの軸線が結びつけられた理由を順次解いてゆけば真実に至る。結果として、天智一族と藤原一族が高松塚と藤ノ木古墳の怨霊に脅かされ、そのために仏教寺院とそれらの古墳が結びつけられているのである。

本書の次の課題は、六四五年時点の天皇が皇極ではなく、古人大兄皇子であったことで、軒丸瓦の文様より証明を試みる。

2 軒丸瓦のパルメット文様が示す天皇継承の真実

偽装された皇極天皇の即位

舒明天皇を継いだのは皇后の皇極天皇とされているが、舒明天皇には四名の皇子がいて、皇極への継承には違和感をおぼえる。『日本書紀』によると、宝皇女《たからのひめみこ》（皇極、斉明）が生んだ葛城皇子《かずらきのみこ》（天智）、大海人皇子《おおあまのみこ》（天武）、また蘇我馬子の女《むすめ》が生んだ古人大兄皇子、吉備国《きびのくに》の蚊屋采女《かやのうねめ》が生んだ蚊屋皇子《かやのみこ》がいた。この記述以後、葛城皇子と蚊屋皇子の二名の名前は『日本書紀』に記されない。そして、藤原鎌足自身が述べるように、年齢は古人大兄が長子で、天智（中大兄）、天武と続く。天智は中大兄というように真中なのだ。

皇極天皇の即位は、舒明天皇の即位と違って、六四二年揉《も》めることなく決まった。舒明天皇の皇后であったことを即位の理由としているようにみえるが、舒明天皇には四名の皇子がいて、中大兄（天智）が東宮とされていたと記されている。それにもかかわらず、なぜ皇太子を即位させなかったのか？　皇太子が幼かったなら理由となるが、中大兄（天智）は舒明崩御の時点（六四一年）は一六歳と記され、幼くはなかった。そして古人大兄皇子はもっと年上だった。つまり、ふさわしい天皇候補がいたが、皇極として傀儡を立てたのである。

中国「唐」の歴史書『旧唐書《くとうじょ》』には、六三二年「使者の高表仁《こうひょうじん》が倭国の王子といさかいを起こし、国書を読み上げることもなく帰国してしまった」（『倭国伝』）とあって、使者と「いさかい」を起こすほど成長した王子（皇子）がいたようで、即位できる人物は存在したが、皇極天皇としなければならなかった。なぜなら、六四五年の「乙巳の変」の時期は古人大兄皇子が天皇であったとすれば、天智（中大兄）と藤原鎌足がクーデターを起こしても不思議ではなく。むしろ、歴史を見ればよくあることで、それを隠蔽したのが『日本書紀』となる。

皇極天皇の時代に造営されたとする飛鳥板蓋宮や蘇我一族によって建立されたとする山田寺は、前述するように、軸線と軒丸瓦の文様から舒明天皇によって造られたと証明された。舒明の業績を消すために皇極や蘇我を登場させているのだ。敏達の皇后の推古が傀儡であったように、皇極もまた傀儡だったとすれば辻褄が合う。

天智と天武が同母兄弟でなく、天武の兄が古人大兄と証明されれば、皇極や斉明天皇が天武の母ではなく、天智の出自は蚊屋采女を母とする蚊屋皇子ではないか？ と想像される。蚊屋采女の出身の吉備国[註]は古代から鉄器の生産地とされて、天智一族が力を持っていても不思議はない。それらについては第VI章にて言及するが、古人大兄や天智や天武の出自に関して、本書の課題を次に示しておく。

○天智と天武は同母兄弟ではない

○古人大兄皇子と大海人皇子（天武天皇）が同母兄弟である
○蚊屋采女（斉明天皇、皇極は傀儡）を母とする——蚊屋皇子（天智天皇）

（註）吉備国＝現在の岡山県全域と広島県東部などを含む地域

斑鳩宮から出土するパルメット（忍冬）文様の軒丸瓦

天皇が関係する仏教寺院の軒丸瓦から、六四五年時点の天皇が誰であったか解明しようとおもう。

前述するように、若草伽藍（写真15参照、一二一頁）や中宮寺跡（写真17参照、一二六頁）から創建軒丸瓦が発掘されて、それらが「鬼の遺跡」の敏達天皇による建立とほぼ確定された。その後に、若草伽藍や斑鳩宮や中宮寺跡から特徴のある軒丸瓦が出土している。その軒丸瓦は六枚の花びらの中にパルメット（忍冬）文様を施したもので、若草伽藍パルメット（写真39参照）や斑鳩宮パルメット（写真40参照）や中宮寺跡パルメット（写真41参照）となっている。

敏達天皇の創建瓦の次にパルメット文様の瓦が出土する若草伽藍について、『日本書紀』の六七〇年に焼失したとされて、その場所に再建されていないので、そのパルメット文様の瓦が最終的に若草伽藍に関わった人物のエンブレムということになる。

若草伽藍から舒明天皇の瓦が出土していないところをみると、豊浦寺や四天王寺と異なり創建瓦が上質な瓦であったためにメンテナンスの必要がなかったか、創建以来焼失しなかったとされ、舒明天皇を継いだ天皇の瓦がこのパルメット文様の瓦であるとしてよい。

斑鳩宮は『日本書紀』の六四三年に焼失したとされているので、少なくとも六四三年以前の天皇のエンブレムとなるが、斑鳩宮からはこの瓦一種類しか出土しない。つまり、『日本書紀』によれば、六四三年以前の天皇として舒明の瓦は判明しているので、皇極天皇しかいない。

皇極天皇がそれらの仏教寺院の屋根補修をするなら、天皇の瓦で行うはずであり、舒明天皇の皇后なら舒明の瓦を使ってもよいだろうと考えるが、皇極天皇が独自の紋章を使ったかもしれ

写真 39　若草伽藍パルメット

写真 40　斑鳩宮パルメット

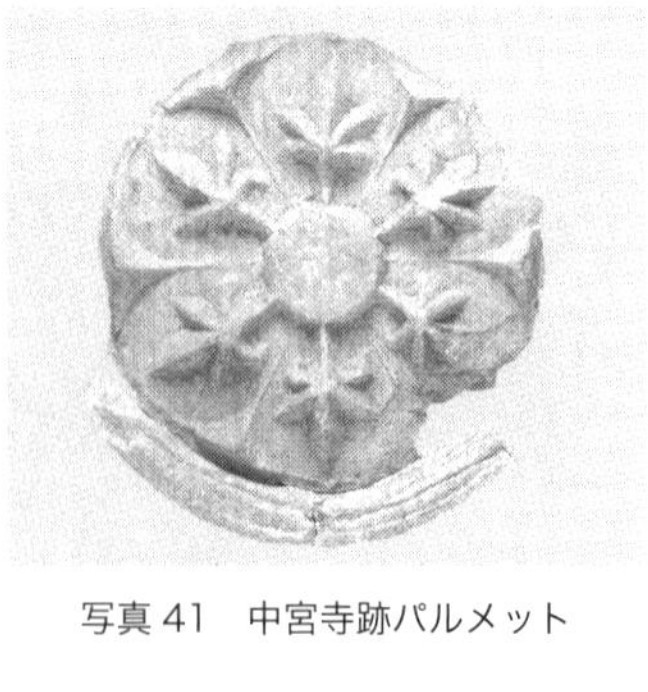
写真 41　中宮寺跡パルメット

料金受取人払

諏訪支店承認

2

差出有効期間
平成31年11月
末日まで有効

郵便はがき

3 9 2 - 8 7 9 0

〔受取人〕

長野県諏訪市四賀229-1

鳥影社編集室

愛読者係　行

ご住所	〒 □□□-□□□□
(フリガナ) お名前	
お電話番号	(　　　)　　　-
ご職業・勤務先・学校名	
eメールアドレス	
お買い上げになった書店名	

鳥影社愛読者カード

このカードは出版の参考にさせていただきますので、皆様のご意見・ご感想をお聞かせください。

書名	

① 本書を何でお知りになりましたか？

i．書店で
ii．広告で（　　　　　　　　　　）
iii．書評で（　　　　　　　　　　）
iv．人にすすめられて
v．DMで
vi．その他（　　　　　　　　　　）

② 本書・著者へご意見・感想などお聞かせ下さい。

③ 最近読んで、よかったと思う本を教えてください。

④ 現在、どんな作家に興味をおもちですか？

⑤ 現在、ご購読されている新聞・雑誌名

⑥ 今後、どのような本をお読みになりたいですか？

◇購入申込書◇

書名　　　　　　　　¥　　　　（　　）部
書名　　　　　　　　¥　　　　（　　）部
書名　　　　　　　　¥　　　　（　　）部

ず、パルメット文様の瓦が誰のものか、それがわかれば決定的な証拠となる。

　敏達天皇が建造した建築物にパルメット文様の瓦が使われた理由はメンテナンスあるいは別の建物を造ったということでよいとおもう。瓦は消耗品であり、古くなった瓦を取り換えたとすれば、建立から三〇～四〇年以上を経た敏達天皇の仏教寺院が対象であって、不思議なことはない。つまり、そのパルメット文様の軒丸瓦が皇極天皇のものか、古人大兄皇子のものかということになり、それがわかれば、皇極天皇が傀儡かどうか確定する。

「皇極天皇が傀儡である」と判定する事実が藤ノ木古墳の副葬品にある。〔図20〕のごとく、藤ノ木古墳は軸線にて法輪寺や薬師寺や高松塚や斑鳩宮や若草伽藍や中宮寺跡と関連しているから、藤ノ木古墳の被葬者の「血縁・こころ・時間」が表われていると考えられ、必ずや真実に到達する。

3　藤ノ木古墳（南側被葬者）と薬師寺の『吉祥天画像』

　藤ノ木古墳から出土する馬具の把手《とって》の飾り金具の文様が、斑鳩宮や中宮寺跡や若草伽藍の軒丸瓦のパルメット文様に酷似している。それが、このパルメット文様の軒丸瓦が古人大兄皇子のも

図21　藤ノ木古墳の石棺見取図

のとする証拠となっている。

藤ノ木古墳には二名の人物が埋葬されている。その人物を配置した石棺の内部を〔図21〕に示したが、北側被葬者の骨は残っていて若い男性と判明し、男性被葬者の副葬品には精緻で立派な刀剣や冠などがあって、明らかに王族と判断されている。しかし、南側被葬者に関しては足骨しか骨が残っておらず、男女の区別がついていないのが現状となっている。

石棺内部（図21参照）には、筒型金銅製品《つつがたこんどうせいひん》（写真42参照）が南側被葬者の頭付近に置かれていた。南側被葬者の頭蓋骨が残っておらず正確なことは言えないが、耳輪や首飾りの位置から〔図21〕のような二名の配置と考えられ、筒型金銅製品は髪飾りではないかとおもった。その筒型金銅製品がどのような用途なのか一般的に不明だが、金メッキされた飾り歩揺《ほよう》のついた製品は長さ三九センチで、薬師寺にある『吉祥天画像』（写真43参照）の髪形に酷似しているとおもった。『吉祥天画像』は奈良時代から薬師寺にあり、薬師寺と藤ノ木古墳は軸線で結ばれているわけで、筒型金銅製品が『吉祥天画像』に関連しても不思議はない。さらに『吉祥天画像』の髪形は描き直されている事実がある。『日本の国宝―奈良／薬師寺』において、現状の絵具の下に別の髪形があるとされ、薬師寺に奉納するにあたって、現在の髪形でなければならなかった。その事実は筒型金銅製品が石棺のなかにあると知っている人物によって描き直しの指示があったと想像される。

『吉祥天画像』と藤ノ木古墳の南側被葬者は、《藤ノ木古墳―法輪寺―薬師寺のⓎ軸線（表19参照）》や《斑鳩宮（夢殿）―法起寺―薬師寺の軸線（『飛鳥の暗号』参照）》もあって、密接に関係

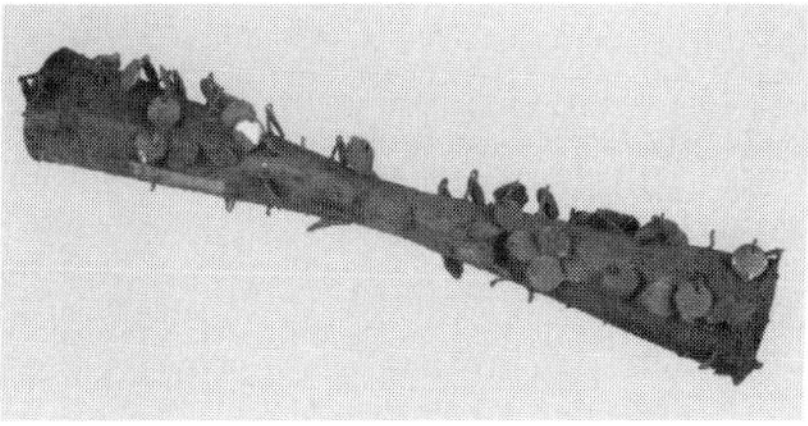

写真42　筒型金銅製品（藤ノ木古墳）

写真43　吉祥天画像（薬師寺蔵）

場所	北緯(緯度)	東経(経度)	方位角
薬師寺（金堂）	34.66836	135.78429	—
法輪寺(中心部)	34.62222	135.73898	39.048
藤ノ木古墳	34.61182	135.72947	38.691

表19　藤ノ木古墳—法輪寺—薬師寺の軸線Ⓨの方位角計算表

しているとしてよい。つまり、南側被葬者は女性で、彼女の鎮魂のために『吉祥天画像』が薬師寺に存在していると考えられ、二人は古人大兄の皇太子夫婦としてよいのではないか。

藤ノ木古墳の築造年代は、『藤ノ木古墳とその文化』では六世紀末頃とされているが、〔図20〕のごとく、《斑鳩宮—若草伽藍—藤ノ木古墳—御坊山古墳群の東西軸線》のなかにある藤ノ木古墳が五九〇年頃に造られる必然性は存在しない。なぜなら、藤ノ木古墳が歴史学者の推定する六世紀末頃とするなら、斑鳩宮（六〇一年）や高松塚より先に造られねばならない。

斑鳩宮—高松塚が二〇度の軸線で結ばれ、高松塚—藤ノ木古墳が二三度で結ばれるわけで、藤ノ木古墳が先に造られているなら、「三点が直線で結ばれる論理」によって物理的に斑鳩宮と高松塚を現在地に造る予定になっていたとしなければならないが、それは無理な話だ。逆に、斑鳩宮と高松塚の位置が決定していたので、藤ノ木古墳をその位置に築造できた。

古墳の築造年代に関して歴史学者の推定は、その副葬品の祭祀に使う土器の製作年代によって判定しているようだ（『藤ノ木古墳とその文化』）。その土器の形式などによって判断するのだが、現在でも仏壇の前には古い形式の器具が置かれている。古代から、それを最新式の器具にしようとする人はいないのではないか。そのようにおもうわけで、古墳の年代測定の方法を誤っている。つまり、パルメット文様の軒丸瓦が天皇の古人大兄（高松塚）や皇太子夫婦（藤ノ木古墳）に関係しているのであれば、彼らの地位が確定する。

4　藤ノ木古墳の馬具の把手《とって》と斑鳩宮パルメット文様の軒丸瓦

藤ノ木古墳から出土した馬具の鞍《くら》の見取図を〔図22〕に示してあるが、女性用とみられる鞍の手前側が馬の後ろ側（後輪《しずわ》）で、そこに把手《とって》が付いている。把手が付いた鞍の例は少なく、女性が横向きに乗馬する場合に使用するとみられるところから、女性用の鞍とされている。その把手の左右にブルーのガラス玉飾りがあり、金で象嵌《ぞうがん》が施されていた（写真44参照）。その文様が忍冬文（パルメット）の簡略形であった。

金で象嵌された忍冬文（パルメット）のデザインは、把手の直径が二センチ程で小さいので簡略化されているが、花びらの枚数も同じで、明らかに斑鳩宮や若草伽藍の軒丸瓦に使われている忍冬文（パルメット）であった。軒丸瓦の直径は二〇センチほどあって、そのパルメット文様を一〇分一の大きさに金象嵌でつくるのはかなり無理があり、文様を〔図23〕のように簡略化したはずで、デザインの基本は生かされて、明らかに同じエンブレム（紋章）としてよいとおもう。

女性用馬具の鞍把《くらとっ》手《て》の飾りに紋章を付ける行為は、その馬具の使用時がなんらかの儀式であれば、紋章であっても不思議はなく、むしろそのようであったとおもう。そして、墓への遺体の埋葬時に副葬品としたわけで、被葬者の持物であり、藤ノ木古墳の二人の被葬者が男女の夫婦とする証拠の一つと考える。

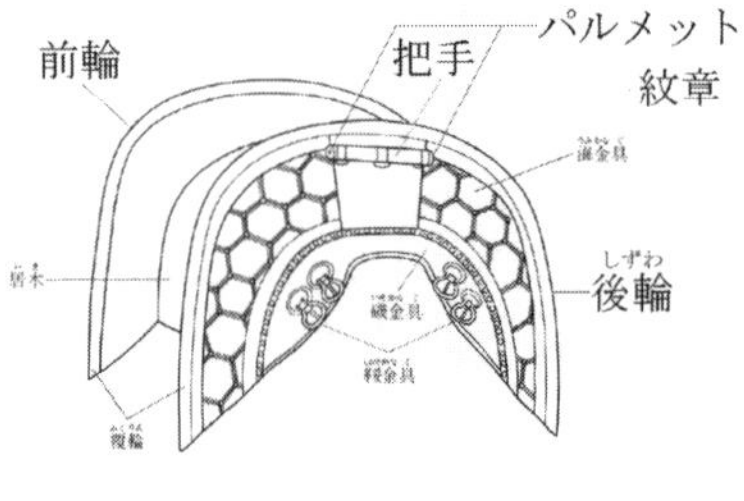

図 22　馬具鞍金具見取図

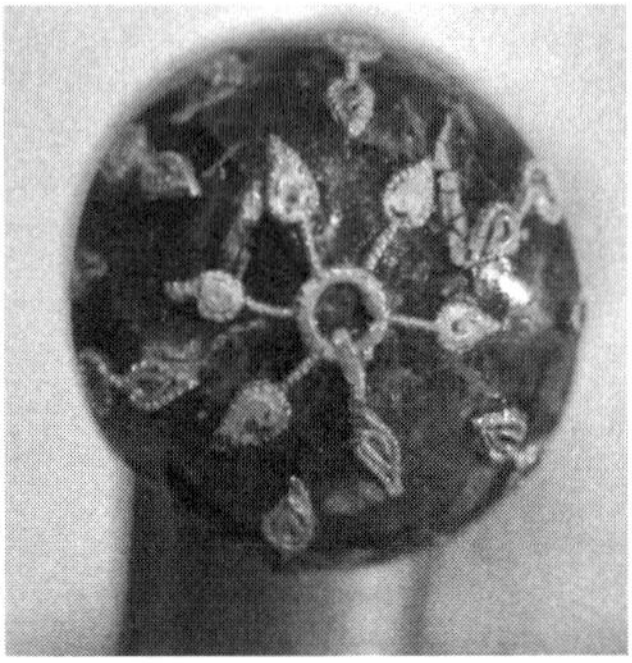

写真 44　把手の飾り

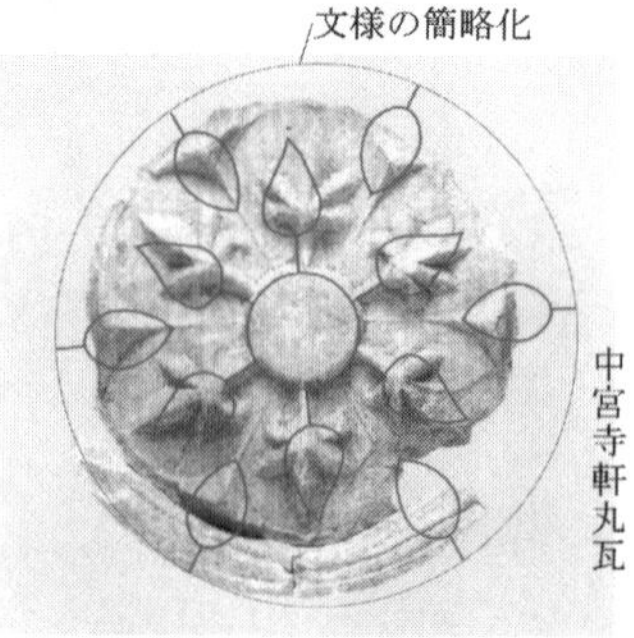

図 23　軒丸瓦と把手の紋章検討

斑鳩宮などの軒丸瓦と馬具の鞍把手のパルメット文様は六枚の花びらの数も同じであって、軸線で結ばれる高松塚の被葬者と藤ノ木古墳の被葬者が血縁で関連し、古人大兄（天皇）とその子（皇太子）夫婦と想像される。遺骨鑑定の結果においても、高松塚の被葬者は四五〜六四歳で身長一六三センチの体格のよい男性（島五郎 鑑定）とされ、藤ノ木古墳の二人の被葬者の内、骨が残っている二〇歳前後の男性とは、遺骨の鑑定結果から親子の年代差としてよいとおもう。遺骨が揃っていて、DNA鑑定が可能なら実行すれば証明されるはずだ。

パルメット文様の軒丸瓦が出土する斑鳩宮は『日本書紀』に皇太子の厩戸皇子が造り住んだと記されて、代々皇太子の住まいとして使われていたのではないか？　つまり、古人大兄の子が住んでもよく〔図20〕のごとく上宮遺跡も近く、一族の住まいが斑鳩に集中していた可能性があり、古人大兄が天皇であったならば、そこから出土する軒丸瓦が古人大兄の紋章としてよい。

忍冬文（パルメット）は、唐草文様であって、エジプト、ギリシャ、ローマ文明で盛んに用いられ、西域から中国を経て飛鳥時代の倭国でも使われていた。この文様が軒丸瓦にあっても不思議はなく、むしろ天皇の文様であったとおもう。同様に、飛鳥様式の法隆寺西院伽藍にはギリシャのパルテノン神殿の柱のデザイン、柱の中央部が下部より太い「エンタシス」が伝わっている。現在でも海外のデザインが浸透しているわけで、遣唐使（六三〇年）以後の状況が見えてくる。「唐」から輸入された最先端の文様やデザインが天皇のデザインとなっていたと考えられ、パルメット文様がそこにあってよく、その文様が藤ノ木古墳の副葬品（馬具）のなかにあることこそ、高松塚の被葬者と共に藤ノ木古墳の被葬者が天皇一族であることを示す証拠と言わざるをえない。結果として皇極天皇も傀儡であったと証明される。

仏教寺院の軒丸瓦の文様は、他国と同様に当然のことながらエンブレム（紋章）であって、明らかに聖徳太子以上の仏教導入に尽力した天皇が実在した証拠が存在するのである。『日本書紀』の編者の藤原不比等は後世の我々に暗号を残した。それが「蘇我・聖徳＝我は聖徳太子として蘇る」なのだ。

5　滅ぼされた天皇一族が眠る耳成山南北軸の古墳群

耳成山南北軸上の古墳群が滅ぼされた天皇の墓であると論じてきた。「鬼の遺跡」に敏達天皇、中尾山古墳に舒明天皇、高松塚に殺害された古人大兄皇子としてきたが、中尾山古墳がほんとうに舒明天皇の墓なのか？　疑問が残るかもしれない。なぜなら、『日本書紀』に、舒明天皇は六四一年末に亡くなって滑谷岡《なめはざまのおか》に葬られた後に、六四三年に押坂陵《おしさかのみささぎ》に移葬されたとある。移葬された理由は記されていないが、押坂陵は一般的に段ノ塚《だんづか》と呼ばれ、桜井市忍阪《おしざか》にある（『飛鳥・藤原京の謎を掘る』)。

舒明天皇の墓が、なぜ二基あるのか？　その理由を提示することによって、耳成山の南北軸の古墳群が滅ぼされた天皇一族の墓であると証明される。それは、持統天皇によって六九四年藤原宮が造営されて、道路一本隔てた東側に藤原宮南北軸が設定されて、耳成山南北軸は「陰の側」

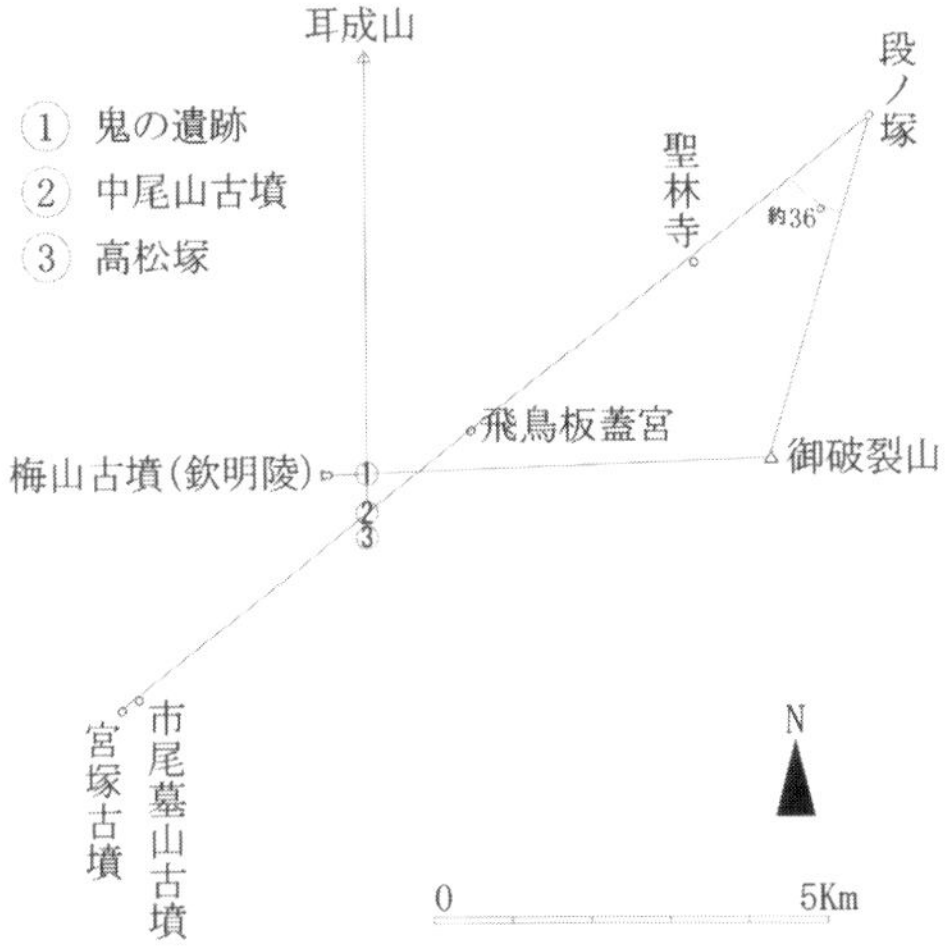

図 24　中尾山古墳―段ノ塚の軸線略図（図 20 より抽出）

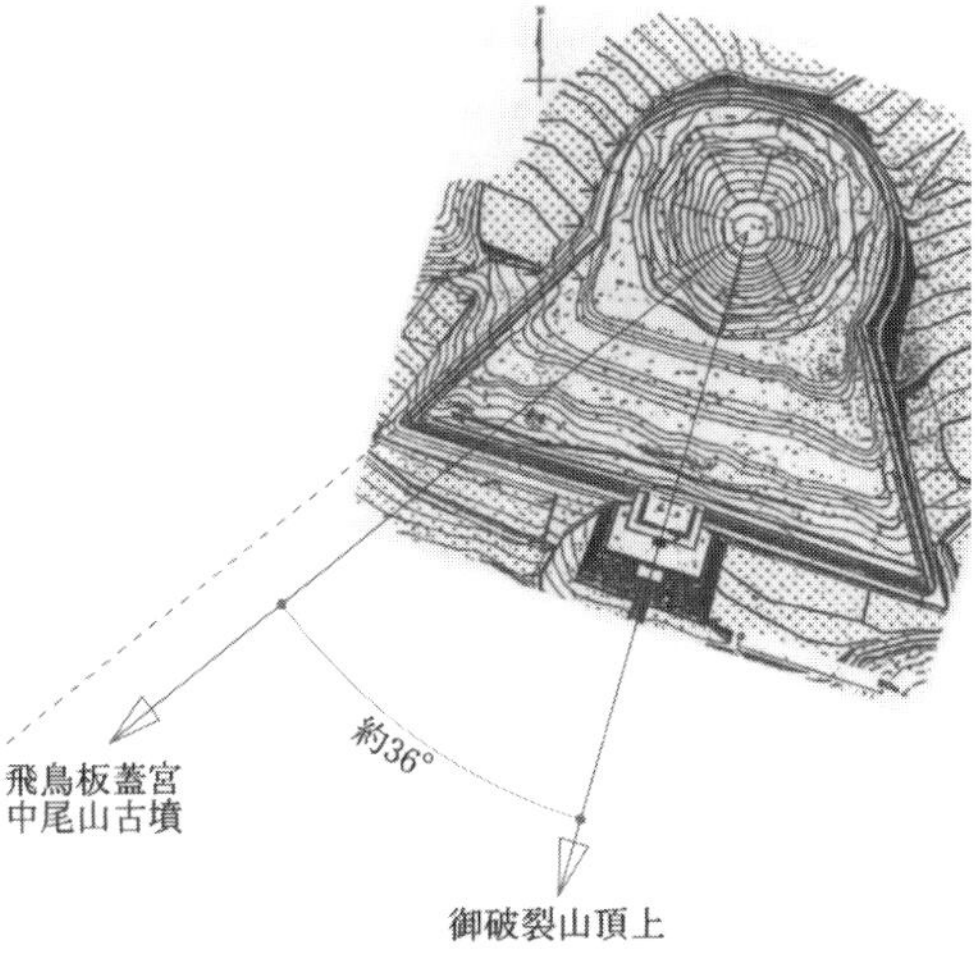

図 25　段ノ塚の配置図

場所	北緯 (緯度)	東経 (経度)	方位角
段ノ塚	34.50771	135.87565	—
中尾山古墳	34.46443	135.80627	52.99381
市尾墓山古墳	34.44401	135.77467	52.67821
宮塚古墳	34.44268	135.77244	52.71027

表20
段ノ塚—飛鳥板蓋宮—中尾山古墳—市尾墓山古墳—宮塚古墳の方位角計算表

に追いやられたことで確定しているが、舒明天皇の墓だけが二基あって、その理由を述べてない。

段ノ塚の位置は〔図24〕をみると、段ノ塚—飛鳥板蓋宮—中尾山古墳と軸線で結ばれている。また、〔図25〕のごとく、段ノ塚の中心軸は御破裂山に向いて配置され、底辺一〇五メートルの方墳部の角度は中尾山古墳に向いた角度となっている。建造物を設計する場合、私には恣意的な線を嫌う傾向があって、段ノ塚の方墳部の角度を中尾山古墳に向けた角度としたことに納得する。細部にも、それぞれ理由があって決定しているようにおもう。

それらが直線となっているか、測量計算によって確かめておく。〔表20〕に示したが、《段ノ塚—飛鳥板蓋宮—中尾山古墳の軸線》は三点が直線上に並んで一直線となっていることがわかる（飛鳥板蓋宮は建物が大きく、確実に軸線が通過しているので省略した）。

舒明天皇が最初に葬られたのは滑谷岡で、《段ノ塚―飛鳥板蓋宮―中尾山古墳―市尾墓山古墳《いちおはかやま》―宮塚《みやつか》古墳の軸線》が示すように、〔図24〕の②中尾山古墳の位置であって、その後に段ノ塚に葬ったと想像される。このような軸線を用いて、理由を付けて葬ったのであろう。その理由こそが問題で、六四三年という時期ではなく、「乙巳の変」後のことで政権を握った側（天智）が、舒明天皇を継承したというセレモニーを催し、大きな古墳を造成したと想像される。確かに、舒明天皇は天智天皇の父親であるが、天智は本来なら天皇にはなれなかった。そのような理由でクーデターが起こるのが世の常なのだろう。

舒明天皇の段ノ塚（押坂陵）と中尾山古墳を結ぶ軸線は途中に飛鳥板蓋宮を通り、藤原鎌足の子・定慧《じょうえ》が創建したとされる聖林寺《しょうりんじ》がその軸線の途中にある（図24参照）。定慧は御破裂山の妙楽寺（談山神社）や音羽山の善法寺を建立していると伝承され、藤原一族がなんらかの感情を神の山や軸線に抱いていると理解される。定慧は留学僧で帰国は六六五年となっているから、それらの寺院の建立は帰国後ということになる。

耳成山の南北軸に眠る一族は、同じ血縁の三人の天皇達であって、法輪寺を建立した舒明天皇は中尾山古墳に眠るはずであったが、移葬された。その中尾山古墳には、なんらかの「形見」をおいて古墳を造成したとおもわれる。中尾山古墳と結ばれる段ノ塚とその途中にある聖林寺と飛鳥板蓋宮、舒明天皇にかかわる建物や人びとがこの軸線に沿っている。飛鳥板蓋宮が舒明天皇によって造営された証拠がここにもある。

中尾山古墳は八角形墳となっていて、天皇の古墳とされ、小さな石槨《せっかく》（内法九〇×九三×高さ八七センチ）があり、内側は水銀朱が塗布されている。小さな石槨は火葬された骨しか入らないようで、火葬された文武天皇ではないかという説があるが、文武天皇は後に藤原宮南北軸に葬られるわけで、血縁の違う耳成山南北軸に葬られるわけはない。小さな石槨の意味は形見であって移葬した証拠のようなものだ。この小さな石槨が大きな誤解を生むのだが、その「入鹿の首塚」に関する話は後段となる。

中尾山古墳は〔図24〕に示すごとく、段ノ塚と結ばれているが、その根拠は段ノ塚の位置と形態にある。それを〔図25〕に示しているが、前方後円墳の台の上に八角形墳を載せた形態はかなり特異な形態となっていて、他に例がないようにおもう。それは初めて天皇の陵を八角形墳とした古墳とされ（『飛鳥・藤原京の謎を掘る』）、方墳部分の台形の底辺は一〇五メートルで、八角形の対辺長四二メートルと大きい古墳となっている。私は、「鬼の遺跡」が八角形墳の最初であると考えているが（図16参照、一三二頁）、証明することは今のところできない。

舒明天皇は二度葬られた。それは軸線で確かめられるが、段ノ塚（押坂陵）に移葬されたのは六四三年ではなく、「乙巳の変」以降ということになる。また、この舒明の軸線上に市尾墓山古《いちおはかやま》墳や宮塚《みやつか》古墳が造られているが、舒明天皇に関係した一族の墓の可能性がある。

6　高松塚と藤ノ木古墳の被葬者が語る真実

天皇と皇太子を結ぶ高松塚と斑鳩宮や藤ノ木古墳の軸線

滅ぼされた天皇一族が眠る耳成山南北軸上の高松塚は、壁画のある古墳であって、日本列島の中で特異とされている。高松塚は〔図26〕に示したように、大きな切石を組み合わせた石槨《せっかく》の内部に木棺《もっかん》を入れる構造で、この上を土で覆って円墳としている。一九七二年に発見されたが、石槨内部に人物壁画（写真45参照）があったことで有名な古墳となった。平滑に削った石の表面に白い漆喰《しっくい》を塗って、東西南北の四面にそれぞれ青龍《せいりゅう》・白虎《びゃっこ》・朱雀《すざく》・玄武《げんぶ》（四神）と日・月や男女群像を描き、天井には星座（天文図）が描かれていた。

中国や朝鮮半島には壁画のある古墳が多く、天文図や四神や女官なども描かれているが、日本列島には壁画の存在が珍しく、男女群像があるのは現在まで高松塚しかない。近くのキトラ古墳にも壁画があるが、男女群像の代わりに「十二神将《じゅうにしんしょう》」となっている。

高松塚に葬られた人物は、本当に古人大兄皇子なのだろうか？　高松塚と関係する斑鳩宮と夢殿という建造物から再度検討する。

斑鳩宮の跡地につくられた夢殿は七三九年の建立なので、「乙巳の変」の時点で関わりはなく、斑鳩宮と高松塚が若草伽藍由来の二〇度の軸線（表12参照）で結ばれることによって、前述するように、高松塚に天皇の古人大兄皇子、藤ノ木古墳に皇太子夫婦と判断してきた。

斑鳩宮の軒丸瓦の文様がパルメット文様であり、藤ノ木古墳の副葬品も同じパルメット文様を使っていたことで、軸線で結ばれ同じ紋章を使う人物は「血縁・こころ・時間」が一致する一族となる。また、二〇度で結ばれる欽明天皇陵（梅山古墳）と若草伽藍の建立者（敏達天皇）との

写真45　高松塚壁画部分
右側が北（文化庁公開画像）

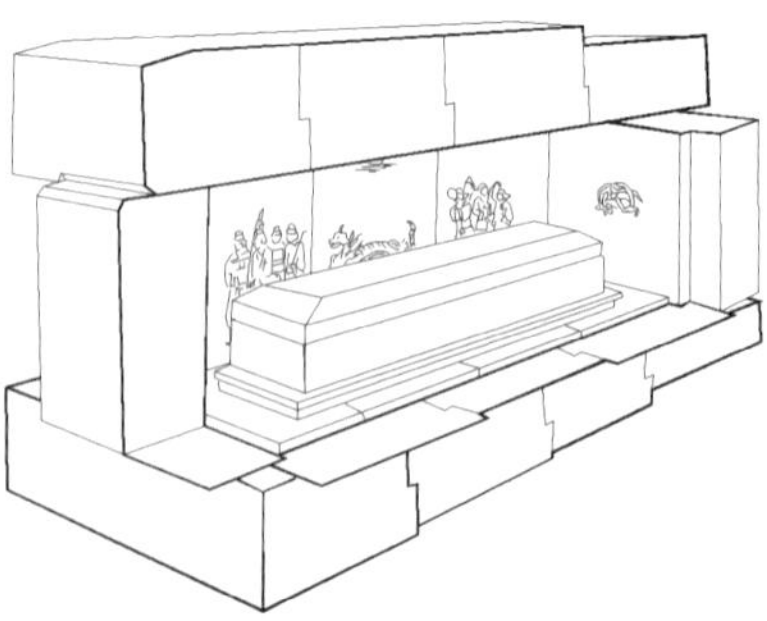

図26　高松塚内部見取図

血縁が認められ、その関係性が踏襲されて高松塚と斑鳩宮が二〇度で結ばれている（図20参照）。

高松塚は藤ノ木古墳と檜隈寺《ひのくまでら》の中心軸の角度二三度で結ばれている（表18参照、一八六頁）。檜隈寺は倭漢氏《やまとあや》の氏寺とされ（『飛鳥・藤原京の謎を掘る』）、おそらく、藤ノ木古墳の女性被葬者が倭漢氏に関係し、キトラ古墳に関係しているとおもうが、今回の課題外となっている。

高松塚の問題は、やはり、壁画の男女群像（写真45参照）であろうとおもう。なぜそのような壁画があるのか説明を要するであろう。

高松塚の被葬者は木棺のなかで頭を北へ向けて仰向けに寝かされて葬られた。頭の位置の左右に女官《にょかん》群像があり、足元側の左右に舎人《とねり》群像が描かれている。群像は男女共に南へ向かって歩いている様子に見える。女官と舎人は「祟りを起こす怨霊の世話をする人びと」とすれば、他には例がなくて当然であり、その真相（天皇殺害のクーデター）が想像できる。

他にそのような壁画はなく、『日本の呪術の歴史』にあるように「非業《ひごう》の死を遂《と》げた人物を鎮魂する」意図があるようにおもう。そのような人物は「乙巳の変」に関係するなら、古人大兄皇子が当てはまる。蘇我入鹿は自業自得で、とても非業の死とはおもえない。傀儡の人物なら、入鹿のように描けば『日本書紀』は面白い。

高松塚の男女群像に関して、大方の研究者の意見は「葬送《そうそう》に付き添う従者」というものだが、それなら他にもなければならない。他には存在しないどころか、飛鳥時代の古墳にはキトラ古

場所	北緯（緯度）	東経（経度）	方位角
三輪山（山頂）	34.535	135.86694	—
飛鳥寺（現在地）	34.47859	135.82014	34.468
高松塚（中心）	34.462222	135.8063899	34.542

表21　三輪山―飛鳥寺―高松塚の軸線の方位角計算表

墳を除けば、壁画さえない。ようするに、「葬送に付き添う従者」という解釈は一般的な状況であって、他にそのような例が山ほどなければならない。

高松塚や舒明陵のある耳成山南北軸の古墳群と持統や文武陵のある藤原宮南北軸の古墳群があって、それらが天皇の古墳であることが、後から創られた藤原宮南北軸が存在することによって確定する。つまり、耳成山南北軸の古墳の被葬者たちは、藤原宮南北軸の古墳の被葬者たちに取って代わられたと想像でき、軸線の最後尾となる高松塚において、その転換がなされたとわかる。高松塚の壁画のありさまがそれを物語っている。

高松塚の位置に関して、〔図11〕に示すごとく《三輪山―飛鳥寺―高松塚の軸線（表21参照）》がある。それらが直線に並んでいることは、敏達天皇が建立した飛鳥寺と神の山とされる三輪山を結んでいるわけで、高松塚の被葬者の安寧を願っている。飛鳥寺が明らかに滅ぼされた天皇一族に関連し、蘇我に関係するわけがないと再度認識される。

古人大兄皇子の墓・高松塚の築造時期

若草伽藍や斑鳩宮や中宮寺跡から出土するパルメット文様の軒丸瓦（写真26〜28参照）が、明らかに舒明天皇を継いだ天皇（古人大兄）のエンブレムであった。したがって、『日本書紀』の皇極天皇は偽りであって、『日本書紀』の編纂者が隠した部分が高松塚や藤ノ木古墳にあり、高松塚に天皇であった古人大兄皇子が葬られ、藤ノ木古墳に皇太子夫婦が葬られたと確定される。それらの古墳には遺骨があるわけで、最終的にはＤＮＡ鑑定で決着がつくことを願う。このような本書の論理が成立するためには、一つ乗り越えねばならないハードルがある。

高松塚の被葬者を六四五年に亡くなった古人大兄皇子とすると、高松塚が六九〇年頃に築造されたとする研究とは開きがある。本書が、「現在の高松塚は再葬された」としている点である。なぜ再葬されたと判断するのか？　それには一つの決定的な事実をあげようとおもう。

石槨のなかにあった「人骨には少量の赤色塗料がごく一部分付着していた。これが朱《しゅ》であることは、すでに調査されたところである（人骨鑑定 島五郎）」（『朝日シンポジウム　高松塚壁画古墳』）とされている。骨に朱が付着していたとは、骨に朱を塗ったと考えられ、骨に朱を塗ることができるのは白骨化していなければ不可能だ。天武天皇の場合は庭に殯宮《もがりのみや》を建て遺体を安置し、白骨となるまで待って本葬している（『日本書紀』）。その期間を「殯《もがり》」と呼んでいるのだが、天武天皇は約一年であった。

骨に付着していた朱とは水銀朱《すいぎんしゅ》のことで、防腐剤として利用されるのだが、当時の朱色は「魔除《まよ》け」的な色とされていたようで、藤ノ木古墳など多くの石棺に塗ってある。ただ骨に朱を塗った例はなく、研究者もまた「骨に朱が塗られていた」とは認識していない。したがって、石槨の中に朱があった理由として、研究者の見解は木棺に塗られた防腐剤との認識だが、それなら骨に付着しないとおもう。

高松塚とほぼ同時代のキトラ古墳の木棺は黒漆《くろうるし》塗で、高松塚の朱の木棺が通常とは言い難い。骨に朱を塗ることが可能となる程の時間経過があったと認識できる。また、骨に朱を塗ったことは否定できず、逆に朱が付着していたことの説明はできない。

「高松塚は再葬された」とする本書の論理を通すには、理由が必要となる。六八九年に天武と持統との間の子・草壁皇子《くさかべのみこ》が早逝していることが当てはまる。当時は、病は祟りや穢《けが》れからで、古人大兄皇子の怨霊が原因と考えられて、再度手厚く葬ったと想像される。草壁皇子は天武の後を継いで天皇になる予定だったが、母の持統の夢は叶わなかった。持統の姉とされる大田皇女《おおたのひめみこ》と天武のあいだの子である大津皇子《おおつのみこ》を謀反の罪で殺害してまでも手に入れた天皇の位だったが、孫の文武《もんむ》天皇に引き継ぐまで、持統自身が天皇位に就いた。

古人大兄皇子が葬られている高松塚は、地元の伝承としても祟りを起こす怨霊（『黄泉の王』）として考えられているわけで、再葬するなら、骨に朱を塗った可能性は高いとおもう。他に「骨に朱が付着した例」がないからこそ、異例の壁画があるわけで、そう考えた方が整合性は高い。

古人大兄皇子は六四五年に殺害された、現在地に葬られたか又は別の場所に葬られていたものを現在地に再葬したと考えられる。しかし、どうも現在地に最初から葬られていたようにおもう。なぜなら、『日本書紀』に、天武天皇が壬申の乱（六七二年）以降に毎年初夏に二回、《斑鳩宮―廣瀬《ひろせ》（現廣瀬神社）―高松塚の二〇度の軸線（表12参照）》と《藤ノ木古墳―廣瀬―御破裂山の軸線》の交点上の廣瀬において、天武天皇本人が祭祀を催していると記される（図20参照）。また、その祭祀を天智天皇は行っていない。

天武天皇が陰陽を占う軸線を意識していることが明白で、天武本人がその位置で祭礼を行うなら、現代と同様に古人大兄皇子と最も近い肉親であって、最初（少なくとも六七二年）から現在地に葬られていたと推定できる。この詳細は後段にて展開しているが、『日本書紀』には天武の同母兄が天智とされているから、それも偽りだったことになる。

高松塚の被葬者に関して、多くの研究者がその年代（六九〇年頃）に亡くなった人物を想定しているが、決定的な証拠がなく、未だに被葬者はわからないのが現状となっている。しかし、本書の推定は「陰陽の方角」の軸線という物理的証拠があり、その軸線で結ばれる「血縁・こころ・時間」がわかれば個人が特定される。

高松塚と夢殿が結ばれる理由と「怨霊」の概念

斑鳩宮は六四五年の「乙巳の変」で焼失して、おそらく放置されていたとおもわれる。そして、平城京遷都後の七三九年に斑鳩宮跡地に夢殿（写真46参照）が建立されたが、七三七年藤原四兄弟（武智麻呂《むちまろ》、房前《ふささき》、宇合《うまかい》、麻呂《まろ》）が次々に死亡することが影響していると想像する。天然痘《てんねんとう》が流行していたようだが、当時の病は怨霊などの影響と信じられていたわけで、高松塚と荒れ果てた斑鳩宮が二〇度の軸線で結ばれている事実を知っていた人物（僧の行信《ぎょうしん》）の進言によって建立されたのではないか？　行信は大僧都まで栄達するのだが（『隠された十字架』梅原猛著）、この業績が大きかったとおもわれる。

夢殿は八角形の平面をした御堂で、その建物は八角形の古墳である「天皇の墓」と同じ意味とされ、そこに救世観音像《ぐぜかんのんぞう》が明治まで秘匿《ひとく》されていた。救世観音像は聖徳太子を生き写した像と伝承されているようで、円墳の高松塚の被葬者を再度葬るための墓として、八角堂を建立し、遺体（救世観音像）を安置したということであろう。その有様が救世観音像に見られる。

救世観音像の光背《こうはい》は像の後頭部に太い釘一本で留められていて（写真47参照）、それは怨霊の蘇りを防ぐ意味として施されているとおもう。仏像の光背をそのように留めている例は他になく、特別なもので、理由は不明となっている。元々、救世観音像は秘仏であり、明治になって文部省の調査委員をしていたアーネスト・フェノロサらによって開示され、現在に至っている。その秘仏とされた意味も明確でなく、深く追求されたくない空気がある。つまり、古人大兄皇子の生前を模した像ということで、怨霊となって蘇らないように秘仏として丁重に葬り、日に晒《さら》すと天変地異が起こると伝承したと考えられる。

夢殿が七三九年に建立された理由が問題になる。藤原四兄弟の死や持統のひ孫の聖武天皇の皇太子の死（七二八年）や男子が誕生しない事実は怨霊の祟りと考えたはずで、彼らが祟りを恐れ

写真 46　夢殿

写真 47　救世観音像

なければならない理由は蘇我入鹿の殺害などではなく、「乙巳の変」の真実が天皇であった高松塚の被葬者（古人大兄）一族の殺害であった。しかしながら、このような本書の論理は歴史学の常識に反しているようなのだ。

飛鳥時代に「怨霊の祟り」のような例はなく、怨霊という認識は奈良時代からというのが通説のようで、天智系の桓武《かんむ》天皇による平安京遷都（七九四年）も桓武によって殺害された弟の早良《さわら》親王《しんのう》の「（怨霊による）呪《のろ》い」が影響しているとの伝承がある。また、陰陽道による「鬼門」の設定が平安京からという認識だが、その論理はすでに崩れている。

仏教導入時に、仏教寺院を建立するのに、古墳と神の山と共に直線に結んで建てている意味は何であろうか。それは、宗教学者の山折哲雄が述べるように、仏教導入は「死者のルサンチマン（怨恨感情）を浄化する思想装置」として「仏教の風が吹きつけていた」（『日本文明とは何か』）とするように、仏教によって怨霊や穢れなどの祟りの感情を抑える意味があったと考える。そのように考えなければ、それらを直線に並べた意味の説明がつかない。

仏教が自然の山と結ばれた事実によって、仏教は導入時に変容させられて、「神仏習合」という概念をも揺るがす事実となっている。なぜなら、仏教は釈迦の哲学的思考から生じていて自然の山とはつながらない。『日本書紀』の冒頭文には「天地が定まった後に、神がお生まれになった」とあり、自然の山にいる神と仏教寺院が結ばれた事実が先に存在して、「神仏習合」は逆であって、現在も軸線によって確認できる。

天武天皇が陰陽寮《おんようのつかさ》や占星台《せんせいだい》を設置していると『日本書紀』に記載され、前述するように、飛鳥寺や平城京の都市計画に「鬼門」の軸線が使われているなら（図20参照）、飛鳥時代に怨霊や穢れの概念がなかったとは、もはや言えない。つまり、怨霊や穢れという概念は陰陽道となっていったわけで、すでに飛鳥時代以前から存在していた。それに対応するために仏教を導入して、死者に対応した結果、現代まで続いているのであろう。

高松塚は、怨霊とされた人物を手厚く葬る必要がある人びとによって築造された。その位置が耳成山南北軸線の天皇の継承ラインにあるわけで、そこに葬られる資格のある人物は古人大兄皇子しかいないのである。

結果として、蘇我一族と聖徳一族は耳成山南北軸の三基の古墳のごとく敏達天皇―舒明天皇―古人大兄皇子と天皇位が引き継がれたことをカムフラージュするために傀儡とされたと考えればよく、そのことも証明された。さらに、蘇我一族から自己増殖した用明・崇峻・推古が傀儡であり、皇極もまた傀儡であった。

藤ノ木古墳の被葬者と檜隈寺の関係

藤ノ木古墳から出土した馬具飾りのパルメット文様が斑鳩宮や若草伽藍や中宮寺跡から出土す

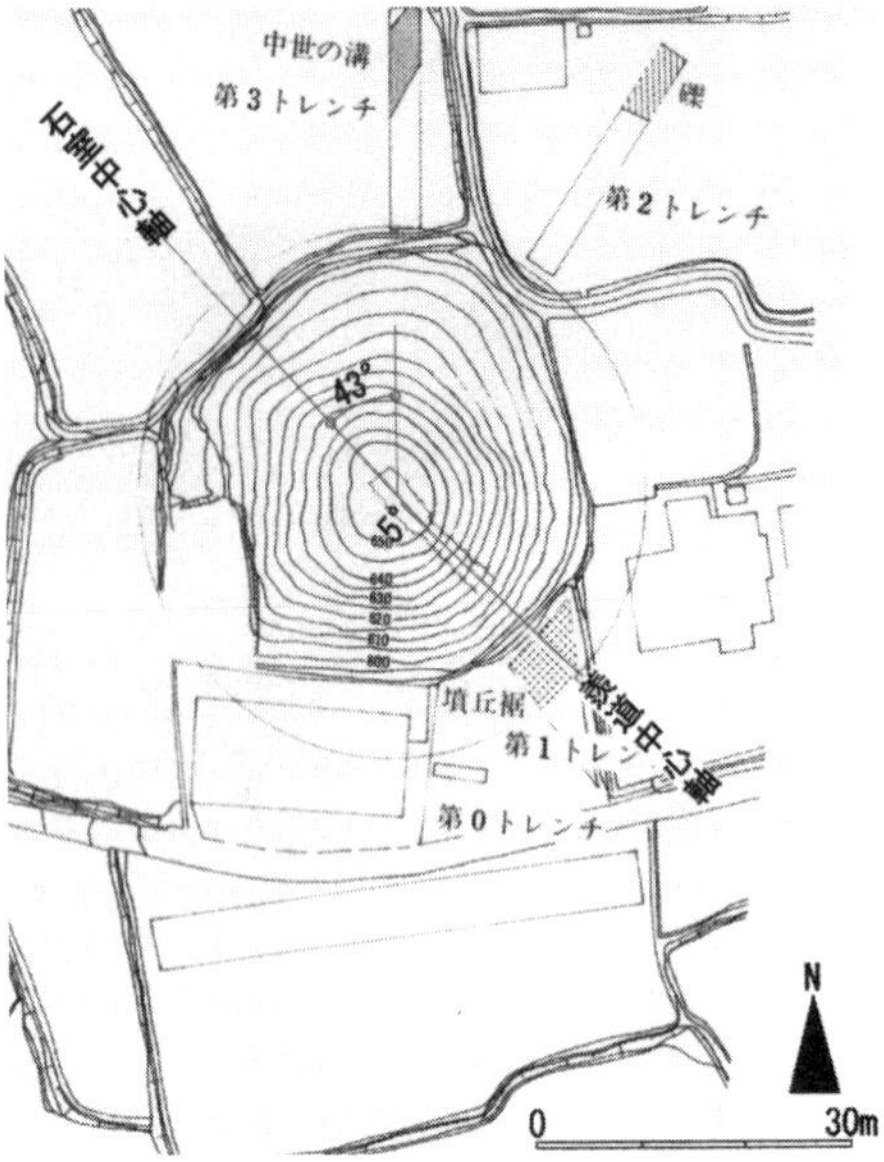

図 28　藤ノ木古墳配置図

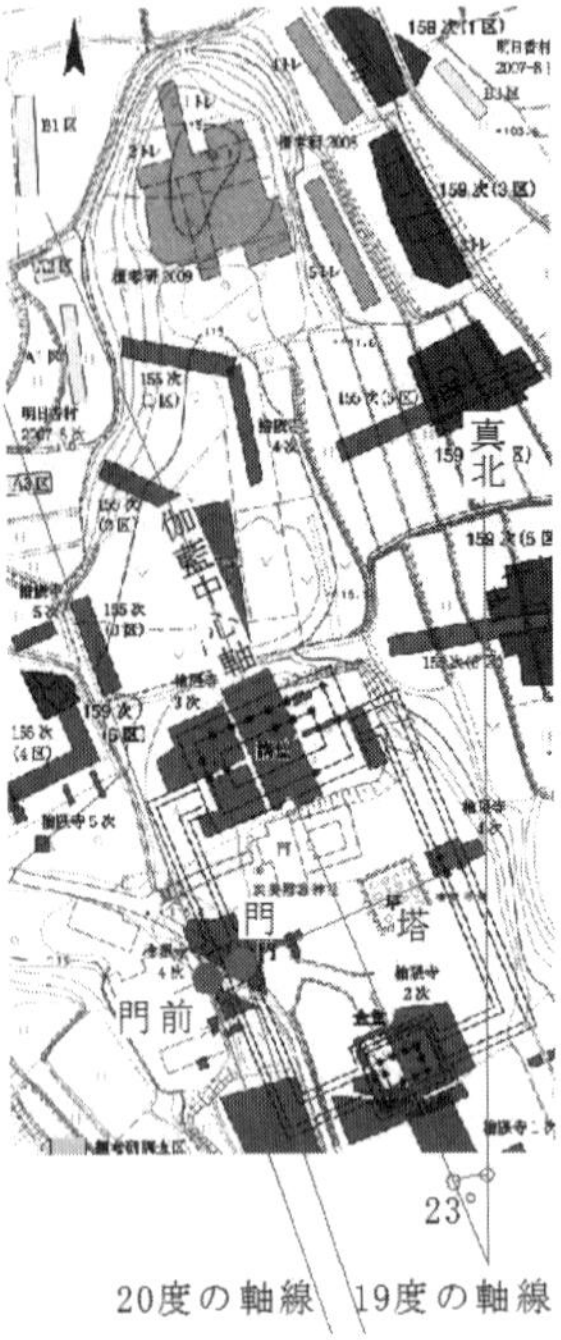

図 27　檜隈寺発掘調査図

る軒丸瓦のパルメット文様に合致していたことで、本書の論理が正しいと証明された。そこで、藤ノ木古墳の被葬者と檜隈寺との関係について言及しておく。

高松塚と藤ノ木古墳は明日香村の檜隈寺《ひのくまでら》遺跡の伽藍中心軸線の角度二三度〔図27参照〕で結ばれ、高松塚と斑鳩宮は二〇度の軸線で結ばれている。その斑鳩宮と藤ノ木古墳は二〇度の軸線に直交する軸線上に並んでいることも〔図20〕によって確認できる。また、斑鳩宮は遺構から若草伽藍と同じ二〇度振られた配置となっていて、隣り合っていた。さらに、檜隈寺の中心軸線を斑鳩まで延長すると御坊山古墳群に至り、逆方向に延長するとキトラ古墳に至る。

驚くことに、高松塚と斑鳩宮（夢殿）の角度二〇度と高松塚と藤ノ木古墳の二三度を加えると四三度になるが、藤ノ木古墳の石室の角度が四三度なのだ〔図28参照〕。これが偶然のわけはなく意図しているのであろう。〔図27〕の等高線より檜隈寺の中心軸の角度は無理をして二三度としていることから、「高松塚と藤ノ木古墳が関係している」と訴えているようにおもえる。

二〇＋二三＝四三度となるこの事実こそ、藤ノ木古墳の築造年代を表わすものはなく、研究者の述べる六世紀末ということはありえず、六四五年の最初の高松塚が造られる時期に同じと証明される。結果として、高松塚と藤ノ木古墳が関連していることが明白であり、檜隈寺とも関連があると言える。

檜隈寺と藤ノ木古墳との関連性を考えると、その檜隈寺の遺跡は欽明天皇陵（梅山古墳）から

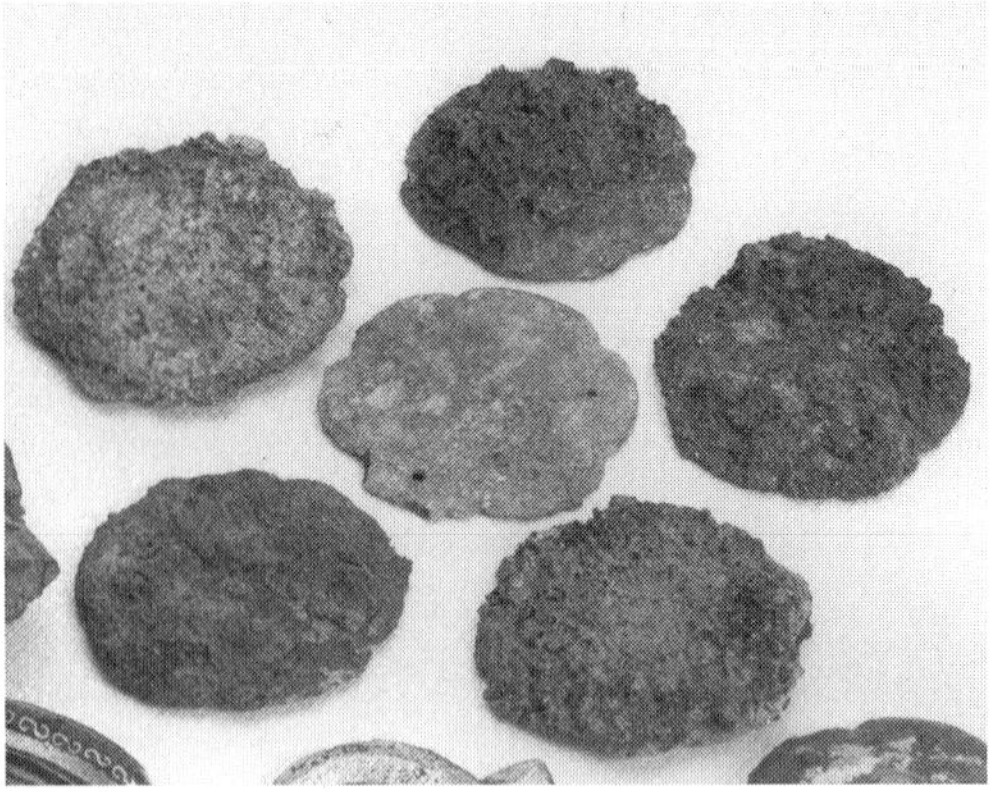

写真48　キトラ古墳　木棺飾り金具

坂を登っていく斜面にあって、現在はこんもりとした林で、水平にせり出すように造成した場所にあったと想像される（図27参照）。また、檜隈寺は渡来人《とらいじん》系の倭《やまとの》漢《あや》氏《し》の氏寺として建立されたと伝承され、檜隈寺周辺の場所が彼等の本拠地とされる場所（今来《いまき》）となっている。

倭漢氏について『日本書紀』にあるように、六二〇年に桧隈坂合陵《ひのくまのさかあいのみささぎ》（欽明天皇陵）に連続する山を築いた時に、一番高い柱を建てたのは倭漢坂上直《やまとあやのさかうえのあたい》一族であり、後に蝦夷征伐で有名になった坂上田村麻呂《さかのうえのたむらまろ》が出たのだが、建築や軍事など彼らが重要な役目を負っていたとわかる事象である。つまり、そのような一族と天皇一族が関係するなら、藤ノ木古墳の二人の被葬者の内、若い男性は天皇一族の皇太子であり、女性が坂上直一族の出身者の可能性が高い。

私はキトラ古墳の被葬者を倭漢氏で、『続日本紀《しょくにほんぎ》』の六九九年に亡くなった倭漢坂上直老《やまとあやのさかうえのあたいおゆ》とおもっている。その一つの証拠として、キトラ古墳の木棺の飾り金具（写真48参照）は六枚の花びら文様の形状となっている。腐食で文様の詳細は不明だが、六枚の花びらのパルメット文様であれば藤ノ木古墳の馬具飾りや斑鳩宮のパルメット文様の軒丸瓦に同じとなり、同じエンブレムということで、キトラ古墳の被葬者が舒明や古人大兄の血縁ということになる。

私は坂上直老がみずからの墓と高松塚の築造工事を指揮し、『吉祥天画像』を本薬師寺に奉納したのではないかと想像する。渡来系一族の長であり、その技術力と情報力がなければ、壁画や天文図を描いた建造物は可能でないと判断している。

檜隈寺の中心軸が二三度で、その中心軸線を斑鳩まで延長すると、龍田神社の北側の御坊山《ごぼうやま》古墳群に至る。『日本書紀』によれば、六四五年に古人大兄皇子の謀反に加担した人物の中に倭漢《やまとあやの》文直《ふみのあたい》麻呂《まろ》がいて殺害された可能性が高く、その御坊山古墳の一基からガラス製の筆立てや円形の陶製硯《すずり》が出土し（『斑鳩町の古墳』）、その文直麻呂の役目は文書を扱うことで被葬者が一致すると考えられる。

倭漢一族の者が謀反ではなくクーデターで亡くなっているのであれば、被葬者のために檜隈寺の中心軸を延長した先に古墳群が存在して、その事件で亡くなった人びとの鎮魂のために寺院をその角度で建立したと想像される。キトラ古墳と薬師寺や石のカラト古墳の被葬者が関係することは軸線が示している。残念ながら、その話は別稿とならざるをえない。

植物化石《プラントオパール》が示す藤ノ木古墳の被葬者

植物化石の研究が進み、最新の技術が藤ノ木古墳の被葬者を特定する可能性が出てきた。「蘇我・聖徳が傀儡」とする本書の主張を証明する事実がここに表れている。なぜなら、『日本書紀』による蘇我入鹿が殺害される「乙巳の変」が起きた季節は六月であって、入鹿による聖徳太子の子・山背大兄の斑鳩襲撃は十一月であり、藤ノ木古墳の季節は「乙巳の変」を示していることが植物化石からわかった。

天武天皇がみずから廣瀬（図20参照）で毎年初夏に二回（四月と六月）祭祀を行っていると前述しているが、現代と同じように亡くなった人の鎮魂のために祀りを行っている可能性が高く、「乙巳の変」で殺害された人びとの鎮魂を、同じ季節に軸線の交差する場所（廣瀬）で行っているようにおもう。それは現代に引き継がれた人間の「こころ」を感じる出来事になっている。その後、それらの祀りは持統天皇によっても行われているが、本人ではなく代理を立てて行われ、鎮魂の意味が異なると考えられる。皇后として、そのようにしなければならない理由があったのであろう。

『斑鳩に眠る二人の貴公子―藤ノ木古墳』（前園実知雄著）によれば、植物化石が棺の中から採取され、花粉が大量に見つかったとある。最も多かったのはベニバナで、ベニバナから作った赤色顔料を塗ったか染めた繊維に混じって存在していた。だが、ベニバナを使っていないその他の繊維製品から、その花粉は見つからなかった。そのことは、防腐効果のあるベニバナで染めた赤い繊維製品で遺体を包んだとされている（同）。その他、コナラ属アカガシ亜属やイネ科の花粉があり、それらは七、八世紀の奈良盆地の植生を示しているとされ、葬送が行われたのはアカガシの花粉が飛ぶ季節、初夏の頃と特定される。

ベニバナは最初から繊維製品に組み込まれていたわけで、その花粉は葬送の時期を示しているわけではなく、その他の花粉が混入した時期が葬送の時間を示しているという理屈である。それは初夏ということになる。

『日本書紀』によると、斑鳩宮で六四三年に山背大兄皇子とその子たちが蘇我入鹿に殺害された事件は十一月で、本書が主張する「乙巳の変」での事件は六四五年六月となっている。そのことから、『日本書紀』の記述の六月とすれば、藤ノ木古墳の被葬者は「乙巳の変」で殺害された可能性が高いことがわかる。その葬送の時期にアカガシの花粉が遺体に付着したのであれば、時期的には初夏で一致する。また、若草伽藍の焼失も初夏となっている。

天武天皇による広瀬と龍田での祀りは四月と六月であって、その事実も符合するわけで、事件は「乙巳の変」の季節を指している。高松塚と藤ノ木古墳の被葬者が軸線で結ばれ、葬られた時期が四月と六月の二回であれば、古墳の数と一致し、天皇である古人大兄と皇太子夫婦がその被葬者とする理由がここにもある。

7 「乙巳の変」の真実から『古事記』の編纂者が判明する

『古事記』の編纂者も藤原不比等

「乙巳の変」の真実が天皇殺害のクーデターであったと判明した。そこから『古事記』の編纂者が判明するようにおもう。「鬼の遺跡」は破壊され、高松塚や藤ノ木古墳は残されたが、ここに大きな謎と示唆がある。

実権を握った天智一族のルーツとなる「鬼の遺跡」の被葬者は古墳が破壊された後どこへ葬られたのか？　耳成山の南北軸に置いておけないほどの目立った古墳であって、目障りだったのだが、天智一族の先祖である以上、丁重に再葬されたはずだ。

「鬼の遺跡」に関して本書の見解は次のようになる。「鬼の遺跡」は持統天皇が藤原宮を造営して、新益京を整備した時期六九四年頃に破壊されたと考えれば、藤原宮南北軸を設定して、耳成山南北軸を陰の側に追いやることができ、その時期にしか実行できないとわかる。

古墳を破壊するには土木工事をしなければならず、破壊した土砂を新益京の造成に再利用すれば都合がよい。そして、法隆寺西院伽藍を創建して、そこに敏達天皇を再葬したのではないか。

また、西院伽藍の建築様式が飛鳥様式で、わざわざ一時代古い様式で造られているのは、敏達天皇が多くの仏教寺院を創建したわけで、その様式に合わせて、手厚く葬ったとすれば、辻褄が合う。後述しているが、西院伽藍は軒丸瓦の文様から持統天皇の創建とわかるので、話は合致する。

ここで思い出すのは、推古天皇が敏達天皇の皇后であり、皇極天皇が舒明天皇の皇后だったことだ。パターンが同じで、皇后が天皇になるのは共に傀儡として、真実を覆い隠す役目であった。そこから、『古事記』の最後が推古天皇で終わっている事実は藤原不比等が『古事記』の編纂を指揮していたと確定する。

なぜなら、天武崩御（六八六年）から四年間、天皇位は空席だった（巻末年表参照）のであり、天皇継承でもめていたと推測される。その場合、敏達の皇后の推古が即位した前例を記載した『古事記』は、天武の皇后の持統の即位に必要だったわけで、不比等が天武天皇の編纂していた『帝紀』を利用して『古事記』としたと想像される。文字で記録された歴史書として『古事記』が最初であれば、皇后の推古が天皇となる話は一〇〇年前の事実として、日本列島の人びとは確実にそれを信じたであろうとおもうのだ。

文字が輸入されていた時代に、古墳に文字を用いなかった人びとが、どのように思考していたか知る由もないが、少なくとも現代の日本人が『古事記』を信じる程度には信じていたであろうとおもう。おそらく、藤原不比等は日本列島人の「こころ」を読んでいたはずで、最高位の太政大臣を追贈された人物は、官吏として優秀であって、大宝律令をつくり、平城京を構想し、『日本書紀』に暗号をしかけて世に送り出した。それは善くも悪くも日本の基礎を固めた人物であることは確かで、スケールの大きな清濁合わせた人間だったのだとおもう。なにしろ、『日本書紀』が一三〇〇年間信じられてきたことで証明される。

不比等が信奉した陰陽の原理は「二つの要素を似《に》て非《ひ》なるものとして並び立たせる」ことで、『日本書紀』と『古事記』をそのようにして生み出した。そして、蘇我と聖徳も同じ原理から生み出されたものとなっていると考えられる。

『日本書紀』と『古事記』は陰陽の関係

『古事記』は、女帝の推古《すいこ》天皇までの記述がある歴史書だが、平安時代につくられた偽書という説があるくらいで、なぜそのような歴史書があるのか、あまりよくわからないというのが現状のようだ。ただ、歴史書を作成するには、かなりの時間と労力を費やし、それらを行うには理由があるとおもわれ、『古事記』の序文のみが後代に太安万侶《おおのやすまろ》の子孫によって付け加えられたという説（『倭国の時代』岡田英弘著）のほうが、信憑性が高いようにおもう。

私は『古事記』もまた藤原不比等による編纂とするのだが、「陰陽の二元論」で視た場合、一つの「推論」が浮かんでくる。蘇我や聖徳が陰陽の関係なら、『日本書紀』と『古事記』もまた陰陽のコンセプトでつくられたのではないか。したがって、本書の推論は『古事記』には役目があったのであり、推古天皇で終わっていることが証拠と考える。

「陰陽の二元論」によると、世界は「昼と夜」や「プラス・マイナス」など「似て非なるものが並び立つことで成り立つ」とするもので、現代に通用する原理である。古代人がその「陰陽の二元論」を信奉していても不思議ではなく、当時の権力者・藤原不比等もまた、その原理に沿って行動していたと考える。

敏達天皇の皇后・推古が女性天皇であったという証拠（文献の『古事記』）を最も必要とした人物は、同じく天武天皇の皇后の持統天皇であったわけで、皇后が天皇となった「前例」が欲しかったのではないか。その歴史書は労力をかけてつくられるわけで、最も必要な人物のために創られたことに間違いはない。

持統の夫である天武天皇が「帝紀」を編纂していたことは『日本書紀』に記され、それを利用すればよく、『古事記』は持統が女性天皇となる時代にこそ必要だったのだ。ただ、中身は権力を握った側に都合よく改竄《かいざん》されているはずだ。他に文字で書いた歴史書はなかったわけで、「役所の前例」のような威力があったと想像される。人間の脳は「五万年変わっていない」（『バカの壁』養老孟司著）ようで、現在と同様であった。天武天皇の死後、その皇后とされる持統天皇が即位する時期六九〇年には律令《りつりょう》のような規則が存在したはずで、持統天皇が即位するためにも『古事記』のような文献は「前例」として役に立ったと想像できる。

推古と持統には、もう一つの似た状況がつくりだされている。

推古は敏達天皇の皇后であったが、敏達の次の用明《ようめい》天皇は早逝し、それを継いだ崇峻《すしゅん》天皇も早逝する（古事記）。また、持統は天武の皇后とされるが、天武の死後、天皇の仕事である朝政《ちょうせい》を執っていた大津皇子《おおつのみこ》は謀反の罪で殺害され、みずからの子である草壁皇子《くさかべのみこ》が早逝してしまう。天皇候補が二人とも目前で亡くなることが同じとなっている。こんな偶然があるのかもしれないが、用明、崇峻、推古は蘇我一族の出身で、傀儡だからこそ都合よくできるとわかる。つまり、『古事記』の終わりが、二人の早逝した天皇の後の推古天皇であることが重要だったのである。同様に大津皇子と草壁皇子は天皇だったが、早逝したため持統が即位したことに同じで『古事記』を調整したとわかる。『古事記』の登場は持統天皇誕生の大義名分だったのである。

『日本書紀』と『古事記』は、以上のように相互関係を保ち、不比等が意図した「陰陽の二元論」のごとく、「似て非なるもの」が並び立ち永遠に存在し続けているのだ。あえて言えば、『日本書紀』が陰で、『古事記』が陽ということであろう。

第Ⅳ章　虚構の蘇我・聖徳

1　蘇我・聖徳の名前は『日本書紀』の暗号である

陰陽の二元論から生まれた蘇我・聖徳

聖徳太子が存在しなかったとする聖徳太子虚構説（『聖徳太子の真実』大山誠一編）が、近年一般的となっていて、聖徳太子の名は教科書にも記載されなくなっているが、そのかわりに「蘇我一族が実権を握っていた」かの論調となっている。それを否定したのが本書である。

飛鳥時代や奈良時代の古代都市と建造物の位置は「鬼門」など「陰陽の論理」で決定されていた。また、特定の古墳や仏教寺院が神の山と「見えない軸線」で結ばれていた。そこから判明したことは、文献である『日本書紀』において、聖徳太子（厩戸皇子《うまやとのみこ》）や蘇我《そが》一族の話は面白い部分だが、それこそ藤原不比等の謎かけ「つくり話」だった。

聖徳太子が傀儡《かいらい》であったことこそ、蘇我一族もまた虚構であったことを示唆している。なぜなら、『日本書紀』が「陰陽の二元論」で編纂されている事実があり、蘇我と聖徳が「陰陽」の関係で、ともに補い合う形となっているからだ。

蘇我馬子《そがのうまこ》と厩戸皇子は馬と厩《うまや》（馬小屋）で一対《いっつい》となって、同時代に活躍している。さらに、厩戸皇子にはイエス・キリストの生誕伝説や復活のエピソードを倣《なら》ったところがあり、厩戸皇子を聖人とする意図があったことは明白で、崇峻《すしゅん》天皇を殺害する蘇我馬子との対比が虚構性をおもわせる。

「蘇我一族と聖徳一族が共に虚構である」という説は一三〇〇年のあいだ、誰もそのようなことを唱えた人はおらず、本書の論理を頭から否定する人が多いことも、よく理解できる。しかし、『古事記』や『日本書紀』は政権を握った側によってつくられているわけで、歴史学者や考古学者においても、それらの歴史書が「政権を握った側に都合よくなされている」ことに関して、否定する人はいないとおもう。全ての学者がそう考えているにもかかわらず、問題はその「都合よくなされた部分がどこか」という問いは、文献からは浮上せず、今回の物理的な事象の発見まで引き延ばされてきた。

『日本書紀』の虚構（都合よくなされた部分）を象徴する事件が蘇我一族と聖徳一族が共に傀儡であり、中大兄皇子《なかのおおえのおうじ》（天智天皇）と藤原鎌足《ふじわらのかまたり》による蘇我蝦夷《そがのえみし》や入鹿《いるか》の殺害「乙巳《いっし》の変《へん》」が真実をすり替えた話となっていることだ。この事件の真相が『古事記』や『日本書紀』を編纂するなど、全ての始まりだった。

聖徳太子の子・山背大兄皇子《やましろのおおえのみこ》一族が蘇我入鹿に殺害され、その後に狼藉者《ろうぜきもの》の入鹿が中大兄皇子と鎌足に退治されるわけだが、どこか「桃太郎の鬼退治」という「おとぎ話」に似て「うまくでき過ぎ」て、とても真実とおもえない。決定的なのは、厩戸皇子一族の出自《しゅつじ》は蘇我系であって、蘇我・聖徳一族が「乙巳の変」を境に雲散霧消《うんさんむしょう》するのも不自然きわまりなく、『日本書紀』発表後、他の氏族に影響を与えないように配慮されていることだ。

聖徳太子が現在まで伝承された理由は『日本書紀』が原点であり、「聖徳太子のような天皇がいたこと」は真実で、『日本書紀』の編纂者によって民衆の伝承が利用されたのではないかと考えている。つまり、聖徳太子のような天皇が存在したが、真実を記すことができずに蘇我・聖徳一族を傀儡に仕立てたとすれば、傀儡が活躍する時期・六〇〇年頃、飛鳥京に多くの仏教寺院が建立されている考古学的事実と整合する。

『日本書紀』に記載された蘇我・聖徳の話を虚構と断定するには、文献においては不可能だが、本書における証明の方法として、物理的な事象を提示して、理論的に想定される仮説を記したつもりだ。

「蘇我・聖徳」の意図

不思議なことに、『日本書紀』には「聖徳」や「太子」の文字はあるが、「聖徳太子」という連続した文字は存在しない。また、『古事記』に「厩戸」の文字はあるが、「聖徳」はない。「似て非なるもの」とする陰陽のコンセプト通りなのだ。

近年は、聖徳太子の存在は否定されつつある。それらは『聖徳太子の真実』(大山誠一編)に詳しいので省略するが、聖徳太子に関する文献に使われた文字などを調査しても「聖徳太子の実在性を示す史料は皆無であった」のであり、「逆に、ことごとくが後世に成立したものであった」(同)とされ、『日本書紀』以前に聖徳太子の存在を示す史料がないことが理由となっている。また、最近の歴史学者のあいだでは「厩戸皇子は存在したが、聖徳太子は存在しなかった」かのような論調が目立つ。しかし、明らかに厩戸皇子＝聖徳太子であって、本書では共に傀儡の人物であったとのスタンスだが、業績として「聖徳太子以上の天皇がいた」と主張している。

蘇我と聖徳の名前が暗号であったことを提示して、文献からも蘇我と聖徳が傀儡であったことを証明したい。実は、日本列島人の誰もが疑ることのない「蘇我」と「聖徳」という文字だが、これらの文字を連続させると別の意味になることに気づいた。

「蘇我《そが》聖徳《しょうとく》」は「我《われ》は聖徳として蘇《よみがえ》る」と読める。その読み方に関して、法隆寺で七四八年頃から始められ、最近では五〇年に一度行われる「聖霊会《しょうりょうえ》」の大会式《おおえしき》に同様の例がある。その儀式のクライマックスに舞楽《ぶがく》が催され、「蘇莫者《そまくしゃ》」が出てくる。蘇莫者の意味として「蘇《よみがえ》ることの莫《な》い者」とする方が自然であって、古代から「蘇《よみがえ》る」と読んでいたとわかる。つまり、「蘇我」の文字は意図的に使われている可能性がある。

「蘇我」の文字の組み合わせが偶然ではないことになれば、本書が指摘するように、聖徳や蘇我は意図的に創られた可能性がある。『日本書紀』や『古事記』に聖徳太子の文字がないのに、一三〇〇年のあいだ聖徳太子の存在が信じられてきた事実を忘れてはならない。民間で伝承されているイメージは変更できず、藤原不比等は「聖徳太子以上の天皇がいた」という伝承を利用したと考えれば説明できる。他に文字で書かれた歴史書はないのだから、必然的に残るのは『日本書紀』や『古事記』に記された文字「聖徳」と「太子」だけとなる。

その証拠に、六〇〇年頃多くの仏教寺院が建立されており、新しい都市（飛鳥京や難波京）も建設されたが、『日本書紀』には「都の名《みやこ》」も「誰が造ったか」も記載されていない。前述するように、それらは『日本書紀』が偽っている。『日本書紀』がある意図をもってつくられていることを認めることだが、多くの研究者は藤原京（新益京）が日本最古の都市とおもっている。『日本書紀』に対する本書のスタンスは、前述するような物理的証拠をもって、蘇我一族や聖徳一族が傀儡であって、六四五年に起きた「乙巳の変」の真実を覆い隠すために「創造された人物の話」である、としている。

「乙巳の変」は蘇我蝦夷や入鹿の殺害などではなく、中大兄皇子（天智天皇）と藤原鎌足たちによって起こされた天皇（古人大兄）殺害のクーデターであった。その後に天武天皇の政権となるが、最終的に政権を握ったのは、天智天皇の子・持統天皇であり、藤原鎌足の子である藤原不比等であった。

藤原不比等の孫（首皇子《おびとのみこ》）が天皇（聖武）に即位を予定している時期に『日本書紀』が世に公表された。その時点（七二〇年）で藤原不比等が亡くなり、明らかに、そのように歴史が進んだ。「平城京」を構想し、「大宝律令」を制定して太政大臣が政治の実権を握る体制として、その最高権力者（追贈）となった藤原不比等の願いはただひとつ、孫の首皇子が聖武天皇になることを見届けたかったことであろう。しかし寿命があって、それが叶《かな》わないと悟った時、何を準備するか、それが最後まで残して置いた『日本書紀』の公表ではなかったか。つまり、『日本書紀』には「しかけ」があった。

天皇の役目を規定し、天智一族や臣下に対する牽制が仕組まれていると考えている。その牽制を担っているのが蘇我一族の名前「稲目馬子蝦夷入鹿《いなめうまこえみしいるか》」の暗号だった。もちろん歴史学者の誰も、そのようなことは言っていないが、本書の主張を論理的に否定できる学者はいないとおもう。

『日本書紀』をみれば、誰もが蘇我一族は暴力的で邪悪なイメージであり、聖徳一族は聖人のような清いイメージをもつ。陰陽の二元論でつくられた人物だからこそ、極端に描くことができた。また、「我《われ》は聖徳として蘇《よみがえ》る」と読めるような文字を使用した意味は、聖徳太子のような天皇が存在した伝承を消せなかったのであり、天智一族と藤原一族には、偉大な天皇の業績と子孫を消滅させた罪の意識があったと考えられる。

陰陽道では、「政争に敗れ不幸な死を遂げた貴人は怨霊と化す」（『日本の呪術の歴史』）とされるわけで、天智一族と藤原一族は、耳成山の南北軸に眠る滅ぼされた天皇一族の怨霊に苦しめられることになった。その具体例として、現存する法隆寺西院伽藍に祀られた三体の本尊（釈迦三尊像、薬師如来、阿弥陀如来）や、その中央に置かれた釈迦三尊像《しゃかさんぞんぞう》は同じ印相《いんそう》を持つ脇侍仏《きょうじほとけ》をしたがえた三体の仏像となっている。三の数字が並んでいる理由はなんであろうか。

三基の天皇の古墳が耳成山の南北軸にあって、破壊された「鬼の遺跡」（図20参照）、「中尾山古墳」、「高松塚」と並んでいる。特に「鬼の遺跡」は法隆寺若草伽藍に関連している。それら三体の本尊や三体の仏像と三基の古墳の数は、とても偶然とはおもえず、彼らの鎮魂の為に法隆寺西院伽藍が建てられたと考えられる。

法隆寺西院伽藍に奉納されていた『唐本御影』（写真53参照、二五三頁）は、中央の人物が旧一万円札の聖徳太子像で有名だが、三人が描かれている。つまり、詳細を後述しているが、法隆寺西院伽藍は三人の天皇の鎮魂のために建立された可能性がある。法隆寺西院伽藍がなぜにその場所に建てられたのか？　その寺院の位置を追求することによって判明し、第Ⅶ章において言及する。

聖徳太子のような偉大な天皇が存在した証拠がある。前述するように、四天王寺や法隆寺若草伽藍や橘寺や定林寺は同じ伽藍配置の寺院であり、屋根に葺かれた軒丸瓦《のきまるがわら》の文様も共通となっている。そして、三棟の金堂をもつ飛鳥寺が宮殿の有る位置に建立された。まことに理にかなって、そこに住んだ天皇一族の意思によって建てられている。

それらの仏教寺院と共に難波京を整備して、飛鳥京という都市を造った天皇は、まさに聖徳太子と呼ばれるに相応しい人物であって、実際に建物を造った人物は実在する。それを証明するために本書があるのだが、『日本書紀』には、その真実を記載できなかった。なぜなら、天皇の継承を乱さねばならなかったからで、そのような理由で、蘇我・聖徳が生まれたと考えている。

「稲目馬子蝦夷入鹿」の暗号

「蘇我・聖徳」が「我は聖徳として蘇る」と読め、飛鳥寺が蘇我馬子の建立ではなく、四天王寺が厩戸皇子の建立でもないとわかった。そこから、『日本書紀』には、他にも暗号が仕込まれているのではないか？　そのようにおもわれる。

稲　目　(馬)　子　蝦　(夷)　入　鹿

右のように、彼らの名前を順に続けると別の意味になる特徴があって、蘇我一族の名前は「真実を言うなら殺すぞ」という意味を示しているとわかった。

写真49
「入れ子」のマトリョウシカ人形

写真50
「入れ子」状の大中小の土器（土師器）

「稲目《いなめ》」は「否目《いなめ》」と書くことができ、「見るな」などの意味を示し、馬子蝦夷入鹿と並べると、その文字のなかで、〇で囲んだ「子」と「入」は「入《い》れ子《こ》」の意味を示して、その文字に挟まれた「蝦夷《えみし》」を除くと「馬と鹿」が残る。問題は「馬と鹿」の意味であり、「蝦夷」の文字であった。

「入れ子」とはマトリョウシカ人形（写真49）ように、大きな人形の中にひとまわり小さい人形が入るような関係を指す。それと同様に当時の土師器《はじき》（写真50）なども大中小があり、重ねて収納したなら、「入れ子」という意味が日常的に使われていた可能性は高い。そのような意味の「入れ子構造（二重構造）」を文字で示しているのではないか。「入れ子」なら、中身《なかみ》を除くことができる。その文字に挟まれている「入れ子」の「蝦夷」を除くと、外側の「馬と鹿」が残る。

「蝦夷《えみし》」は『日本書紀』に登場する北方民族の蔑称《べっしょう》で、馬子の子の「蝦夷」と全く同じ文字となっている。大和朝廷は常に「蝦夷」と戦い、「蝦夷」を排除しようとしているのに、そのような名前を実力者の馬子の子供に付けたことに疑問を抱く。例えば、現代の大臣の子供に「悪魔《あくま》」や「鬼《おに》」などの名前を付けて、親子共に大臣になったようなもので、そのようなことは古代においてもありえない。

「蝦夷」は排除すべきであって、それが一三〇〇年間誰も疑問におもわなかったのだから、それも不思議なことで、『日本書紀』は明らかに「蝦夷を排除しろ」と命じている。つまり、残った「馬鹿《うましか》」の意味が重要な暗号だった。

「馬鹿《ばか》」が「愚《おろ》か」の意味で使われるのは江戸時代頃（『好色一代男』）からとされるので、ここでは時間的に紀元前九〇年頃に成立した『史記』（司馬遷著）に記される故事「鹿をして馬となす」の意味を示していると考えられる。その原文を次に示し、簡単な訳を添えた。

『史記』（秦始皇本紀第六）　紀元前二〇七年（中國哲學書電子化計劃）

八月己亥、趙高欲為亂、恐群臣不聽、乃先設驗、持鹿獻於二世、曰：「馬也。」二世笑曰：「丞相誤邪？　謂鹿為馬。」問左右、左右或默、或言馬以阿順趙高。或言鹿（者）、高因陰中諸言鹿者以法。後群臣皆畏高。

「秦の二世皇帝に仕える丞相《じょうしょう》の趙高《ちょうこう》は反乱を起こそうと思っていたので、臣下を試すために、皇帝に『鹿を馬である』として献上した。皇帝が臣下に『丞相は誤っているのではないか』と問いかけたところ、多くの臣下は黙《もく》したか、『馬』と言った。だが、『鹿』と答えた者を丞相の趙高が暗殺し、臣下は震え上がった。」（訳 筆者）

『史記』の故事から「馬鹿《うましか》」は「真実を述べた者を暗殺する」ことを示していた。前述するように、「稲目《いなめ》」は「否目《いなめ》」につながり、「見るな」などの意味で、「真実を言うなら殺すぞ」という脅しを示しているのではないか。

『史記』の「馬と鹿」の話は歴史学者の誰も気づいていないようだが、『日本書紀』という日本最古の歴史書にこのようなことが仕組まれているわけがなく、「ありえない」とおもうのだろう。『日本書紀』は天皇の歴史を記述している崇高なものだから、「偽り」はないと考えているのであれば、歴史書の定義が最初から誤っている。

蘇我馬子が飛鳥寺や大野丘北塔を建立したのではなく、厩戸皇子が四天王寺を建立したのではないと物理的に証明された。また、新益京《あらましのみやこ》（いわゆる藤原京）以前に碁盤目状の道路をもつ飛鳥京が存在したことも証明されたが、『日本書紀』には記載されていない。そのような歴史書を信用しろという方が無理な話だ。

平城京を構想し、大宝律令を制定し、その行政官僚の頂点・太政大臣《だじょうだいじん》を追贈《ついぞう》された藤原不比等（生前は右大臣）が望んだことは、孫の首皇子《おびとのみこ》を聖武天皇として即位させることだったのだが、その姿を見る前に、自らの命が尽きることを悟った時、人間は何を残せるか考えるのではないか。結果として『日本書紀』には「偽り」が記載された。

天智一族や藤原一族の行状が隠され、出自までも美化され、蘇我・聖徳は傀儡だった。そして、臣下に対して真実を述べることを封印した。それが「稲目馬子蝦夷入鹿」だった。

藤原家には、当時四名の男子（武智麻呂《むちまろ》、房前《ふささき》、宇合《うまかい》、麻呂《まろ》）が成人して役職に就いており、後を託せる状況だったことも、不比等にとっては幸いであった。

以上の検証として、一つは「馬鹿」の故事の根拠となる『史記』という歴史書が飛鳥時代に読まれていたという証拠が必要となる。七二〇年の『日本書紀』の発表以前に、『史記』が日本列島に伝わっていた確実な証拠が存在するわけではないが、伝わっていないという証拠もないわけで、厩戸皇子の『憲法一七条』が『史記』を参考にしているという説（『近江奈良朝の漢文学』岡田正之著）や四書五経(註)も伝わって、『史記』のような歴史書は敏達天皇が「文史を愛した」と記されるように、権力者にかなり好まれていた形跡がある。

『憲法一七条』の「以和爲貴（和《わ》をもって尊《たっと》しとなす）」は「論語」の「和而不同（和して同ぜず）」を手本としているとされるが、それより前の『史記（晏子《あんし》春秋《しゅんじゅう》）』にある逸話のほうが納得させられる。

「斉《せい》」の景公《けいこう》に仕えた宰相《さいしょう》の晏嬰《あんえい》が「和と同の違い」について述べている箇所がある。「和」とは、吸い物が水・醤油・塩・出汁・具から出来ているように、異なった要素がよいところを発揮して調和している。しかし「同」は、水に水を足すようなもので、そこからは何も生まれない。とする方が、『憲法一七条』に近いようにおもう。むしろ孔子が、尊敬していた晏嬰の話を単純化して四字成語にまとめたということであろう。結果として『日本書紀』が『史記』を参考としていないとは、言い切れない。

また、「入れ子」については古代に使われていたか、異論もあろうが、「子、入」の意味として、他にも解釈できるのではないか。

「子《ね》」とすれば、「鼠《ねずみ》が入った」となり、すぐに追い出さねばならない。また、「子《こ》を入れる」なら養子という意味にもなり、本来なら「無い」方がよい。等々、様々な解釈が成り立つようで、無理に「入れ子」とする必要もない。

それらに増して決定的なことは、馬子の子供の名に「蝦夷」という文字を使ったことだ。それは異常なことで、ありえないとしてよく、「蝦夷を排除せよ」との意味（暗号）に違いない。そうでないなら、なぜ北方民族の蔑称「蝦夷」と名付けたのであろうか。

もう一つ、「馬鹿《うましか》」が「愚《おろ》か」として使われた時期が江戸時代というのが気になる。「馬鹿《ばか》」が初めて文献に登場するのは「馬鹿者《ばかのもの》」（『太平記』）で、南北朝時代は「狼藉《ろうぜき》をはたらく者」（『文明本節用集』）の意味であった。馬は賢《かしこ》い動物だから、「馬鹿」の語源が天皇を殺害するなどの狼藉者の馬子や入鹿からだとしても不思議はない。

なにが気になるのか？「稲目馬子蝦夷入鹿」が暗号であると認識している人物が、現在でも存在しているかもしれない。なぜなら、「馬鹿」が「愚か」の意味に変化して行くのが、江戸時代末で徐々に浸透しているという事実がある。

「稲目馬子蝦夷入鹿」が暗号であると認識している人物から他の人びとを見るなら、「愚か者」になり、「馬鹿」が「愚か」の意味に徐々に変化して行った可能性も否定できない。そう言われてもしかたないからだ。もしかして、『日本書紀』の信奉者こそ藤原一族の末裔《まつえい》であって、そのような使命をおびて、歴史学者や考古学者になっているのではないか。頑迷固陋《がんめいころう》の世界を築く使命があるようにおもえてしかたがない。

（註）四書五経―四書は「論語」「大学」「中庸」「孟子」五経は「易経」「書経」「詩経」「礼記」「春秋」

2　厩戸皇子と「イエス・キリスト」

キリストの生誕や復活伝説を倣《なら》った厩戸皇子

聖徳太子とされる人物は『日本書紀』では厩戸豊聡耳皇子《うまやとのとよとみみのみこ》と記され、その文字の厩《うまや》は厩舎《きゅうしゃ》や馬小屋を表わす文字でイエス・キリストとの関係を問題視されている。それを裏付けるように、唐の時代の七八一年長安の大秦寺《だいしんじ》に建立された『大秦景教流行中国碑《だいしんけいきょうりゅうこうちゅうごくひ》』（写真51）には、六三五年に初めて景教（キリスト教）が伝えられ、王朝の保護もあって隆盛したと記されている。

唐の副都・洛陽《らくよう》においても、景教徒の墓に建てられた八角形の石柱（経幢《きょうどう》）なども発見されて、民衆のあいだに景教が根付いていたことも確認されている。その経幢には十字架と共に飛天像が刻まれ仏教との融合もあったとされている。つまり、七二〇年に『日本書紀』が発表されたわけで、六三〇年からの遣唐使もあって影響を受けた可能性は充分にある。

『日本書紀』は厩戸皇子を「聖人」に崇《あが》めようとする意図があり、当然ながら「イエス・キリスト」が「聖人」とされるのを倣《なら》った。その最初の説は明治時代に岩倉使節団の一員として欧米を歴訪した久米邦武《くめくにたけ》によるもので、「産月《うみづき》に臨《のぞ》みたる皇后の禁中《きんちゅう》を巡見《じゅんけん》し、馬官《うまのつかさ》に至るといふも、尽《ことごと》く造《つく》り話《はな》しにて、其種《そのたね》は猶太《ユダヤ》の王族が救世主基督《キリスト》となり、厩《うまや》にて生まれたるといふを、耳食《じしょく》したるに出《いづ》と勘付《かんづき》たるのみ。」（『聖徳太子の研究』文中ルビは筆者）と述べており、「厩戸皇子の母が厩《うまや》の戸に当って産気づいたというのは、すべてつくり話であって、ユダヤの王族がイエス・キリストとなり、厩で誕生した伝承をモデルとしたと気づいた」としている。

さらに、久米は「片岡《かたおか》の飢人《うえびと》は復活を模《も》したるとも看出《みだ》さるる。」としている。それは、「厩戸皇子が片岡という場所で飢えた者に食物と衣服を与えたが、その飢えた者は死んでしまった。厩戸は悲しみ、墓を造って埋葬した。厩戸がその飢えた者は聖者だというので、使いの者が墓を見たところ、墓には遺体はなく衣服がたたまれていた。」という話がある。これは、「イエス・キリストの復活」の話とほぼ同じとなっている。

写真51　大秦景教流行中国碑拓本

『ヨハネによる福音書』においても「イエスの死体に亜麻布《あまぬの》を巻いて埋葬したが、マリアたちが墓に行くと墓石がとりのけてあって、イエスの死体はなく、亜麻布がおかれていた」というものだ。「遺体がなく、衣服のみがあった」が共通で、久米でなくとも明らかに応用したと認識できる。

それらの説に聖徳太子の実在性を信ずる側から反論があり、最近では『聖徳太子と斑鳩三寺』（千田稔著、吉川弘文館、二〇一六年）や『聖徳太子　実像と伝説の間』（石井公成著、春秋社、二〇一六年）が出版され、キリストの件に言及している。

『聖徳太子と斑鳩三寺』においては、久米の「厩戸・キリスト模倣説」に関して「宗教的あるいは文化的にキリスト教に関わる記事が『古事記』や『日本書紀』に見出せないので、久米説はしりぞけてよいとされている。私もそれにしたがう」と千田は述べている。その意味は、久米説において、「キリスト教が『古事記』や『日本書紀』などの文献に記載されないから検討に値しない」としてよく、「前例がないこと」は証拠と認めない官僚主義の典型となっている。

久米は単にキリスト誕生伝承や復活の記事を厩戸のモデルとしたと推測したのであって、千田においてはキリスト教が『古事記』や『日本書紀』に記載されないゆえに、厩戸のモデルとして利用できたことを忘れている。キリスト教が『古事記』や『日本書紀』に記載されたなら、イエスの生誕や復活の話は『日本書紀』の厩戸皇子に応用できないとおもう。研究者として論理的に

写真52　イエス生誕伝説「プレゼピオ」の場面（バチカン）

判断せず、前例に倣っただけだ。

『聖徳太子　実像と伝説の間』では「聖書本体は、イエスは馬小屋で生まれたとは明記していない」とし、新約聖書の中の『ルカ福音書』でも「初子を産み、布にくるんで、飼葉《かいば》桶《おけ》の中に寝かせた」（文中ルビは筆者）と記されることを根拠としている。著者の石井は「文献に書いてなければ、証拠とならない」と言っている。ただ、この飼葉桶《かいばおけ》は通常なら馬などの家畜の餌《えさ》を入れる桶《おけ》であって、主に馬小屋のなかにあるもので、カトリック教会の総本山バチカンで行われるクリスマスの催しでは、「イエス生誕伝説」を飼葉桶という意味のイタリア語「プレゼピオ」と呼んで、実物大の飼葉桶に入ったイエスと三博士が再現される（写真52参照）。

聖書において「飼葉桶」という文字が重要だったのであって、それが置かれる場所については、伝承にそった馬小屋や洞窟や家などがあって、どこで生まれたか固定されていないようだが、馬小屋などがあることは確かだ。

キリスト教が唐代の中国で、どのような布教がおこなわれたか知ることはできないが、「飼葉桶」という文字が『聖書』に存在するなら、伝承もあって「馬小屋とイエス」の関係がなかったとは、言い切ることはできない。

うわさや伝承の話を文献にないからという論理で切り捨てるなら、歴史学者は必要ないことになる。「なぜそのようなうわさや伝承があるのか」また、飛鳥時代の古墳から一つの文字も出土しない現実をどう捉えるのか、聞きたいものだ。

敏達天皇を「陰陽」に分けた馬子と厩戸

問題は「馬小屋とイエス」の関係ではなく、キリスト教を『日本書紀』の編纂者が時期的に知り得る状況にあったということであり、イエスと厩戸皇子が「聖人」として扱われていることが共通して、「飼葉桶」から馬子屋=厩戸をも連想させることが可能なのだ。また、「復活」における衣服のエピソードは詳細で、模倣したのは明らかである。なぜ、イエスのエピソードを模倣する必要があったのか。

多くの仏教寺院を建立して、仏教を振興した人物が実在したことは考古学的に確かであって、『日本書紀』は聖人伝説を是非とも作り上げねばならなかった。その役を担ったのが厩戸皇子であり、聖徳太子として伝承され、『日本書紀』の目的は達成された。それが「我は聖徳太子として蘇る」となっているわけで、聖徳太子は存在しなかったが、厩戸皇子は実在したなどはありえない話となっている。

蘇我馬子の「馬子」が決定的な証拠となる。厩戸は馬小屋の意味を持ち、馬子はまさに馬であって、一対《いっつい》を成していて、それは偶然だったなどという論理は破綻している。なぜなら馬子と厩戸は、『日本書紀』冒頭の文のごとく陰陽の二元論をもとに創られ、彼らが活躍した時期の敏《び》達《たつ》天皇の業績を分割していると考えられる。飛鳥寺や四天王寺などを建立したのは敏達天皇と推定され、蘇我馬子や厩戸ではないと証明できている。飛鳥寺と「鬼の遺跡」が四五度の鬼門で結ばれることが証拠となる。

敏達天皇の業績を陰陽に分けて、「邪《じゃ》や濁《だく》」を「陰」とし、「聖や清」を「陽」とするなら、明らかに馬子を「陰」とし、厩戸を「陽」とした。ただ、仏教寺院などの建造物をすべて厩戸皇子の建立とすると、厩戸の実力が巨大になりすぎて、馬子の存在感が無くなるので、仕方なく飛鳥寺を馬子、四天王寺を厩戸皇子の建立として、他の多くの寺院の建立者を記載しなかった。

『日本書紀』において、特に仏教導入時から天智天皇まで、仏教寺院の建立者が記載されない理由は、馬子と厩戸のバランスを取る必要があったのであり、真実は書けなかった。特に、蘇我一族が「乙巳の変」後も生き残った証拠とされる山田寺は、蘇我《そが》倉山田石川麻呂《くらのやまだのいしかわのまろ》の建立でなく舒明天皇の建立であったのであり、蘇我一族が実在した証拠はなにもないのである。

聖徳太子に関して、本書では研究者の論理とは違って、「聖徳太子は伝承の中にのみ存在したのであって、実在したのは厩戸皇子ではなく、敏達天皇であった。」としている。敏達天皇は陰陽の二元論によって、蘇我馬子と厩戸皇子（聖徳太子）に分割されたのであり、本書では、天皇が主な建造物を造ったという自然な話をしている。

藤原不比等は『日本書紀』のなかで、聖徳太子の人物像をいかに構築するかを考えたとおもう。そこで、日本人が持つ「判官《はんがん》びいき」（源義経のように悲劇の生涯を送った人物に対する哀れみ）的なものを利用した。聖徳太子は仏教導入に尽力し、聖人であったが、その子一族を蘇我入鹿に殺害されたというストーリーは日本人の琴線に触れるようにおもう。

結果として、蘇我や聖徳の人物像はコントロールされているとおもわれ、「蘇我聖徳」や「稲目馬子蝦夷入鹿」は『日本書紀』の暗号であって、選ばれた文字をつないだ言葉（呪文）であった。

歴史学者が文献を重要視することは理解できるが、飛鳥時代の古墳に文字が出土しないことを軽視しているようにおもう。死に臨んで文字を必要としなかった人びとは、世界の中でかなり特殊なのではないか。「見えない軸線」の発見はその一つに過ぎないとおもう。

現代の歴史学者が唱える厩戸皇子と聖徳太子の関係

聖徳太子という文字は『古事記』や『日本書紀』に見出せない。『日本書紀』に「聖徳」や「聖と徳を持った人物」などの文字があるのみで、「厩戸皇子は存在したが、聖徳太子はいなかった」とする説の根拠となっている。たとえば、『蘇我氏―古代豪族の興亡』(倉本一宏著)によれば、「天武の代以降、古代国家建設の起点として選ばれたのが、偉大な『聖徳太子』であった」とされ、一種の象徴のような存在で厩戸皇子とは区別されている。厩戸皇子以上に蘇我一族が活躍したとしたいのであろう。

歴史学者のスタンスとは反対に、聖徳太子の実在性を信じている現代の研究者はどのような根拠をもっているか、興味のあるところだが、決定的な証拠はなく、発言は少ないのが実情のようだ。

『聖徳太子と斑鳩三寺』(千田稔著)において、「その諡《おくりな》が聖徳王というのであるから、『聖徳』は、いうまでもなく生前の太子の名称ではなかった。諡《おくりな》は亡くなった天皇などに後から贈られるのだから、「生前に『聖徳太子』と呼ばれる人は、いなかったことは言うまでもない。」とし、聖徳太子は「並はずれた資質や神秘的な能力をもったはずである。だから、史料を解釈するにあたって、神秘的な叙述であるからといって、その人物の存在をしりぞけようとする考えは、歴史をみる視野をことさらに縮めているようではないか。」と千田は述べている。

確かに、そのような視点は大切だが、併せて客観的な視点もそれ以前に持ち合わせねばならない。千田は「聖徳太子虚構説」（『聖徳太子の真実』）を意識した発言で、厩戸皇子が存在して死後に聖徳太子となったとして、聖徳太子は存在したと述べている。

客観的な視点でみる時、厩戸皇子の実在した物理的な証拠は何もないことも確かで、『日本書紀』に記される斑鳩宮や四天王寺を厩戸皇子が建立した物理的な証拠はどこにもない。ただ、あるのは『日本書紀』とそれを参考にして書かれた文献だけにある。それらの文献は『聖徳太子の真実』などで否定されている。

また、「現代の太子伝の決定版」（岩波新書）とされる『聖徳太子』（吉村武彦著、二〇〇二年）では、最初から実在性を疑うのではなく、「実在した厩戸王子」と「信仰上の聖徳太子」とに「区別して考察する必要が生じる。」として、論を進めている。したがって、「聖徳太子虚構説」にも疑問点が多い」が、疑問点を「とりあげはじめると、枚挙にいとまがない」ので「厩戸王子に関する史実を確定し、そこから論を進めていく方法をとった。」（『聖徳太子』）としている。

建造物に関して吉村の述べるところ、実在した厩戸皇子が斑鳩寺《いかるがてら》と四天王寺を建立したことは確実（史実）であり、「国の大寺の性格を有する飛鳥寺」を蘇我馬子が建立したとするが、その吉村の述べる「史実」の根拠は『日本書紀』の記述や他者による考古学の研究成果となっている。

歴史学者にとっては、建造物の建立者は「二の次」で、文献が重要なのであろう。「実在した厩戸王子」が斑鳩寺や四天王寺を建立した証拠があるのであれば、確かに実在したと言えるが、吉村の著書『聖徳太子』のどこにも根拠がないのが実状だ。『日本書紀』を信じているだけでは、歴史研究とは言えない。

やはり、文献の『日本書紀』が厩戸皇子を聖人として仕立て上げようとしているのは明白であって、その厩戸の業績の記事は四天王寺と斑鳩宮の建立のみであり、他は『日本書紀』以降に書かれた伝承によるものと、吉村の述べるごとく、文献上で区別すべきであろう。どちらにしても蘇我と聖徳に関して、実在した証拠は永遠に出てこない。

3 聖徳太子とされた肖像画の謎

法隆寺に奉納された『唐本御影』の人物

『唐本《とうほん》御影《みえい》』（写真53）は、聖徳太子を描いた最古のものと伝えられる絵画であって、元は法隆寺に奉納されていたものを一八七八年に皇室に献納されて、現在は御物となっている。その絵画の中央の人物が聖徳太子とされ、一万円札などに使われて広く世に知られるようになった。ところが、一九八二年当時の東京大学史料編纂所長の今枝愛真が異論を唱えたことが影響したのかどうか、一九八四年に一万円札は現在の福沢諭吉に変更になった。

今枝説は、掛軸に装丁された絹の部分に「川原寺《かわらでら》」の文字があるとしたもので、法隆寺に伝来したのではなく、川原寺のものであったという主張であった。しかし、その後の研究（東野治之著「聖徳太子画像の『墨書』『出版ダイジェスト』一九九一年）で否定された。絹の布地に織り込んであった「康」の字が剝落して「原」と見誤ったとされた。

『唐本御影』がいつ頃制作され、誰を描いたのか、未だに決着はついていない。結果として、聖徳太子虚構説が唱えられている状況では、聖徳太子に関連する肖像画の話に至らないことも無理ないことだ。

『唐本御影』の左右に描かれた人物は一般的に聖徳太子の子供とされるようだが、そもそも、この絵画が何を意味するか、なにもわかっていないのが現状なので、ここで左右の人物に言及することは避けておく。

『唐本御影』に描かれた中心人物は誰かという問いが、歴史学者の武田佐知子によって、『信仰の王権　聖徳太子　太子像をよみとく』（中公新書、一九九三年）でなされた。そこでは、『唐本御影』に描かれた中心人物は「八世紀なかばに、仏像や高僧像ではなく、特定の人物の俗形の肖像画が描かれたとすれば、聖徳太子以外には考えにくい」（『信仰の王権　聖徳太子』）とされ、『唐本御影』の中心人物は聖徳太子とされている。

本書のスタンスでは、伝承の聖徳太子は敏達天皇だから、この絵画が法隆寺西院伽藍に納められていた事実は大いに納得され、西院伽藍の本尊が三体であり、釈迦三尊像や夢殿の救世観音像の存在から、やはり何かあるなとおもわざるをえない。

薬師寺にある絵画『吉祥天《きちじょうてん》画像』（写真43参照、一九三頁）は、前述するように、藤ノ木古墳や高松塚に関連すると主張した。その理由は、薬師寺や本薬師寺の位置が藤ノ木古墳や高松塚からの軸線によって決定され（図20参照、一八二頁）、藤ノ木古墳から出土した筒型金銅製品（写真42）が吉祥天の髪形に関連し、同じく馬具の金具の文様（写真44参照、一九六頁）が斑鳩宮などから出土する軒丸瓦の文様や吉祥天の髪飾りの文様に酷似していたからだ。（『飛鳥の暗号』参照）

薬師寺にある『吉祥天画像』が血縁者によって、本薬師寺に奉納されたのではないか。その人物しか吉祥天とされた女性の遺影を奉納できないわけで、そのように想像される。その根拠として、『吉祥天画像』をX線で調査したところ、髪形を現状のかたちに書き直してあるとされ（『日本の国宝００５　奈良・薬師寺』）、副葬品の筒型金銅製品を使用している姿に描き直す必要があった。その行為ができる人物は、少なくとも筒型金銅製品が副葬品となっていることを知っていた。本薬師寺に奉納したとすれば、乙巳の変の三〇年後でその人物が行った可能性はある。

『唐本御影』や『吉祥天画像』の絵画には古墳と同様に文字がなく、その絵画の名称は後代に付けられているわけで、どのような意味がその絵画に秘められているのか、わからないのが現状なのだ。寺院に奉納されている肖像画には、それなりの理由があると考えられる。

写真53 『唐本御影』に問題点を書き加えた

薬師寺では現在も『吉祥天画像』の前で、奈良時代から続く「吉祥《きちじょう》悔過《けか》」の儀式がおこなわれるようだが、悔過《けか》とは「過《あやま》ちを悔《く》いる」ことで、なにかそのようにしなければならない事情があったので、『吉祥天画像』が薬師寺に存在すると考えられる。建造物しかり、絵画も夢殿の救世観音のような仏像も存在する理由がある。おそらく、すべてではないが、怨霊に対する「鎮《しず》め」の意味があると考えるべきであろう。

『唐本御影』の役目もまた、鎮魂のために法隆寺に奉納した可能性は高く、その絵画の中に異常なものが見られるはずであり、法隆寺西院伽藍の位置がそれを教えてくれるとおもう。敏達の墓とおもわれる「鬼の遺跡」（図16参照、一三二頁）のある耳成山南北軸には三基の古墳があり、西院伽藍には三体の本尊があって、その内の釈迦三尊像に倣った構図の『唐本御影』は、それらと無関係とはおもえない。

「鬼の遺跡」の場所には、現在遺跡はないが、周辺に「鬼の俎《まないた》・鬼の雪隠《せっちん》遺跡」があって明らかに「破壊された古墳」と考えられ、藤原宮南北軸を設定した人物によって「鬼の遺跡」が破壊されたと想像してきた。したがって、それらの謎を象徴しているのが『唐本御影』であって、法隆寺西院伽藍に奉納されていたことに納得する。

陰陽の方角で『唐本御影』を読み解く

『唐本御影』（写真53）の問題点は、向かって左側の人物の「表情」や「左足の位置」や「刀と見えるようなもの」で、明らかに他の人物と異なってみえる。一〇〇〇年前に、同じような疑問を持った人物がいたようで、前述の『信仰の王権　聖徳太子』にある。

著者の武田によれば、『唐本御影』が文献に登場するのは、晩年に僧侶となった大江親通《おおえのちかみち》によ
る『七大寺巡礼私記《しちだいじじゅんれいしき》』が最初であり、一一四〇年に法隆寺を訪れた時に宝蔵《ほうぞう》で『唐本御影』を
見たと記録されている。そこには「太子の俗形の御影一舗。くだんの御影は唐人の筆跡なり。不
可思議なり。よくよく拝見すべし。」と記されている。つまり、大江親通は『唐本御影』が聖徳
太子を描いたものと認識し、法隆寺側もそのように認識していたとわかる。

武田の研究によれば、「俗形」とは聖人や高僧を描いたものではない意味で、「唐人の筆跡」と
は太子の服装が唐風であることから唐の人が描いたとされたが、奈良時代の木簡《もっかん》が出土して、
そこに男性官人の絵があり、当時そのような服装であったと証明された（『信仰の王権　聖徳太
子』）。結果として、武田の述べるように『唐本御影』は聖徳太子を描いた絵画として伝承されて
きたものであった。

『唐本御影』の中心人物を聖徳太子とする結論は本書のスタンス（伝承の聖徳太子、実在の敏達天
皇）とは少し違うが、『唐本御影』が西院伽藍に奉納された理由を考える時、『唐本御影』の三人
は耳成山南北軸に眠る三基の古墳の被葬者であり、それゆえに西院伽藍に奉納されていると想像
される。したがって、大江親通が述べる「不可思議なり、よくよく拝見すべし」の意味は何か、
あらためて問われるべきだ。

大江親通の見解に対して、先の今枝は「不可思議なものであって、疑問の点があるから、よく

吟味を加えて拝見する必要がある」とし、東野は「思議することもできないほど優れた絵なので、よく拝見しなければいけない」としている。意見が分かれているが、武田によれば、「不可思議」の意味として、「現代感覚でいう『不思議』の用法と、通じるところがあろう。」となっている。ようするに不思議な絵画であるが、武田は研究対象が異なるとみえて、その不思議の意味を追求していない。

本書では、向かって左側の人物の「表情」や「左足の位置」や「刀と見えるようなもの」(写真53参照)を問題点としているが、そもそも、この絵画をかかげる位置の問題もある。つまり、『日本書紀』の陰陽の論理で「天子南面す」を用い、絵画を北側にかかげて中心人物を南側に向けると、その向かって左側は西側の「陰＝死」となる。向かって左側の人物は「死の領域」にいる人物ということになる。

そのような視点でみると、死の領域にいる人物の「表情は険しく」、「左足は地についていない」ようで、死人というだけでなく、怨霊のような意味にとれる。また、「刀と見えるようなもの」は飾りの紐《ひも》であり、本来なら右側の人物と同じような刀剣を持たさねばならないはずだが、そのようになっていない。高松塚では、刀剣はあるが、中身の刀身がないことも共通している。『唐本御影』の三人は耳成山南北軸に眠る三基の古墳の被葬者ではないか。ますますそのようだが、中央が敏達であり、向かって右側が舒明で左側の人物は高松塚に葬られた怨霊(古人大兄皇子）という可能性が高い。高松塚の刀剣に刀身がなく、刀剣に見える飾り紐は怨霊に刀を持たせられないと示している。

法隆寺西院伽藍に奉納された三人の人物像＝『唐本御影』は耳成山南北軸の三基の古墳（鬼の遺跡・中尾山古墳・高松塚）や本尊『釈迦三尊像』を連想させ、とても一般的な説明に納得できるものではない。そのような絵画が法隆寺西院伽藍に奉納されていることこそ、その中心人物が聖徳太子として伝承されてきた事実を認めるべきであり、改めて奉納された意味を考えねばならない。

結果として、「蘇我と聖徳」の名は『日本書紀』の実質的な編纂者・藤原不比等がしかけた暗号であり、後世の我々に向けた「謎かけ」ともなった。

4　『日本書紀』が記す蘇我一族と聖徳一族の歴史

聖徳太子の研究とその現状

「聖徳太子」という人物は、その四文字を続けた名が『古事記』や『日本書紀』に記載されないにもかかわらず、広く世に浸透し、崇《あが》められている聖人ということになる。『古事記』に上宮之《うえのみやの》厩戸豊聡耳命《うまやとのとよとみみのみこと》と記載され、『日本書紀』には厩戸豊聡耳皇子《うまやとのとよとみみのみこ》（またの名を豊耳聡聖徳《とよとみみのしょうとく》、豊耳聡《とよとみみの》法大王《のりのおおきみ》）と記載されている。「いわゆる聖徳太子」は厩戸皇子《うまやとのみこ》のことで、後《のち》の人びとが「聖徳太子」と呼び慣《なら》わしたと言える。

＊聖徳太子虚構説『聖徳太子の真実』について

一般的に、聖徳太子の実在性は、現在、否定されつつある。教科書などにも記載されなくなっている。その聖徳太子虚構説は大山誠一編『聖徳太子の真実』など、多くの文献にみられる。それでは、聖徳太子が存在しないなら、いったいどのような歴史であったのか。それらを知りたいところだが、大山は次のように述べている。

聖徳太子の実在性が崩壊すると、彼を支えてきた周辺の事象も解体し、その結果、用明《ようめい》・崇峻《すしゅん》・推古《すいこ》らの大王位も消え、記紀《きき》とは異なる王朝が出現する。蘇我馬子の王権であるが、馬子の死後、蘇我王朝が解体し、乙巳《いっし》の変、大化の改新を経て壬申《じんしん》の乱ののち、ようやく父系の世襲王権が確立し、その王権が持統《じとう》から文武《もんむ》に移譲されるときに、文武の正統性を証明するために、藤原不比等らによって構想されたのが高天原《たかまがはら》・天孫降臨《てんそんこうりん》・万世一系《ばんせいいっけい》というイデオロギーである。その間、記紀の編纂が進むが、蘇我馬子の王権は万世一系に矛盾するから、消されることになる。しかし、飛鳥《あすか》の都を構想し、飛鳥寺《あすかでら》を建立して仏教文化を築いた馬子の存在感は残らざるを得ない。その馬子の存在感を代行すべく用意されたのが厩戸王《うまやとのおう》＝聖徳太子であった。　（大山誠一『聖徳太子の真実』文中ルビは筆者）

聖徳太子虚構説とされるのは「蘇我馬子の代行が聖徳太子」という話となっている。「法隆寺論争」でも同様だったのだが、『日本書紀』に疑いを抱く学者と『日本書紀』を信じる側に分かれて論戦が繰り広げられている。本書において、『日本書紀』の虚構が判明して、軸線や軒丸瓦の紋章から飛鳥寺や四天王寺の創建者は天皇に相違ないと証明でき、蘇我や厩戸を傀儡とせねばならない理由が浮かび上がった。

＊聖徳太子実在説『聖徳太子と斑鳩三寺』について

聖徳太子虚構説に異を唱える側の意見は、二〇一六年『聖徳太子　実像と伝説の間』（石井公成著）や『聖徳太子と斑鳩三寺』（千田稔著）などが出版され、根強く存在している。それらの内容は聖徳太子虚構説がとりあげた史料の研究結果に対する批判となっている。批判対象は、大山が述べる「聖徳太子の実在性を示す史料は皆無であった」のであり、「その史料のことごとくが後世に成立したものであった」とすることへの批判であった。千田は厩戸皇子は存在したが、生前には「聖徳太子」と呼ばれていなかったとして、次のように述べている。

死後このような尊い諡《おくりな》（聖徳太子）を奏上されたという人物は、生前の行状が人から崇拝されたことは、言うまでもないが、並はずれた資質や神秘的な能力をもったはずである。だから、史料を解釈するにあたって、神秘的な叙述であるからといって、その人物の存在をしりぞけようとする考えは、歴史をみる視野をことさらに縮めているようではないか。

（『聖徳太子と斑鳩三寺』内は筆者）

聖徳太子は死後に贈られた名であるから、『日本書紀』以前の史料がなくても当然のことであって、神秘的な能力をもった厩戸皇子は存在したという論理となっている。ただ前述するように、厩戸はイエス・キリストを倣って聖人に仕立てあげられている。千田の論理は「『日本書紀』は正しい、厩戸皇子は存在した」とすることは確かで、疑いもなく『日本書紀』を信じるのであれば、研究ではなく信条にすぎないことは言うまでもない。どちらにしても聖徳太子虚構説が崩れるほどの話ではないようにおもう。

＊聖徳太子実在説『聖徳太子―本当は何がすごいのか』について

二〇一七年政府の聖徳太子復活宣言を受けて、『聖徳太子―本当は何がすごいのか』（田中英道著）が出版された。聖徳太子が実在した決定的な証拠として、次の三点をあげている。

一つ目は、法隆寺西院伽藍の塔の心柱の伐採年が五九四年（年輪年代法）であることから、西院伽藍が聖徳太子の生存した時代（少なくとも六七〇年以前）から建立されたとしている。二つ目は西院伽藍と若草伽藍の寺域が重ならないことから、二寺が同時に存在したとして、聖徳太子の生存した年代に造られた証拠としている。三つ目は法隆寺西院伽藍の仏像に記された文字や縁起などの文献を証拠としている。

西院伽藍が建立された時代を根拠としているが、そこに決定的な事実誤認がある。西院伽藍の塔の心柱以外の使用木材に、伐採年が六七〇年（年輪年代法）の部材があって、少なくとも六七〇年以降に建立されていることがわかり、一つ目の証拠は崩れる。また、〔図14〕に示したが、寺域では若草伽藍の西側塀跡が発掘され（『若草伽藍跡西方の調査』斑鳩町教育委員会）、その西側塀の線が西院伽藍の中門の中心に至ることがわかり、現状参道の半分が失われ二寺併存説は崩壊する。つまり、物理的な証拠はなにもないことになる。最後に残ったのが仏像なのだが、古墳に文字を残さなかった人びとが仏像に文字を残したとおもえず、後世の誰かが『日本書紀』などを参考に書き加えたと想像される。さらに、仏像は移動可能であり、建築物より年代の証拠能力は格段に低くなるわけで、建築物の年代判断が優先される。

また、根本的な認識不足が筆者の田中にある。それは、若草伽藍の中心軸が真北に対して西側に二〇度振られていることは正しいが、西院伽藍も約九度西側に振られていることを知らないのだ。その事実（九度）は大きな謎であり、七三九年に造られた夢殿も同じ角度になっている。さらに、木材を使用するには充分な乾燥期間が必要であり、「伐採年＝建立年」とならないことだ。特に心柱などの巨木の乾燥期間は数年に及ぶとおもわれる。

聖徳太子実在説や大山による聖徳太子虚構説において、彼ら歴史学者が研究するのは主に文字のある文献の研究だが、考古学的事象との整合性が弱く、飛鳥時代の古墳に文字が出土しないことをもっと考えるべきであった。一般的に、飛鳥時代の古墳の被葬者名や仏教寺院を創建した人物の名は、ほとんどわからないのが現状となっている。原因は『日本書紀』が正確に記載していないことにあるのだが、その事実を認めると、『日本書紀』の研究自体が崩壊すると案じている研究者が多いのだとおもう。

蘇我一族の研究とその現状

聖徳太子や蘇我一族の実在性の問題について、「法隆寺論争」の経過は示唆があるようにおもう。その論争の焦点は、現存する西院伽藍が再建されたものか、それとも非再建のまま現在に至っているのかを争うものであった。結果は、若草伽藍の発掘によって再建されたと確定し、論争が終息してしまったが、「物的証拠」と「いかに問題を設定するか」が重要とおもわされる論争であった。結局、西院伽藍をわざわざ古い様式で誰が何のために建立したのか、謎は残ったままで、問題は何も解決しなかった。

「法隆寺論争」を参考にすると、問題は聖徳太子と蘇我一族の実在性だが、発掘された物的証拠がキーポイントだとおもう。しかし、蘇我一族や聖徳太子の物的証拠はほとんどないと言ってよい。そんなはずはないとおもわれるかもしれないが、蘇我馬子の「石舞台古墳」や「入鹿の首塚」や「聖徳太子の墓」については伝承や推測で、文字が出土せず、確定的な証拠はなにもない。

蘇我一族の甘樫丘《あまかしのおか》の館《やかた》の遺構も未だ発掘されない。「甘樫丘東麓《あまかしのおかとうろく》遺跡」を蝦夷や入鹿の館跡《やかたあと》とする歴史家が多いが、遺構はバラバラに建てられており館跡には見えず、考古学的にもそのようだと認識している。しかし、現状は蘇我一族がクローズアップされている。二〇一五年に『蘇我氏―古代豪族の興亡』（倉本一宏著）や『蘇我氏の古代』（吉村武彦著）が相次いで発刊された。聖徳太子虚構説で蘇我一族に注目が集まったのであろう。ただ、それらのスタンスは、『日本書紀』は正しいとする側からの発言となっている。

『蘇我氏の古代』では聖徳太子が存在していると書かれている。また、『蘇我氏―古代豪族の興亡』では聖徳太子について言及を避け、厩戸豊聡耳皇子は存在し、蘇我一族のルーツや活躍を描く話となっている。つまり、『蘇我氏の古代』や『蘇我氏—古代豪族の興亡』では聖徳太子という文字を極力使わず、厩戸皇子で通している。『日本書紀』の記載する通りで、もともと聖徳太子という文字は『日本書紀』にないのだからという理由のようにみえる。明らかに厩戸皇子＝聖徳太子であることを避けているようだが、聖徳太子の実在性が崩れれば、厩戸皇子や蘇我一族の実在性も崩れるのだ。

蘇我一族と聖徳一族の歴史

『日本書紀』に記された蘇我一族と聖徳一族における歴史的な記事の概略を次に示しておく。主に、建造物に関する記事を抽出してある。また、疑問を抱く部分についてコメントを加えてある。

蘇我一族のルーツを示した

四〇一年　履中《りちゅう》天皇の世で、蘇賀満智宿禰《そがのまちのすくね》が他の人たちと共に国の政治に携わったと記されている。これが蘇我（蘇賀）の初出となっている。

四六五年　雄略《ゆうりゃく》天皇の世、新羅討伐に紀小弓宿禰《きのおゆみのすくね》、蘇我韓子宿禰《そがのからこのすくね》、大伴談連《おおとものかたりのむらじ》、小鹿火宿《おかひのすく》禰《ね》が派遣される。

蘇我稲目が大臣となる

五三六年　宣化《せんか》天皇の世に蘇我稲目宿禰《そがのいなめのすくね》が大臣《おおおみ》として初めて登場する。ただ、稲目がなぜ大臣になったのか、経歴や出自はなにも示されていない。

敏達《びたつ》天皇即位　蘇我馬子が大臣となる

五七一年　欽明天皇崩御、檜隈坂合陵《ひのくまのさかあいのみささぎ》に葬る。

五七二年　敏達《びたつ》天皇の世から蘇我馬子《そがのうまこ》宿禰大臣が登場してくる。敏達天皇は「仏法を信じられなくて、文章や史学を愛された」と記載されている。また、馬子の仕事は屯倉《みやけ》や田部《たべ》の農民を殖やすことと記されている。

五七七年　百済《くだら》国王から経論《きょうろん》若干、律師《りっし》、禅師《ぜんじ》、比丘尼《びくに》、呪禁師《じゅこんのはかせ》、造仏工《ほとけつくるたくみ》、造寺工《てらつくるたくみ》の六人の献上があった。

五八五年　蘇我馬子は大野丘北塔《おおののおかきたとう》を建立した。この年、敏達天皇崩御。

厩戸皇子（聖徳太子）の登場

五八六年　用明《ようめい》天皇は穴穂部間人皇女《あなほべのはしひとのひめみこ》を皇后とする。間人皇女は四人の男子を生み、一番目を厩戸皇子（いわゆる聖徳太子）という。またの名を豊聡耳聖徳《とよとみみしょうとく》、あるいは豊聡《とよと》耳法大王《みみののりのおおきみ》という。

五八七年　蘇我馬子は諸皇子と群臣と共に物部守屋《もののべのもりや》を滅ぼそうと謀った。軍勢の勢いは物部側が強かったが、厩戸皇子が四天王の像をつくり、束髪の上にのせ、「敵に勝てれば寺塔を建てよう」と誓った。また、蘇我馬子も「諸天王と大神王のために寺塔を建て三宝を広めましょう」と誓った。武備を整え進撃したところ物部守屋とその子らを殺すことができた。乱がおさまった後に摂津国《せっつのくに》に四天王寺を建てた。蘇我馬子は誓願の通りに、飛鳥の地に法興寺《ほうこうじ》（飛鳥寺）を建てた。

蘇我馬子による崇峻天皇殺害

五九二年　崇峻天皇は献上された猪《いのしし》を指さして「いつの日かこの猪の頸《くび》を斬《き》るように、朕《ちん》（自分）が嫌っている人を斬りたいものだ」と述べた。それを聞いた蘇我馬子は崇峻が自分を嫌っていると警戒し、一族の者を集めて、天皇を弑《しい》することを謀った。その後、東漢直駒《やまとあやのあたいこま》を使って崇峻天皇を殺害させた。崇峻はその日のうちに倉梯岡陵《くらはしのおかのみささぎ》（『全現代語訳　日本書紀』桜井市倉橋）に葬られた。また、東漢直駒は馬子によって殺害された。

厩戸皇子が推古天皇の摂政となる　厩戸生誕のエピソード

五九三年　推古《すいこ》天皇（豊御食炊屋姫尊・敏達天皇の皇后）が豊浦宮《とようらのみや》にて即位した。蘇我馬子は法興寺の仏塔の心礎に仏舎利を安置し、心柱を建てた。この年、推古天皇は厩戸豊聡耳皇子《うまやとのとよとみみのみこ》（いわゆる聖徳太子）を皇太子《ひつぎのみこ》として国政をすべて任せた、と記されている。

『日本書紀』は厩戸皇子に関して、

「太子は用明天皇の第二子で、母は穴穂部間人皇女《あなほべのはしひとのひめみこ》（欽明天皇の皇女）である。皇后は御出産予定日に、禁中を巡察しておいでになったが、馬司《うまのつかさ》の所においでになったとき、厩《うまや》の戸《と》にあたられた拍子に、難なく出産された。（キリスト生誕エピソードに似る）

太子は生まれて程なくものを言われたといい、聖人のような智恵をおもちであった。（中略）また仏法を高麗《こま》の僧慧慈《えじ》に習われ、儒教の経典を覚哿《かくか》博士に学ばれた。」（『全現代語訳　日本書紀』）

またこの年、四天王寺《してんのうじ》を難波《なにわ》の荒陵《あらはか》に造りはじめたと記載されている。

五九五年　法興寺（飛鳥寺）落成
六〇一年　皇太子斑鳩宮を建て始める
六〇三年　「冠位十二階」の制定
六〇四年　皇太子「憲法一七条」をつくる
六〇五年　皇太子斑鳩宮に移る
六〇六年　皇太子斑鳩寺《いかるがでら》（法隆寺）に水田百町を納める

六〇八年　隋使（裴世清《はいせいせい》）都へ来る

六一三年　皇太子は片岡《かたおか》にて飢えた人に衣と食糧を与える。その人は亡くなり、墓に遺骨はなく衣だけが残っていた。（キリスト復活エピソードに似る）

六二〇年　さざれ石を檜隈陵《ひのくまのみささぎ》（欽明陵）の敷石《しきいし》にしいた。域外《めぐり》に土を積み上げて山を造った。大きな柱を山の上に建てさせ、倭漢坂上直《やまとあやのさかのえのあたい》がずば抜けて高い柱を建てた。（土山＝古墳ではないか）

六二一年　厩戸豊聡耳皇子が斑鳩宮にて薨去《こうきょ》し、磯長陵《しながのみささぎ》に葬られる。高麗の僧・慧慈《えじ》が「日本国に大きな聖の徳をもって、聖人がお生まれになった」と述べたと記載されている。

六二六年　馬子大臣が亡くなり、桃原墓《ももはらのはか》に葬られる。馬子大臣は飛鳥川の辺りに家居《いえい》し、その庭に池があり、池の中に小さな嶋《しま》を築いたので、人びとは嶋大臣《しまのおおおみ》と呼んだ。

六二八年　推古天皇崩御、七五歳
敏達天皇の孫・田村皇子《たむらのみこ》と太子（厩戸）の子・山背大兄王《やましろのおおえのみこ》とが皇位継承でもめる。

舒明天皇即位　蘇我蝦夷が大臣となる

六二九年　田村皇子《たむらのみこ》即位し、舒明《じょめい》天皇となる。蘇我蝦夷大臣となる。
宝皇女《たからのひめみこ》が皇后となり、葛城皇子《かずらきのみこ》（天智天皇）、間人皇女《はしひとのひめみこ》（孝徳《こうとく》天皇の皇后）、大海人《おおあまの》皇子《みこ》（天武天皇）を生んだ。夫人の法提郎媛《ほてのいらつめ》（馬子の娘）は古人大兄皇子《ふるひとのおおえのみこ》を生んだ。
また、吉備国《きびのくに》の蚊屋采女《かやのうねめ》は蚊屋皇子《かやのみこ》を生んだ。

六三四年　唐より使者（高表仁《こうひょうじん》）が難波津《なにわず》に来る。

六三九年　舒明天皇百済宮及び百済大寺を造る。九重の塔を建てる。

六四一年　舒明天皇崩御

皇極天皇即位

六四二年　舒明の皇后・宝皇女が皇極天皇となる。蘇我蝦夷大臣だが、その子入鹿が国政を執り、その力は父・蝦夷より強かった。天皇は蝦夷に命じて百済大寺や宮殿（飛鳥板《いた》蓋宮《ぶきのみや》）を造る。
舒明天皇を滑谷岡《なめはざまのおか》に葬る。
蝦夷大臣は太子（厩戸）の部民を使って双墓《ならびのはか》（蝦夷と入鹿）を今来《いまき》に造った。そのため、上宮大娘姫王《かみつみやのいらつめのみこ》（太子の娘）が憤慨した。それらの恨みを買って蝦夷と入鹿は滅ぼされたと記載される。

厩戸皇子の子・山背大兄皇子一族が蘇我入鹿に殺害される

六四三年　舒明天皇を押坂陵《おしさかのみささぎ》に移葬する。また、吉備島皇祖母命《きびのしまのすめみおやのみこと》（皇極天皇の母）が亡くなり、檀弓岡《まゆみのおか》に葬る。

六四四年

蘇我入鹿は小徳《しょうとく》巨勢徳太臣《こせのとこたのおみ》、大仁《だいにん》土師娑婆連《はじのさばのむらじ》に命じて斑鳩の山背大兄王らを不意に襲わせた。この時、斑鳩宮が焼失した。山背大兄王は一旦、生駒山《いこまやま》に隠れたが、斑鳩寺にもどって、子弟妃妾《うからみめ》もろともに自決したとされる。

中臣鎌子連《なかとみのかまこのむらじ》（中臣鎌足《なかとみのかまたり》）と軽皇子《かるのみこ》（のちの孝徳《こうとく》天皇）は以前から親しかったが、中《なかの》大兄皇子《おおえのみこ》（天智天皇）とは親しくなかった。そこで、中臣鎌子連は中大兄と法興寺（飛鳥寺）の槻《つき》の木の下で行われた蹴鞠《けまり》の会にて意気投合し、共に事を計ることにした。そして、中臣鎌子連は中大兄に蘇我倉山田麻呂《そがのくらのやまだのまろ》の女《むすめ》を娶《めと》ることを勧めた。後に蘇我倉山田麻呂を協力者にするためであった。

蘇我蝦夷と入鹿は家を甘檮丘《あまかしのおか》に並べて建てた。蝦夷の家を上《うえ》の宮門《みかど》、入鹿の家を谷《はざま》の宮門と呼んだ。男女の子らを王子《みこ》といった。漢直《あやのあたい》らはもっぱら宮門を警護した。

乙巳《いっし》の変

六四五年

六月、皇極天皇は古人大兄皇子《ふるひとのおおえのみこ》と共に、大極殿で三韓《みつのからひと》の調を受けていた時に、中大兄と中臣鎌子連は蘇我入鹿を殺害した。蘇我蝦夷は殺される前に、すべての天皇記、国記、珍宝を焼いた。ただ国記は焼かれる前に取りだされて、中大兄に渡されたという。（のちに「乙巳の変」とされる）

その後、皇極天皇の同母弟の孝徳天皇が即位した。皇極は中大兄に位を譲るつもりだったが、中大兄が中臣鎌子（鎌足）に相談したところ、古人大兄は中大兄の兄上で弟として道にそむくので、しばらくは叔父の軽皇子（孝徳天皇）に位を譲った方がよいと言われ、そのようにしたと記載される。

九月、古人大兄皇子は謀反の罪で殺害される。子や妃妾も殺害された。

山田寺の建立

六四九年　右大臣蘇我倉山田麻呂《そがのくらのやまだのまろ》（蘇我倉山田石川麻呂）は中大兄によって自害させられる。

この時、蘇我倉山田麻呂の子・興志《こごし》は山田寺を建設している。

『日本書紀』が示す蘇我と聖徳の歴史の概略をみると、「乙巳の変」を最後に、歴史に登場した彼ら一族が全員消滅してしまう。そのようなことができるのは、彼らが傀儡であるからに違いなく、本書の主張を暗示している。

最も疑問におもうところは、六二〇年檜隈陵《ひのくまのみささぎ》（梅山古墳）に連続する（域外《いきがい》の）場所に山を築いたとする記事となる。この話は本来なら記載する必要がないはずだが、記されている。その築いた山は古墳以外に考えられず、高い柱を建てた古墳を無視できなかったのかもしれない。これが謎を解く鍵の一つとなっているようにおもう。一体誰を葬ったのか、欽明天皇を継いだのは敏達天皇だから、記されていない部分に真実があるのではないか。

六二〇年に築いた山が敏達天皇の古墳（図16参照）だとして、六二一年に厩戸皇子が亡くなっている。その厩戸は聖徳太子として現代まで伝承されている。この話がキリストの「復活」にヒントを得ているならば、まさに「我（敏達天皇）は聖徳太子として蘇る」となって、キリストの死による「復活」そのものになっているではないか。

「乙巳の変」において、六四五年の入鹿殺害後に、舒明《じょめい》天皇の長子《ちょう》・古人大兄皇子《ふるひとのおおえのみこ》一族が弟の中大兄皇子（天智天皇）によって殺害される。藤原鎌足が述べるように古人大兄は長子で本来なら天皇になるべき人物だが、古人大兄の母は蘇我馬子の娘とされている。その意味は古人大兄皇子の出自を貶《おとし》めることで、蘇我一族を登場させることによって可能となった。つまり、蘇我一族や聖徳一族を傀儡とすれば、真相であった古人大兄という天皇殺害のクーデターを隠蔽することができ、聖徳太子より仏教振興に尽力した天皇が存在したことをも偽ることができる。

第Ⅴ章　蘇我一族の実在性の否定

1　蘇我一族は天智の出自を美化する道具であった

「飛鳥寺は蘇我馬子の創建ではなかった」と証明された。本書が示した物理的事実（軒丸瓦の紋章と軸線）を別の論理で説明できないと考える。その事実をもってしても、蘇我一族が実在しなかったとしてよいとおもうのだが、一三〇〇年の歴史の堆積を崩すのは、そう簡単ではない。それでは、なぜ飛鳥寺を蘇我馬子に造らせねばならなかったのか？　史上初めて問われる課題が浮かんでくる。

本書の論理は通常の歴史研究と異なり、文献からではなく、考古学の成果を繋いだ物理的な事実から起こしたものだ。その事実を荒唐無稽《こうとうむけい》と退ける人が存在するなら、その人は、『日本書紀』を正しいとする「単なる個人的な信条」に憑《と》りつかれただけ、ということになる。

『日本書紀』の制作目的は、権力を握った側である制作主体の出自を美化する目的という「歴史書の常識」を超えるものではなかった。『埋もれた巨像』（上山春平著）で述べられるごとく、「善きにつけ悪しきにつけ、巨大な政治的力量をもち、しかもその姿が厚い歴史の塵に埋もれてしまった人物」藤原不比等によって『日本書紀』がつくられたことは明白であり、不比等の最も強い願いは「彼の孫でもある聖武天皇の出自の美化」であった。そのためには、みずからと天智一族の出自をも美化せざるを得なかった。

その美化の道具として蘇我一族や聖徳一族が登場するのだが、どのようにしても文献から蘇我一族の実在性の否定はできないとおもう。彼らの名前やこれから述べる事象への疑問はあるが、決定的な証拠とはならず、物理的な遺跡の検証からしかできないことも確かである。ただ、蘇我一族や聖徳一族は陰陽の二元論から考えだされているとおもうので、その片鱗もまた陰陽に分けられているのではなかろうか。その点からも指摘（実在性の否定）できると考える。

文献である『日本書紀』に「飛鳥寺を蘇我馬子が建立した」や「厩戸皇子が四天王寺を建立した」と記されることは非常に重い。それらはすでに、本書の根拠「軒丸瓦の紋章と軸線」によって崩されたわけで、『日本書紀』は偽りの部分をもった歴史書であると判明した。すべて偽りでなく、出自を美化し、建造物の歴史を偽った部分が存在している。天孫降臨や万世一系などはイデオロギーであって、それを偽りとするのではなく、蘇我馬子が飛鳥寺を創建したのではないとすることが私にとって重要なのである。

平城京の都市計画を見れば陰陽の二元論によって都市がつくられていることがわかり、『日本書紀』にも「蘇我・聖徳」のような陰陽の傀儡が隠されていると推測される。本章において、その陰陽の片鱗を探ってゆくこととする。

2　蘇我一族の出自

蘇我一族の文献比較から浮上する歴史研究者の論理

蘇我一族について、どのように言及されているか。歴史学者による出版書を対象として検証を行おうと考え、次の文献をあげてみた。そこに記された事象を考察する。

『謎の豪族　蘇我氏』（水谷千秋著、文春新書、二〇〇六年）、『蘇我氏の古代』（吉村武彦著、岩波新書、二〇一五年）、『蘇我氏―古代豪族の興亡』（倉本一宏著、中公新書、二〇一五年）、『蘇我大臣家』（佐藤長門著、山川出版、二〇一六年）など。以上の文献から比較項目として、出自を表わす「系図」や「本拠地」に加え、物理的な遺跡を表わす蘇我四代の「邸宅」や建造物を建てた「業績」や彼らの「墓」を抽出して、比較する。それを〔表22〕に示した。

研究者の論理を比較するわけだが、『日本書紀』に記される通りであり、他の項目においても同様であって、異なるのは本拠地ぐらいのものだ。その蘇我一族の本拠地について研究者の見解が分かれるのは、『日本書紀』に蘇我一族の本拠地が記されないからである。したがって、彼ら研究者が文献を根拠にしていることが明白となっている。

〔表22〕の「業績」の項で全員が飛鳥寺の創建をあげているが、本書によって、その飛鳥寺が蘇我馬子の創建でないことが物理的に証明された。本書の論理は文献からではなく、考古学の成果による物理的な事実をつなげたものとなっている。やはり、これらの著者は本書の論理に反論すべきであろうとおもうが、『日本書紀』や『古事記』には「軸線が見出せない」から「しりぞけてよい」とか、「陰陽」のような呪術的なものは科学の範疇ではなく、研究に値しないなどとは発言しないでほしいものだ。それらは研究者の前例主義や怠慢で日本固有の特徴を退けたことによる結果に過ぎないからだ。

表22　蘇我氏比較一覧表

著書名	系図（文献）	本拠地	邸宅	主な業績（建造物）	墓
日本書紀	四〇一年 蘇賀満智宿禰 四六五年 蘇我韓子宿禰	葛城県 （馬子の主張）	稲目―小墾田の家 向原の家 馬子―飛鳥川傍の家 蝦夷―上の宮門 入鹿―谷の宮門	馬子― 飛鳥寺や 大野丘北塔の 建立	稲目―未掲載 馬子―桃原墓 蝦夷―今来の双墓 入鹿―今来の双墓

謎の豪族 蘇我氏	武内宿禰始祖 『公卿補任』 『紀氏家牒』 『古語拾遺』	高市郡曾我 葛城郡 河内国石川郡 渡来人説	蝦夷―甘樫丘東麓遺跡 入鹿―甘樫丘東麓遺跡	馬子― 飛鳥寺の建立	
蘇我氏の 古代	『尊卑分脉』 『公卿補任』 『紀氏家牒』 『古語拾遺』	高市郡曾我？	稲目―小墾田の家 向原の家軽曲殿 馬子―飛鳥川傍の家 石川家、槻曲家 蝦夷・入鹿―甘樫丘の家	馬子― 飛鳥寺の建立	稲目―都塚古墳 馬子―石舞台 蝦夷―小山田遺跡 入鹿―菖蒲池古墳
蘇我氏	『公卿補任』 『古語拾遺』 『紀氏家牒』	葛城地方曾我	稲目―小墾田の家 向原の家軽曲殿 馬子―飛鳥川傍の家 石川家、槻曲家、 蝦夷・入鹿―甘樫丘の家	馬子― 飛鳥寺の建立	稲目―都塚古墳 馬子―石舞台 蝦夷―五条野宮ヶ原 入鹿―五条野宮ヶ原
蘇我 大臣家	『紀氏家牒』 『新撰姓氏録』 『日本三代実録』	高市郡曾我	稲目―小墾田の家 向原の家軽曲殿 馬子―飛鳥川傍の家 石川家、槻曲家 蝦夷―畝傍山の東の家 甘樫丘の家 入鹿―甘樫丘の家	馬子― 飛鳥寺の建立	稲目―梅山古墳 馬子―石舞台

蘇我一族のルーツ

歴史学者が蘇我氏のルーツ（系図の項）に関して「何を根拠としているか」を調べてみた（表22）。結論は『日本書紀』以前の「蘇我一族が存在した」証拠となる史料は存在しないということだ。

歴史学者が根拠とする文献は『古語拾遺《こごしゅうい》』（八〇七年成立）、『紀氏家牒《きしかちょう》』（平安初期成立）、『新《しん》撰姓氏録《せんしょうじろく》』（八一五年成立）、『日本三代実録』（九〇一年成立）、『公卿補任《くぎょうぶにん》』（一一世紀初頭成立）、『尊卑分脈《そんぴぶんみゃく》』（一四世紀後半成立）、などとなって、『日本書紀』を根拠として成立したものばかりだ。

『日本書紀』には、四〇一年と四六五年に蘇我（賀）の名が登場しているが（第Ⅳ章　4参照）、前述の系図においても、満智宿禰《まちのすくね》や韓子宿禰《からこのすくね》を参照していて、これらの系図をもって証拠だとすることはできない。だからと言って、蘇我一族を否定できるわけではないが、『日本書紀』を疑る立場なら「史料として実在性を示すものはない」ことは確かである。

『日本書紀』以前の史料が存在しないことは実在したかもしれないが、文字で書かれた歴史書が『日本書紀』を初めとするなら他に比較ができず、それを鵜呑みにせざるを得ない。そのような「『日本書紀』は正しい」とする個人的信条をもっているのであれば、蘇我一族は存在するのであろう。

『日本書紀』を研究するとして、鵜呑みにするのか、根本から疑うのか、どちらが簡単かと問えば、鵜呑みにする方が楽であろう。鵜呑みにして自らの理屈に合わなければ、『日本書紀』は「元々政権側なのだから」と言えばよいのだから。そのような研究となってしまっている。研究者の態度としては、全てを疑ってかかる必要があり、どこから手をつけるか議論すべきであった。

聖徳太子（厩戸皇子）の実在性の否定でも同じだったのだが、「『日本書紀』以前の史料は皆無だった」（『聖徳太子の真実』）のであり、蘇我一族も同じ状況で、本書が示す「陰陽の二元論」によって、共に創作された傀儡の人物だったとすれば、謎は解ける。

『日本書紀』がなんのために編纂されたのか。今となれば、明らかに、天智一族や藤原一族の出自の美化であり、彼らの子孫が「天孫降臨、万世一系」というコンセプトに沿った地位を保てるように設定した歴史書だったとわかる。つまり、そのストーリーを描いた上で編纂されたもので、真実を曲げて書かれていることは明白である。前述するように、藤原不比等の構想によって平城京が造営されたことはあきらかで、都市（平城京）も、太政大臣《だじょうだいじん》を行政のトップにおいた法律（大宝律令《たいほうりつりょう》）も一連の構想の中にあった。

都市（平城京）、歴史（『日本書紀』）、法律（大宝律令）という三本の柱は、不比等の死後に即位するはずの孫・首皇子《おびとのみこ》（聖武天皇）を想定したもので、その有様は平城京において、はっきりと浮き彫りになっている（図20参照、一八二頁）。

以上を認識した上で、逆に、何のために蘇我一族や聖徳一族がいるのかを考える時、『聖徳太子の真実』で大山が述べるように「用明・崇峻・推古の大王位も消え」ることになり、欽明―敏達―舒明―古人大兄皇子という直系の継承が浮かび上がってくる。この継承は耳成山南北軸の三基の古墳や軒丸瓦の文様の継承と同じとなっている。

藤原不比等や天智一族が最も避けたかったことが、この真実なのである。つまり、『日本書紀』の蘇我や聖徳の出自などを、いくら研究しても傀儡の人物の実在性はなく、真実に至らない。

3　蘇我の系図と建造物が語る真実

蘇我女系図《おんなけいず》

蘇我一族の女性たちの系図をながめると、蘇我一族が稲目《いなめ》の時代から急速に増殖し、馬子が死亡すると、急速に滅亡した様子がわかる。その意図は『日本書紀』発表後に他の氏族へ累《るい》が及ばないようにしていることだ。

歴史に登場する蘇我一族の重要人物は、天皇に稲目の娘を嫁がせて生まれた子達や蘇我一族の出身者同士で婚姻し、他の氏族に関係することなく滅亡する。特に「用明・崇峻・推古の大王位も消える」（『聖徳太子の真実』）と前述するように、彼らこそが蘇我一族の中で自己増殖した人物だった。『日本書紀』にある証拠を次に示す。

宣化《せんか》天皇の代から大臣となった蘇我稲目は娘の堅塩媛《きたしひめ》と小姉君《こあねのきみ》を欽明天皇の妃《きさき》としている。

堅塩媛の子は次のごとく、七男六女となっている。

大兄皇子《おおえのみこ》（用明天皇）—磐隈皇女《いわくまのひめみこ》—臘嘴鳥皇子《あとりのみこ》—豊御食炊屋姫尊《とよみけかしきやひめのみこと》（推古天皇）
—椀子皇子《まろこのみこ》—大宅皇女《おおやけのひめみこ》—石上部皇子《いそのかみべのみこ》—山背皇子《やましろのみこ》—大伴皇女《おおとものひめみこ》
—桜井皇子《さくらいのみこ》—肩野皇女《かたののひめみこ》—橘本稚皇子《たちばなのもとのわかのみこ》—舎人皇女《とねりのひめみこ》　の一三名。

用明天皇、推古天皇は蘇我一族となっている。

小姉君の子は次のごとく、四男一女となっている。

茨城皇子《うまらきのみこ》—葛城皇子《かずらきのみこ》—泥部穴穂部皇女《はしひとのあなほべのひめみこ》（用明天皇の皇后で厩戸皇子の母）
—泥部穴穂部皇子《はしひとのあなほべのみこ》—泊瀬部皇子《はつせべのみこ》（崇峻天皇）　の五名。

厩戸皇子の母や崇峻天皇も蘇我一族となっている。

敏達天皇は、稲目の娘の堅塩媛と欽明天皇との子・豊御食炊屋姫尊（推古天皇）を皇后とし、皇后は次のごとく二男五女を生んでいる。

菟道貝蛸皇女《うじのかいだこのひめみこ》（またの名を菟道磯津貝皇女《うじのしつかいのひめみこ》という、厩戸の妃）

―竹田皇子《たけだのみこ》―小墾田皇女《おはりだのひめみこ》―鸕鶿守皇女《うもりのひめみこ》―尾張皇子《おわりのみこ》―田眼皇女《ためのひめみこ》―桜井弓張皇女《さくらいのゆみはりのひめみこ》　の七名。

推古からは天皇が生まれていない。厩戸の妃の名前などは、菟道（うさぎ道）の貝《かい》と蛸《たこ》で、こちらがからかわれているようだ。

敏達の次の用明天皇は稲目の娘の小姉君と欽明天皇との子・穴穂部間人皇女《あなほべのはしひとのひめみこ》を皇后とし、穴穂部間人皇女は次のごとく、四男を生んでいる。

厩戸皇子（聖徳太子）―来目皇子《くめのみこ》―殖栗皇子《えぐりのみこ》―茨田皇子《まんだのみこ》となっている。また、稲目の娘・石《いし》寸名《きな》を嬪《みめ》とし、田目皇子《ためのみこ》を生んでいる。

蘇我蝦夷や入鹿が滅んだ後に登場するのは山田寺を建立したとされる蘇我倉山田《そがのくらのやまだの》（石川《いしかわの》）麻《ま》呂《ろ》で天智天皇に娘（遠智娘《おちのいらつめ》、姪娘《めいのいらつめ》）を嫁がせている。

遠智娘は一男二女を生んだ。

大田皇女《おおたのひめみこ》―鸕野皇女《うののひめみこ》（天武の皇后・持統天皇）―建皇子《たけるのみこ》の三名。

姪娘は二女を生んだ。御名部皇女《みなべのひめみこ》―阿陪皇女《あべのひめみこ》（元明《げんめい》天皇）の二名。

以上のように、蘇我稲目の娘から用明天皇と崇峻天皇と推古天皇が生み出され、同じく稲目の娘の子・穴穂部間人皇女と用明天皇から厩戸皇子（聖徳太子）が生まれている。また、厩戸皇子は推古の子・菟道磯津貝皇女《うじのしつかいのひめみこ》を妃として山背大兄皇子《やましろのおおえのみこ》が生まれているが、菟道磯津貝皇女が母親とは記載されていない。

蘇我一族の中で、穴穂部皇子と崇峻天皇（泊瀬部皇子）は蘇我馬子によって殺害される。用明天皇（大兄皇子）は早逝し、来目皇子は新羅攻めの途中に死亡し、竹田皇子も死亡記事は記載されないが早逝している。その他の記された人びとの消息は記載されていない。そして最後には、蘇我入鹿によって山背大兄皇子一族が殺害される。つまり、天皇との関係以外は同族間で自己増殖し、自己消滅している。

この様をみると、蘇我一族というディスクを挿入したようで、そのデータが終了すると自動的に消滅させられていると感じてしまう。この出来過ぎた話が、用明―崇峻―推古と続く天皇位が傀儡であり、蘇我や聖徳一族もまた傀儡と推測する理由のひとつとなっている。ただ、これらの『日本書紀』に記載された事実は偽装で不思議な話とおもうのだが、これをもって、蘇我一族の実在性を否定できないことも確かである。

注目すべきは、欽明天皇や敏達天皇や舒明天皇は蘇我一族とは無関係の一族であって、正統は保っている。本書の主張する用明―崇峻―推古と続く蘇我一族による傀儡政権は意図されて挿入された天皇であって、六四五年に起きた「乙巳の変」の真実を覆い隠すためであったとすれば、謎は氷解する。

　真実は蘇我入鹿の殺害などでなく、天皇位にあった舒明天皇の第一子・古人大兄皇子《ふるひとおおえのみこ》の一族の殺害と考えれば、その後のあり様が納得される。つまり、舒明天皇の子・古人大兄皇子だけが蘇我馬子の娘の法提郎媛《ほてのいらつめ》から生まれていると『日本書紀』に記載されることが、欽明や敏達や舒明と異なり、異例なのであって、これが偽装で、殺害した古人大兄を天智の身代わりとして出自を貶《おとし》めた。天智天皇の出自を美化するために、蘇我一族が傀儡となって、挿入されているとすればよく、天智天皇の出自を舒明天皇の長子としたい意図が見え透いているようにおもう。

　舒明天皇には古人大兄皇子の他に、中大兄皇子《なかのおおえのみこ》（天智天皇）と大海人皇子《おおあまのみこ》（天武天皇）がいる。中大兄皇子は最初に皇后の宝皇女《たからのひめみこ》の第一子・葛城皇子《かずらきのみこ》と記載され、大海人皇子より長兄となっているが、後はすべて中大兄皇子と記載される。『日本書紀』に藤原鎌足《ふじわらのかまたり》（不比等の父）が「古人大兄皇子が長子」と発言する場面があり、長幼の順序は古人大兄皇子―中大兄皇子（天智）―大海人皇子（天武）と考えられる。これには、天智と天武が同母の兄弟でなかったと証明されればよく、第Ⅵ章にて解明を試みている。

舒明天皇には吉備島の蚊屋采女《かやのうねめ》に生ませた蚊屋皇子《かやのみこ》がおり、その後の消息は記載されない。天智天皇の出自は蚊屋皇子である可能性もある。また、持統や元明天皇の母も蘇我一族となっているが、蘇我を傀儡とする必要性がここにもある。結果として、すべては藤原不比等の仕組んだシナリオなのだ。そのように、証拠は『日本書紀』に記載されているようにおもう。

蘇我と天皇の時間

『日本書紀』には「乙巳の変（大化の改新六四五年）」が劇的に描かれているが、蘇我入鹿の殺害の陰で中大兄（天智天皇）と藤原鎌足は舒明天皇の第一子の古人大兄皇子を殺害している。古人大兄皇子が謀反を起こしたとの理由だが、古人大兄を殺害することが最大の目的だったのである。

古人大兄の殺害によって、中大兄（天智）は天皇になる道が開けたのであり、藤原鎌足は権力を握る第一歩となった。そして、古人大兄皇子は怨霊となる資格ができ、彼らの一族は古人大兄の怨霊を恐れることになったと考えれば、古墳や仏教寺院の位置がそのようであることを説明できる。

確かに古人大兄の殺害は『日本書紀』に記されているが、蘇我一族や聖徳一族によって天皇の継承が乱されて、誰が継承してもよいようにしたと考えられる。たとえば、天皇や蘇我や聖徳太子の一族を年表（表23）に表わすと、天皇が亡くなる時に蘇我や聖徳一族が亡くなるということがわかる。

表23　蘇我一族、聖徳太子一族、天皇の年表（『日本書紀』より）

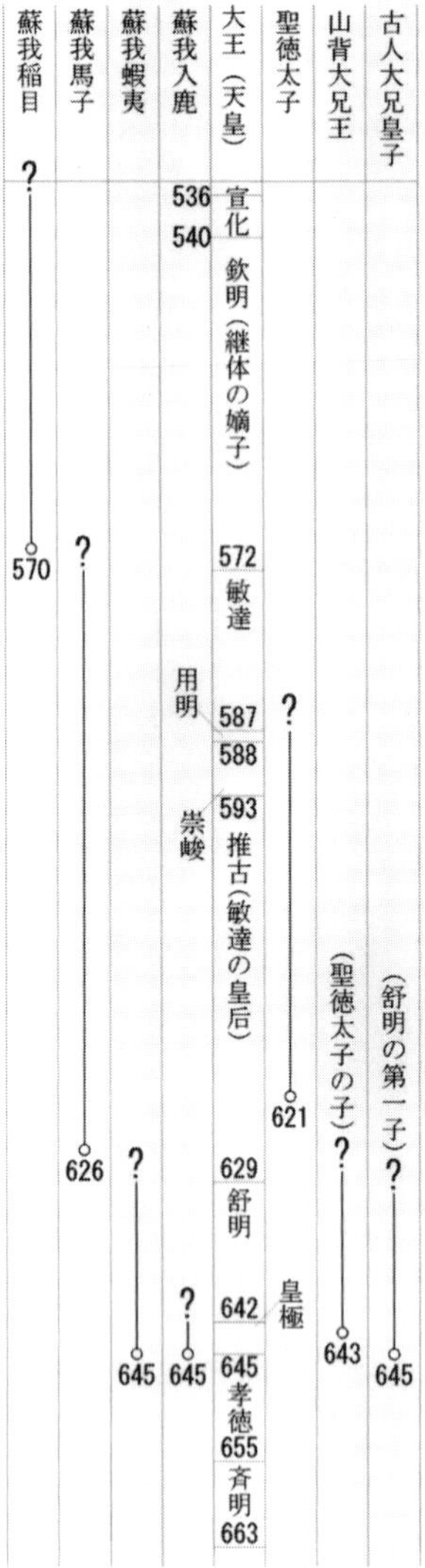

欽明天皇が亡くなる時に蘇我稲目が亡くなる。また、推古天皇が亡くなる時に馬子や厩戸皇子（聖徳太子）が亡くなり、舒明天皇が亡くなる時に山背大兄一族や蘇我蝦夷や入鹿が亡くなる。こんな偶然はなく、彼らが傀儡であるゆえに、このように生命の時間までも操ることができた。

特に、敏達天皇の時代から蘇我馬子が登場し、用明天皇の子として厩戸皇子（聖徳太子）が登場するわけで、結果として、敏達天皇の役割を蘇我馬子と厩戸皇子（聖徳太子）に分担したとする本書の主張を裏付けている。

厩戸皇子（聖徳太子）が亡くなった六二一年の前年（六二〇年）に、檜隈陵《ひのくまのみささぎ》（欽明陵）に「さざれ石（古墳用の石）」を敷き、域外《めぐり》に土を積んで山を造り、そこに大きな柱を建てたという記事が『日本書紀』にある。この記事を問題にする研究者はいないが、建設工事は実際に行われて、その工事が大掛かりであればあるほど、人びとの記憶に残る。つまり、『日本書紀』の編纂者も無視できずに、記載したのではないか。

域外《いきがい》（めぐり）とは檜隈陵（梅山古墳）の外であって、そこに山を築いたとは古墳を造ったと同じ意味と想像でき、その時期（六二〇年頃）に敏達天皇が亡くなったと推定される。その古墳が前述する「鬼の遺跡」（図16参照、一三二頁）である。

敏達天皇の「陰陽の傀儡」である馬子は六二六年に亡くなり、厩戸皇子（聖徳太子）は六二一年に亡くなっている。傀儡の人物の時間が真実の天皇の時間だった。そのようであれば、敏達天皇から舒明天皇に直接引き継がれ、舒明天皇によって遣唐使が初めて派遣され、唐からの使者を迎えるために飛鳥板蓋宮が造られたと考えれば、建造物の成り立ちが納得される。

敏達天皇がやり残した忍坂街道に沿った百済大寺（吉備池廃寺）、紀路の巨勢寺、阿倍山田道の山田寺は舒明天皇の建立だったことも、軒丸瓦の文様から判明した。したがって、用明・崇峻・

推古の時代は存在せず、敏達から舒明への長期安定政権だったのであり、建造物が造られるには、建造する理由と安定した時代背景が必要だと認識する。現実に建造物は造られ、用明・崇峻の不安定な時代においても飛鳥寺や橘寺や若草伽藍が造られた。それには、偉大な天皇が存在したとする方が自然なのである。

蘇我一族の本拠地と邸宅の関係

本書の原点にもどって、「蘇我一族の本拠地はどこか」というテーマが浮かんでくるが、『日本書紀』において、蘇我馬子が「葛城《かずらき》の県《あがた》が本居《うぶすな》」と述べているにもかかわらず、歴史学者のあいだでは、〔表22〕の四説がある。

①大和国高市《たけち》郡曽我（奈良県橿原市曽我町）
②大和国葛城郡（奈良県葛城市・御所《ごせ》市）
③河内国石川郡（大阪府富田林《とんだばやし》市・南河内郡）
④百済系渡来人説（木劦満致《もくらまんち》）

①から④までの説があるが、渡来人説が出るくらいだから、決定的な証拠がないことを示し、

すべてが推測のなかにある。

馬子が述べる「葛城の県」は、②の北葛城郡広陵町から葛城市や御所市にかけての範囲とされているようだ。ただ、敏達紀に命を受けて、馬子が吉備国《きびのくに》の白猪《しらい》の屯倉《みやけ》と田部《たべ》の農民を殖やしたと記されるところから、そこが本拠という説もある。どちらかといえば、その説の方が豪族としての蘇我氏を表わしているようにおもうが、馬子は他の地域でも同様の仕事をしており、吉備国が本拠地とは限らない。

蘇我一族の本拠地に関しては、様々な説があって研究者の間でも一致していない。つまり、本拠地は『日本書紀』にも記載がなく、初代の稲目はいきなり大臣として登場するわけで、よくわからなくて当然なのだ。

主な豪族（紀《き》、巨勢《こせ》、膳《かしわで》、大伴《おおとも》、阿倍《あべ》など）は本拠地が推定されて、確定していないのは蘇我だけだというのも不思議な点である。最も主要な豪族が領地をもっていないように描かれることが疑問なのだ。そのあたりの事情から、「蘇我氏は天皇だった」というような説が登場するのだろう。『日本書紀』を読めば、蘇我一族が全国を支配しているとおもえるので、無理のないことかもしれない。

蘇我一族の邸宅の位置をみると、天皇家の宮殿とおなじような場所にあることに違和感がある。豪族ならば、本拠地に邸宅があるのが通常だが、そうではない。

邸宅の位置は〔表22〕のごとく、稲目の小墾田《おはりだ》の家や向原《むくはら》の家は天皇の小墾田宮《おはりだのみや》や豊浦宮《とようらのみや》に近く、軽曲殿《かるのまがりどの》は梅山古墳の周辺だ。また、馬子の飛鳥川の傍《ほとり》の家は飛鳥寺周辺で石川家や槻曲《つきくまの》家《いえ》は梅山古墳周辺としてよい。蝦夷は畝傍山《うねびやま》の東の家や甘樫丘の家となっているが、それらは記載されたのみで、遺跡などの物理的な証拠はなにもない。

結果として、どのような理由があるにせよ、蘇我一族の邸宅は飛鳥京の周辺に存在して、本拠地が明記されず、その邸宅は本拠地にないということである。したがって、論理的には蘇我一族は豪族ではなく、天皇家ということだが、『日本書紀』にはそのように記載されず、滅亡する。

この記載された事実を冷静に考えるならば、多くの豪族が割拠する奈良盆地や大阪では、土地の境界線は明確に引かれていたとしてよく、『日本書紀』に蘇我一族の本拠地を提示して、物理的な境界線を示せなかったのではないか。奈良盆地は平坦で見通しのよい、まとまりのある空間であって、蘇我一族の土地の所属が曖昧であったなど、古代から現代に続く所属の決定した田園風景を眺めても、ありえないようにおもうのだ。

つまり、すぐに嘘だとわかるような話（土地の所属など）は記載できなかった。本書の主張する蘇我一族が傀儡だとすれば、本拠地などの彼らの謎も氷解する。蘇我一族が存在することによって天智が天皇となり、藤原（中臣から改姓）が生じ、持統天皇が生まれた。彼らに都合よくなっていることが何よりの証拠である。

甘樫丘東麓《あまかしのおかとうろく》遺跡《いせき》の誤謬

蘇我一族の邸宅における最大の問題は、〔表22〕に示したように蝦夷と入鹿の邸宅である。『日本書紀』には「蘇我大臣蝦夷《そがのおおおみえみし》と子の入鹿《いるか》は、家を甘檮岡《うまかしのおか》に並べて建てた。大臣の家を上《うえ》の宮門《みかど》と呼び、入鹿の家を谷《はざま》の宮門《みかど》といった。」(『全現代語訳　日本書紀』)とされ、倭漢《やまとのあや》氏が常に警護していたと記載される邸宅は門と塀で囲まれていると想像される。数十年前からそれらの遺構を求めて、奈良文化財研究所の手で「甘樫丘東麓《あまかしのおかとうろく》遺跡《いせき》」(図30の89参照)として発掘が進んでいる。

本書が取り上げた文献(『謎の豪族　蘇我氏』、『蘇我氏の古代』、『蘇我氏』、『蘇我大臣家』)においても、全員がこの遺跡が蝦夷と入鹿の邸宅としている。

その発掘状況を〔図29〕(甘樫丘東麓遺跡　二〇〇九年発掘資料)に示してあるが、小さな建物が方位もバラバラに配置される状況となっていて、図中の石垣の遺構が南北に三〇メートル程続いて途絶えている。これらは七世紀の前半から繰り返し利用されていると解説されている。

一九九四年の調査では、七世紀中頃の焼土や焼けた壁土や炭化した木材などを含む層を確認しているそうで、炭化した木材は放射性炭素年代測定で六〇五年から六四五年(『蘇我氏』)のものであったとされている。確かに七世紀中頃の焼土や焼けた壁土などは「乙巳の変六四五年」の時期と重なり、その事件を想起させるが、方位が統一された建物群のある宮殿のような遺構や長

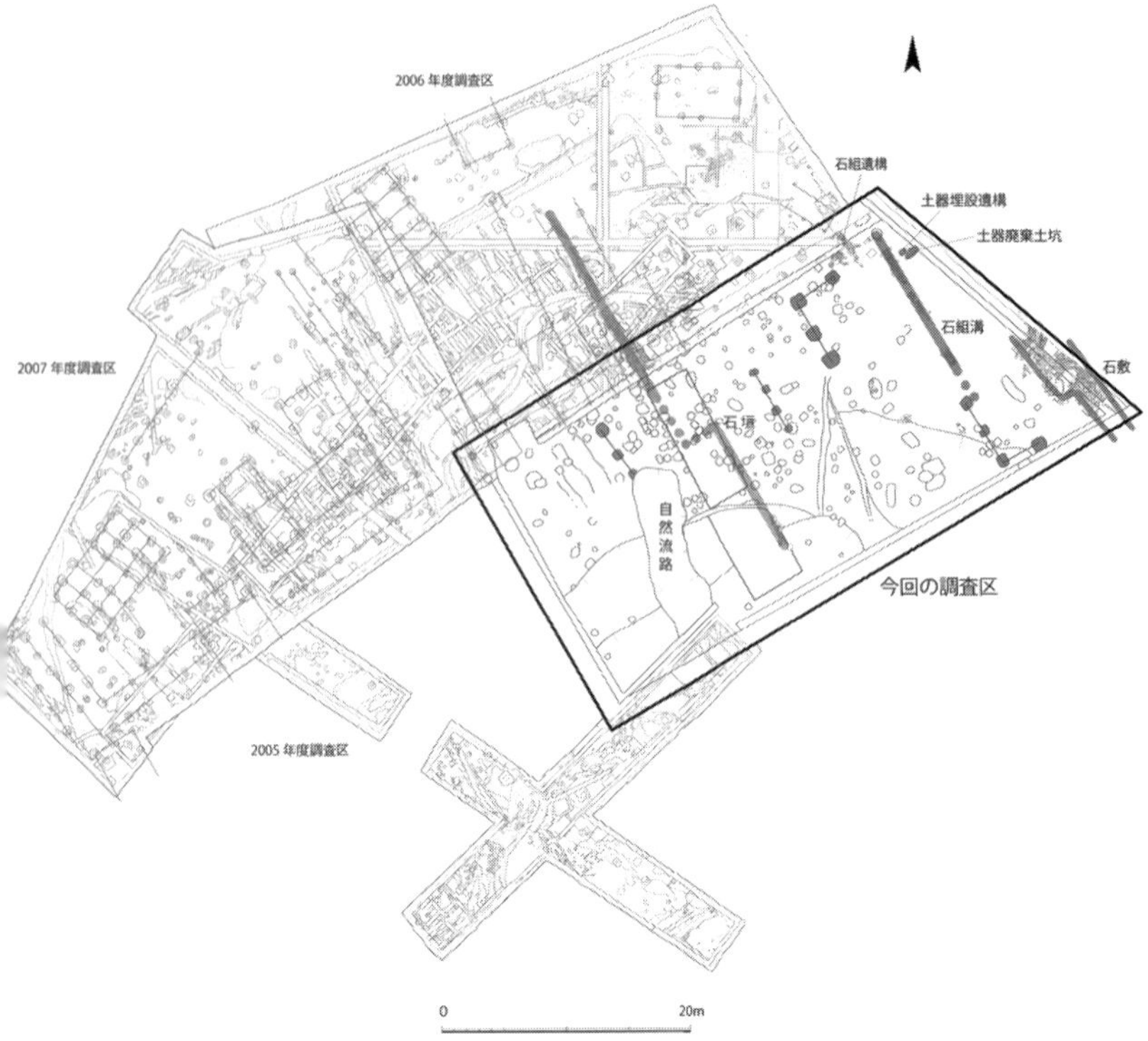

図 29　甘樫丘東麓遺跡　2009 年発掘資料（奈良文化財研究所）

い塀の続く石垣の遺構などは一切発掘されておらず、炭素年代も六〇五〜六四五年と幅が広く、特定されない。

　そもそも、宮殿のような焼失遺構が検出されてから炭素年代を検査すべきで、小さな建物がバラバラに建てられた遺構を検査しても、複数の検体が存在して意味があるのか疑問だ。六〇五年の検体も六四五年の検体もあるということになる。

　歴史学者や考古学者の

望みは蘇我蝦夷や入鹿の甘樫丘の邸宅の発掘なのだが、甘樫丘東麓遺跡などの発掘を続けて数十年経っても遺跡は出土していない。本書のスタンスは、彼らは傀儡だから、ある程度の規模をもつ宮殿のような遺跡は出土するわけがないということになる。少なくとも蝦夷の家は「上の宮門」と表現され、甘樫丘が急こう配で中腹に建設するのは困難で、丘の上に建てられたと想像するのだが、丘の上に飛鳥時代の遺跡はない。

想像してみてほしい。丘の上の塀で囲まれた建物は「城」に相違なく、あったとしても、それは後代のものである。

蘇我一族の墓

日本列島人の特徴として、死人に罪を負わせないことがある。他国のように、墓を暴《あば》いて罪を負わせるなどの行為をしない。それがなぜなのか、哲学的な理由はわからないが、「死」は神聖で冒《おか》しがたいものと考えていることは確かである。

蘇我一族の墓にも、そのような特徴があるのだろうか。蘇我一族が実在したならば、彼らの墓にこそ、その証拠が残っているはずだ。

『日本書紀』において、蘇我大臣稲目宿禰は五七〇年に亡くなったが、どこに葬られたか記載されない。反対に、蘇我馬子は六二六年に桃原墓《ももはらのはか》に葬られたと明確に記される。そして、六四三

写真54　石舞台古墳

年蝦夷と入鹿は生前に双墓《ならびはか》を今来《いまき》に造ったと記載される。

馬子の桃原墓は、法隆寺論争における「再建説」の旗頭であった喜田貞吉《きださだきち》によって、一九一二年に飛鳥寺の南東側にある石舞台《いしぶたい》古墳（写真54参照）と推定されて以来、この説が有力となっている。その後一九三五年の発掘（京都大学 浜田耕作）によって、方墳であったと判明している。

石舞台古墳には、石棺もなく遺物が何も残っておらず、七世紀前半に築造された古墳という理由だけで、蘇我馬子の墓と推定されたようだ。飛鳥時代の古墳の特徴として文字が出土しないことを前述しているが、古墳の被葬者が誰か、何も確定的なものはない。また、一九七六年奈良県立橿原考古学研究所の調査で、石舞台古墳の西北部の下層から「七基以上の六世紀後半から末にかけての円墳や方墳（図30の95）が見つかり、これらの古墳を削って石舞台古墳が築造されていた」とわかった。

石舞台古墳は七世紀になって、なんらかの理由で以前からあった古墳を削平《さくへい》して造られたわけで、馬子の墓として意図的に築造されたと想像もできる。さらに、石舞台古墳の南東側から一九六七年に都塚《みやこづか》古墳（図30の99）が発掘されているが、階段状の方墳で石舞台古墳とほぼ同じ方向に配置され、六世紀後半に築造されているようだ。なにしろ馬子の墓を『日本書紀』に記した人物が存在するわけで、石舞台古墳は都塚古墳を倣って造られていても不思議ではない。

本書の主張は、『日本書紀』が冒頭の文章にあるように「陰陽の二元論」によって編纂され、飛鳥京や新益京（いわゆる藤原京）などの都市もそのように造られたとしている。また、蘇我も聖徳も「陰陽の二元論」で考えられた人物に他ならないとしている。その証拠が、現状の明日香村遺跡図（図30、明日香村教育委員会）にある。それには、耳成山南北軸と藤原宮南北軸を加えてある。

二つの南北軸の西側に古墳が集中していることが、〔図30〕にはっきり見てとれる。つまり、都市においては西側が「月」や「死」を示す「陰」であり、東側が「太陽」や「生」を示す「陽」ということである。「陰陽の二元論」で都市が構想され、耳成山の南北軸と藤原宮の南北軸

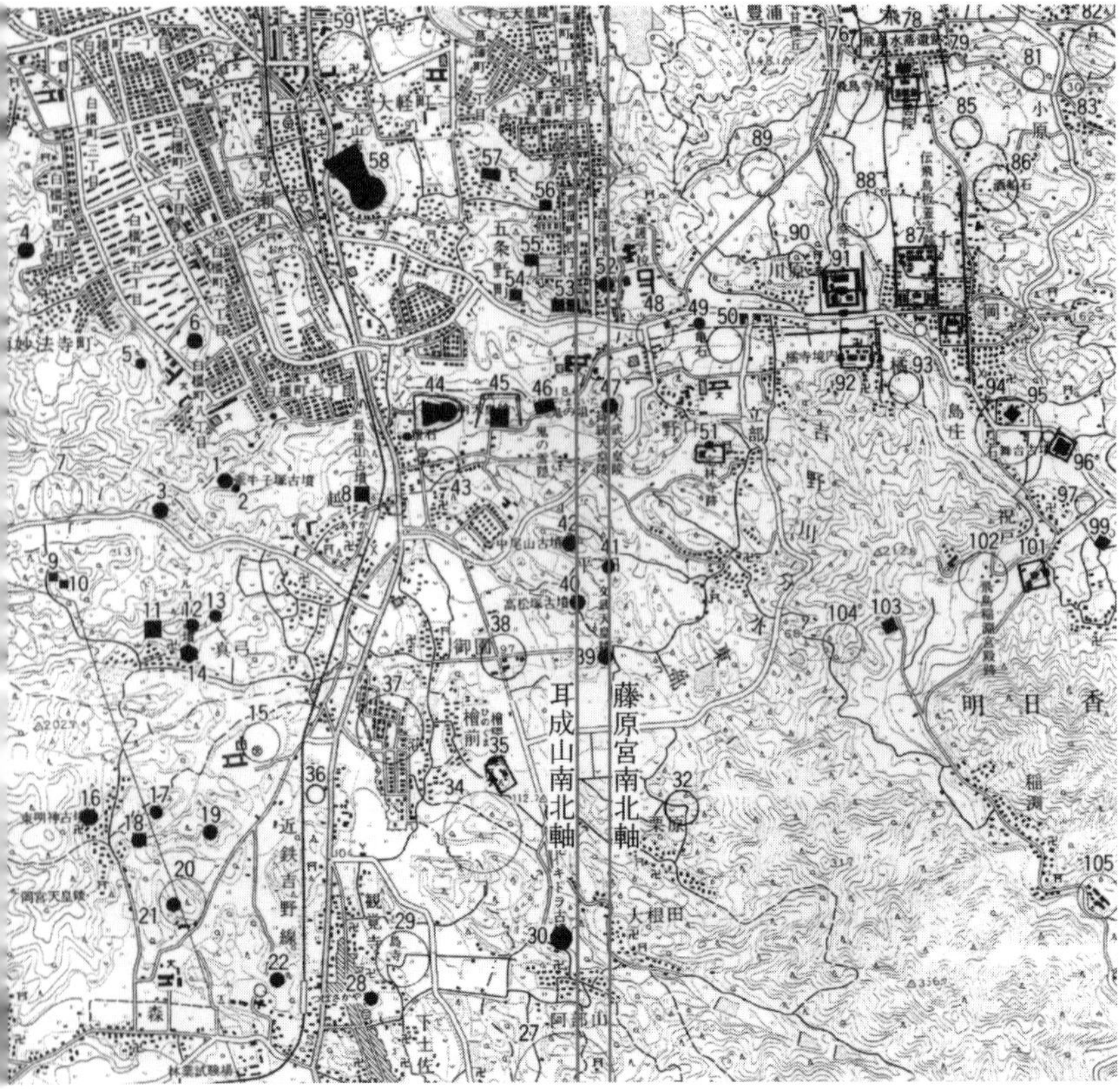

1.牽牛子塚古墳　2.越塚御門古墳　3.真弓鑵子塚古墳　4.小谷古墳　5.益田岩船　6.沼山古墳　7.与楽古墳群　8.岩屋山古墳　9.スズミ1号墳　10.スズミ2号墳　11.カヅマヤマ古墳　12.真弓ミヅツ古墳　13.真弓テラノマエ古墳　14.マルコ山古墳　15.佐田遺跡群　16.束明神古墳　17.佐田2号墳　18.佐田1号墳　19.出口山古墳　20.森カシタニ遺跡　21.森カシタニ塚古墳　22.向山1号墳　23.薩摩遺跡　24.松山呑谷古墳　25.清水谷古墳　26.ホラント遺跡　27.阿部山遺跡群　28.稲村山古墳　29.観覚寺遺跡　30.キトラ古墳　31.阿部山廃寺　32.呉原寺跡　33.檜隈門田遺跡　34.檜前大田遺跡　35.檜隈寺跡　36.坂ノ山古墳群　37.檜前上山遺跡　38.御園チシアイ遺跡・御園アリイ遺跡　39.塚穴古墳　40.高松塚古墳　41.火振山古墳　42.中尾山古墳　43.平田キタガワ古墳　44.梅山古墳　45.カナヅカ古墳　46.鬼の俎・雪隠古墳　47.野口王墓古墳　48.川原下ノ茶屋遺跡　49.亀石　50.西橘遺跡　51.定林寺跡　52.菖蒲池古墳　53.五条野宮ヶ原1号墳・2号墳　54.五条野向イ古墳　55.五条野城脇古墳　56.五条野内垣内古墳　57.植山古墳　58.五条野丸山古墳　59.軽寺跡　60.石川精舎　61.橿原遺跡　62.田中廃寺　63.和田廃寺　64.雷丘北方遺跡　65.大官大寺跡　66.カセヤ塚古墳　67.庚申塚古墳　68.山田寺跡　69.上の井出遺跡　70.奥山久米寺跡　71.奥山リウゲ遺跡　72.雷丘東方遺跡　73.雷丘　74.豊浦寺跡　75.石神遺跡　76.飛鳥水落遺跡　77.飛鳥寺西方遺跡　78.飛鳥寺跡　79.飛鳥東垣内遺跡　80.竹田遺跡　81.小原シウロ遺跡　82.八釣・東山古墳群　83.東山マキド遺跡　84.金鳥塚古墳　85.飛鳥池工房遺跡　86.酒船石遺跡　87.飛鳥京跡　88.飛鳥京跡苑池　89.甘樫丘東麓遺跡　90.川原寺裏山遺跡　91.川原寺跡　92.橘寺跡　93.東橘遺跡　94.島庄遺跡　95.石舞台1～4号墳　96.石舞台古墳　97.馬場頭古墳群　98.打上古墳　99.都塚古墳　100.戒成組田古墳　101.坂田寺跡　102.飛鳥稲淵宮殿跡　103.塚本古墳　104.朝風廃寺　105.稲淵ムカンダ遺跡

図30　明日香村遺跡図（明日香村資料に南北軸を加えた）

によって、はっきりと東西に分断されている。そして、耳成山の南北軸を「陰」の西側に追いやるために、藤原宮の南北軸を設定したと前述している。

耳成山南北軸を中心とした都市が造られた時期を六〇〇年頃とすれば、それらの古墳群の位置関係も納得できるようにおもう。東側には石舞台古墳（図30の96）や都塚古墳（同99）や塚本古墳（同103）、そして前述した六世紀後半に造られたが、削平された古墳群（同95）があるのみだ。

東西の古墳の箇所を比較すると、東側四ヵ所に対して西側三八ヵ所ほどの差があり、明らかに西側に「死」の領域があるとしてもよい。そのような例はエジプト文明（王家の谷）や平安京（化野《あだしの》）にもある。特に石舞台古墳は周辺にあった古い古墳を削って、新しく造られたわけで、「陽」の東側に造られた「偽りの古墳」ではないか。

石舞台古墳が、意図されたアリバイ工作だったとしたら、どうだろう。『日本書紀』の編纂者が蘇我馬子の墓を桃原墓と記載した以上、なんらかの証拠を残さねばならない。七二〇年に発表された『日本書紀』ならアリバイ工作の時間は充分にある。藤原不比等によって石舞台古墳が造られたと想像する。それは〔図3　藤原の軸線〕における崇峻天皇陵のようなもので、厩戸皇子が葬られた磯長《しなが》陵（太子町）もアリバイ工作の可能性が高い。磯長という古墳の密集地に敏達・用明・推古・孝徳を葬ったと記した以上、なんらかの根拠を残さねばならなかった。

石舞台古墳の南東にある古い都塚古墳は「陰陽の二元論」で都市を造る以前の古墳であって、

五七〇年に亡くなったが、どこに葬られたか記載されない蘇我大臣稲目宿禰の古墳とされれば、不比等には都合よく、そのように判断する現代の歴史学者も存在する。結果として、本書の主張は、石舞台古墳が「陽」の側に造られた「偽りの古墳」と判断する。

蝦夷と入鹿の「今来《いまき》の双墓《ならびはか》」はどこだろうか。「今来」の位置が問題になるが、「今来谷《いまきのたに》のほとり」に葬られた人物、わずか八歳で亡くなった建王《たけるのみこ》（天智の子）の墓も「今来」となっている。この時、祖母の斉明天皇は大いに嘆き、自分が死んだら合葬するようにと命じたと記されている。

建王《たけるのみこ》の墓は、祖母斉明の希望もあって、飛鳥京から遠くない場所に葬られているはずであり、檜前《ひのくま》の梅山古墳周辺と考えるほうがよい。また、『飛鳥の渡来人と桧隈寺』（木下正史著）においても、檜隈寺周辺地域を「今来（新来《いまき》）」とする説もあり、そう間違った話ではない。そのようであれば、植山古墳（図30の57）も双墳であり、土地開発によって既に失われた五条野宮ヶ原一、二号墳（同53）も二つ並んだ方墳である。もう少し範囲を広げれば、多くの古墳が並んだ状態にあることがわかり、判断がつかない状況となる。そのようなことも、藤原不比等には織り込み済みだったのではないか。

写真55　入鹿の五輪塔と甘樫丘

「入鹿の首塚」が存在する理由

明日香村の有名な遺跡の一つに「入鹿の首塚」（写真55参照）なるものが、現在も飛鳥寺と甘樫丘の軸線上にある。鎌倉時代の様式の小さな五輪塔《ごりんとう》があって、いつもその墓前に花が手向けられていて、皆から親しまれているのだなとおもわされる。どのような人間でも死んでしまったら皆同じなのだという「日本列島人の心」が感じられる。その「入鹿の首塚」は明日香村遺跡図（図30）には記載されていないので、遺跡とは認識されていないのだとおもわされるが、伝承されるには理由があるとおもう。

本書の論理では、蘇我一族は傀儡だから「入鹿の首」などあるわけがないが、現状はそのようではなく、なぜ「入鹿の首塚」が存在しているのか、その理由を説明しなければならない。

「入鹿の首塚」は、よく考えてみれば、蘇我馬子が建てた飛鳥寺と蝦夷と入鹿の邸宅があったとされる甘樫丘を結ぶ線上にあって、飛鳥寺と甘樫丘の軸線上に存在するなら『日本書紀』に記される父祖の地に葬られたということになる。つまり、『日本書紀』をよく認識している人物によって造られたと考えるのが自然だ。やはり、それなりの理由があって、その位置に首塚が存在するとおもう。

『日本書紀』を信ずるならば、入鹿の墓は前述するように、今来《いまき》に父の蝦夷と並ぶ双墓《ならびはか》を生前に造ったとされる。また『日本書紀』に入鹿は中大兄（天智）に切られるが、首を刎《は》ねられたとは記載されておらず、そのような絵があるのは「入鹿の首塚」からの連想に過ぎないことがわかる。したがって、どこかに入鹿の墓があったとして、どうして首だけ取り出したのか、という疑問が生じる。さらに、飛鳥時代の古墳から文字が出土しないわけで、どうして入鹿の遺体とわかったのか、その点が謎となる。

入鹿の墓の様式は五輪塔で鎌倉時代の様式だから、六四五年の「乙巳の変」から首だけを保存して鎌倉時代に再葬したとするのは、少し無理がある。そのなかで、高松塚の被葬者の頭蓋骨を「入鹿の頭蓋骨」と思い違いをした。という仮説が唯一現実的な想像となる。

高松塚の被葬者の遺骨のなかで頭蓋骨だけがなかった。また、高松塚が盗掘にあったのは鎌倉時代ということが、盗掘者が照明に使った「灯明《とうみょう》」の器具の様式からわかっていて、首塚が造られたのも鎌倉時代だ。奈良・平安と続いた貴族社会が崩壊した鎌倉時代に古墳の盗掘が広まったのであろう。

高松塚の頭蓋骨だけがない遺骨は歯の一部や舌骨が残されていて、首を斬られたものでないことが研究からわかっている。それは、最初から首もつながった状態の遺体があったという意味で、盗掘者が頭蓋骨だけを取り出した可能性が一番高いことになる。しかも、〔図30〕に示される高松塚の北側の中尾山古墳は火葬骨しか入らない小さな石槨しかない。

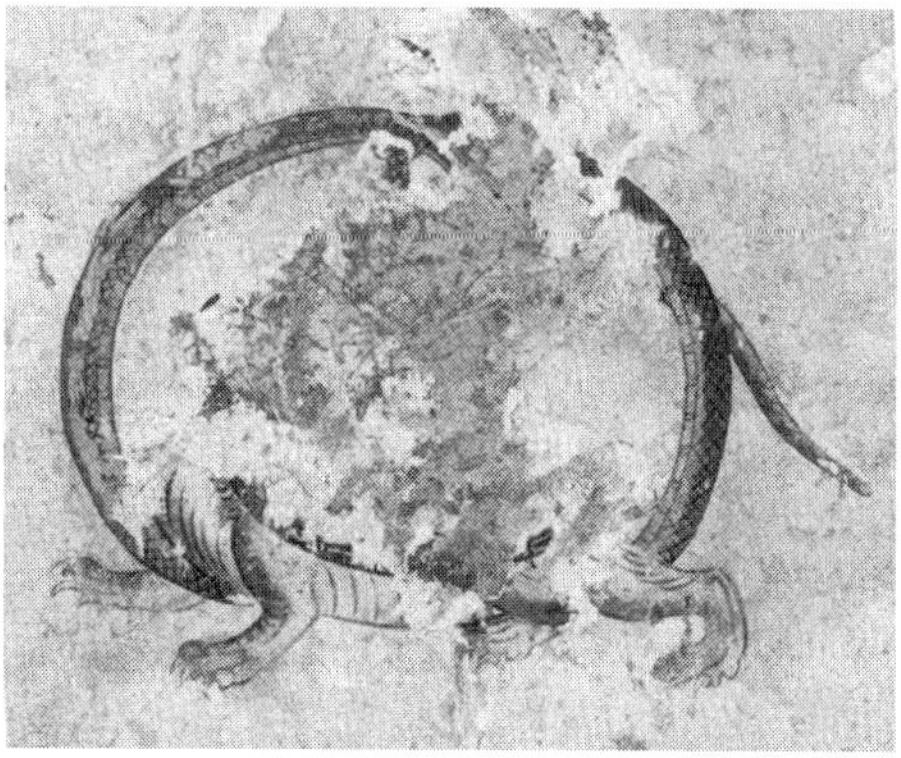

写真 56　高松塚壁画「玄武」（文化庁公開データ）

盗掘者なら『日本書紀』を研究していたと考えられ、中尾山古墳の被葬者は、耳成山南北軸の高松塚の北側であって、血縁者で父親と判断できたはずだ。『日本書紀』には入鹿の父の蝦夷は邸宅で焼死したと記載されているから、火葬骨しか入らない中尾山古墳を蝦夷の墓と判断した。そうであれば、高松塚を入鹿の墓とおもっても不思議はない。

「聖徳太子虚構説」では「蘇我の王権であった」とする歴史学者もいるわけで、中尾山古墳と高松塚は距離も近く双墓で今来に近く記述通りとおもったはずだ。そして、盗掘者は高松塚の壁画を見て、呪われた入鹿に同情して怒ったのではないだろうか。その壁画の北側の玄武《げんぶ》（写真56参照）と東西の日月が破壊されていて、破壊することによって呪いを解いたつもりだったと想像される。

現代と同様に、誰もが『日本書紀』を信じているわけで、鎌倉時代にあってもそのようになるはずである。以上のような想像以外に、なぜ「入鹿の首塚」が存在するのか、合理的な説明がつかない。したがって、今もって「入鹿の首塚」に頭蓋骨があるなら、朱が残った状態で出土し、DNA鑑定の結果、高松塚の被葬者に一致するはずだ。本来そこにあってはならない人物の遺骨が、他人の名前で五輪塔に葬られているということになる。

4 『古事記』『日本書紀』『続日本紀』が示す蘇我一族の虚構性

『日本書紀』が示す蘇我一族の名前

蘇我一族の実在性を追ってきたが、何も確定的なものはなかった。むしろ、虚構に満ちていることが明確となった。そして、『古事記』に蘇我稲目の名はあるが、蘇我馬子、蝦夷、入鹿は『日本書紀』にしかない。そこから、二つの歴史書の関係性が浮上する。

蘇我一族と聖徳一族が傀儡であれば、明らかに『日本書紀』と『古事記』は陰陽の関係で共に藤原不比等の編纂という本書の論理が成り立つ。なぜなら、「陰陽の二元論」から生み出されるものは「似《に》て非《ひ》なるもので、互いに補いあって存在し続ける」という特徴があり、馬と馬小屋の関係を踏襲する馬子と厩戸は仏教振興が共通で、天皇を殺害する悪役とイエス・キリストを倣った聖人にわかれる。

『日本書紀』と『古事記』では天孫降臨・万世一系というコンセプトが同じだが、『日本書紀』に推古以降が加わって、蘇我一族と聖徳一族の活躍する場面が詳しく描かれる。つまり『日本書紀』では、天皇であった古人大兄の殺害を隠すために、蘇我一族と聖徳一族が組み込まれ、難波京や飛鳥京という都市までも隠された。

聖徳一族だけが、現状のように傀儡ではなく、蘇我一族も明らかに傀儡であり、「陰陽の二元論」によって創造されたと軸線や軒丸瓦の文様という物理的な要素から判明する。したがって、本書の論理の方が客観的に視て自然であり、決定的なものは文献に示される彼らの名前が『史記』の逸話を示していることだ。

「馬子蝦夷入鹿」の文字に関して、前述するように、紀元前九〇年頃に成立した中国の歴史書『史記』には「鹿をして馬となす」の逸話があり、その文字の示す意味は逸話から明らかに「脅迫」となる。「蝦夷」を挟んでいる子と入は「入れ子」であって、蝦夷はもとより「排除せよ」との指示となる。

当時の倭国において、「蝦夷」という他民族は同化させるか排除するかのどちらか一方の対応であった。そのような名前を大臣の馬子の子に付けた。古代においてもありえないことで、『史記』の逸話を暗示していると判断してよく、藤原不比等にとっても、みずからの死後を託す『日本書紀』であった。

不比等の子の藤原宇合《ふじわらのうまかい》によって、天武一族の長であった高市皇子《たけちのみこ》の子である長屋王《ながやおう》一族が七二九年に死罪とされたことに象徴されるように、『日本書紀』の暗号のもとに藤原一族の権力が増大していったことが証拠となる。

結果として、蘇我聖徳が虚構であったために、古代歴史が振り回されたわけだが、よく考えてみれば答えは文献の中に込められていたとも言える。本書のような説が一三〇〇年間なかったからといって、軸線や軒丸瓦の文様や蘇我一族の名前の暗号などの根拠はしりぞけられるはずもなく、真実は何か、追究されるべきであろう。

持統天皇の即位に使われた『古事記』

本書の論理は、『日本書紀』と『古事記』が陰陽の二元論から創造されているとしているが、その目的は『古事記』が持統天皇の即位のために使われ、『日本書紀』が「乙巳の変」における天皇殺害の真実の隠蔽や天智一族や藤原一族の出自の美化のために使われたとしている。その根拠として、『古事記』の製作年代が不明であることと、最後の天皇が女帝の推古天皇となっていることが重要であったとしてきた。

『古事記』は『日本書紀』に記されず、その序文に太朝臣安万侶《おおのあそんやすまろ》が編纂したと自己申告しているところから、その制作年代が割り出されている。しかし、序文は『日本書紀』になく、『古事記』の序文は後から付け足したものという説が多いのも事実である。本書も序文を平安時代の末頃に太朝臣安万侶の子孫が創作したとする説（『倭国の時代』岡田英弘著）を採ろうとおもう。

『古事記』の制作年代は推古で終わっていることから、推古以後ということはわかるが、なんのためにつくられたのか判明しない。しかし、『古事記』のような長文を作成する理由を考えると、それによってメリットのある人物がつくったとする方が合理的である。また、『日本書紀』が「天孫降臨・万世一系」というコンセプトで「天皇殺害の真実の隠蔽」という役目を負っているなら、なにか役目があったのではないか、そのように考えても不思議はない。

『古事記』が女性の推古天皇で終わっていることから、持統天皇が『古事記』を皇位継承の切り札としていた可能性があると気づいた。なぜなら、推古は敏達の皇后であって、用明、崇峻と早く亡くなって天皇になったのであり、持統は天武の皇后であって、大津、草壁と亡くなって天皇となったことに同じであるからだ。『古事記』は持統女帝を誕生させるために創られたとしてよいとおもう。

藤原不比等は優秀な官吏であって、その才能が天皇の継承において発揮されたのではないか。現代では考えられない話だが、『古事記』は記録の残っていない百年を隔てた女性天皇への継承問題を解決する手段として使われた。つまり『古事記』には、推古天皇が即位する条件として、用明天皇と次の崇峻天皇が早逝していることがあって、敏達天皇の皇后の推古が天皇になったという経過のみが記されている。

『古事記』の推古は、大津皇子と草壁皇子が亡くなった天武の皇后である持統の場合に同じであって、持統が即位してもよい前例が『古事記』の存在によって証明される。前例重視は官庁などにおいて、現在でも同じだから、古代は違ったなどとは言えない。加えて『日本書紀』には、用明・崇峻・推古及び厩戸は蘇我一族の女性と天皇とのあいだの子達で、自己増殖し自己消滅して、他の豪族たちには何の影響もないようにつくられている。だからこそ蘇我一族が支配する地域などは記載できなかったが、様々な土地や邸宅を記して誤魔化した。

以上のような事象が『古事記』と『日本書紀』において、蘇我一族が傀儡であって、藤原不比等によって、それらの歴史書がつくられていると断定できる根拠となる。断定する判断材料には、文献から迫った「聖徳太子虚構説」(『聖徳太子の真実』)において「用明・崇峻・推古の大王位は消え」とされることも含まれている。したがって、『日本書紀』における宣化天皇(五三六年即位)から最後の天皇である持統天皇(六九七年退位)までの間が脚色されたとわかる。

『日本書紀』と『続日本紀』の分かれ目が示す蘇我一族の虚構性

『古事記』と『日本書紀』の関係性は、当然ながら、『日本書紀』以後の歴史書『続日本紀』に引き継がれ、藤原一族の活躍する平安時代まで続くことになると考える。ここで問題とするのは、『日本書紀』の最後の持統天皇と『続日本紀』の最初の文武《もんむ》天皇（六九七年即位）は祖母と孫だから、そこで二つの歴史書に分断される事実もよく考えるべきである。

文武天皇の母である元明《げんめい》天皇（七〇七年即位）の時代に平城京へ遷都されるわけで、本来なら、『続日本紀』の最初は元明天皇の方がふさわしいはずだが、そのようになっていない。つまり、不比等がそのようにしなかった意図があるとおもわれる。

『日本書紀』の公表時期七二〇年は不比等が亡くなった年で、できるだけ遅らせたのではないかとおもう。『古事記』の最後が推古で天皇の継承が問題だったように、『日本書紀』の最後が持統天皇となっていることも、天皇の継承が問題だったのではないか。

『日本書紀』の最後を文武天皇とした場合、『続日本紀』の最初は元明天皇で文武天皇の母となって、女帝となった説明が難しいこともあるが、なによりも、持統が孫の文武に引き継ぐために、天皇位を継承したという事実を残したかったと考える。

『古事記』が女帝の推古の即位で終わって、同じく女帝の持統の即位を助けたように、首皇子《おびとのみこ》

（聖武天皇）に天皇位を引き継ぐために祖母の元明天皇や叔母の元正が即位する前例を『日本書紀』に残したのではないか。首皇子への継承において万全を期すなら、『日本書紀』と『続日本紀』のあいだは持統で終わり、文武で始まらねばならなかった。つまり、不比等はいつ死んでもよいように準備していた。

藤原不比等の権力が、その当時絶大であったことは、不比等によって平城京が構想されたことで証明される。〔図3〕（三一頁）を見れば明らかであって、不比等の生前はもちろんのこと、その死後は『日本書紀』によって、首皇子（聖武天皇）に継承されることになるよう設定したのである。したがって、不比等の死後は「稲目馬子蝦夷入鹿」という暗号が威力をもったはずであり、『史記』の故事を利用した「臣下に対する脅し」に意味があった。

不比等は、死後も孫の聖武天皇を守っていたのであり、そのために「聖武」の名前も生前に決定して、『日本書紀』において聖徳太子と天武天皇を聖人や徳のある天皇として描き、彼らから一字をとって「聖武」とした。そして、天武を天智天皇の同母弟とせねばならなかったのだが、それが偽装であり、天武天皇は古人大兄皇子の同母弟であったことを、次章において物理的に証明したいとおもう。

『古事記』と『日本書紀』には偽りが含まれていたが、政権を奪った側に有利となる歴史書の常識の範囲を超えるものではない。蘇我に絡む人びとは、古人大兄皇子や持統や元明天皇を除いて、存在を示す考古学的な証拠が一切なかった。天皇クラス（用明、崇峻、推古、厩戸など）の人たちも崇峻を除けば、本書が示す軸線に一切登場せず、その他の証拠（軒丸瓦の紋章など）もない。その事実は飛鳥時代の他の天皇の実在性を示す証拠と乖離《かいり》がある。

軸線には「血縁・こころ・時間」が組み込まれているのであって、古代人がなんの意味もなく、その位置に建造物を造るなどありえないことで、飛鳥時代の歴史は建造物の位置から物理的に解明できる。現代人と何も変わらない古代人の心情が遺跡や遺物から蘇っていることを知るべきであろう。

第Ⅵ章　天武は天智の同母弟ではない

1　蘇我・聖徳によって偽装された天智天皇の出自

『日本書紀』が天智天皇と天武天皇を同母の兄弟とすることができたのは、蘇我や聖徳一族を傀儡とすることによって可能となったとしてきた。なぜなら、古人大兄皇子を蘇我系の母から生まれたとすることが『日本書紀』という壮大なフィクションの出発点であり、天皇位に就いていた古人大兄の殺害が「乙巳の変」の目的であったからだ。

「乙巳の変」の真実を隠すには古人大兄皇子の出自《しゅつじ》を貶《おとし》めることで、蘇我の一員にすることであった。天智と古人大兄皇子を入れ替えたと考えれば、わかりやすい。したがって、この章では天智天皇と天武天皇が同母の兄弟でなかった証拠を提出し、古人大兄皇子が天武天皇の同母の兄であったと推測できることを示したいとおもう。ただ、これらの論拠が文献から導けるわけがなく、建造物の位置からとなる。これから述べる仮説が正しければ、蘇我・聖徳が傀儡であると確定される。

当時は陰陽の方角によって建造物の位置や祭祀の場所を決定していたと、軸線によって判明した。なぜその位置に建造物が存在し、その場所で祭祀をおこなったのか、その意味を考察することによって「天智と天武が同母の兄弟ではなかった」ことが解明できた。

天武天皇は大官大寺《だいかんだいじ》（高市大寺《たけちのおおでら》）や本薬師寺《もとやくしじ》を建立しているが、それらが建てられた場所に意味があった。そして、なぜか天智天皇の墓は『日本書紀』や『続日本紀』にも記載されていない。伝承や推定によって、山科山陵となっているに過ぎないのだが、なぜそのようになっているか。それを解明することによって、すべての謎が解けた。

大官大寺や本薬師寺の位置が示す意味から天智天皇の墓の位置を明らかにし、その点からも天智と天武が同母の兄弟ではない証拠を提出したいとおもう。

2　廣瀬と竜田の神祀りが示す天智の出自

廣瀬と竜田での祭祀は古人大兄皇子一族の鎮魂であった

天武天皇（大海人皇子）は『日本書紀』によれば、舒明天皇と皇后・宝皇女《たからのひめみこ》（皇極・斉明天皇）のあいだに生まれ、葛城皇子《かずらきのみこ》（天智天皇）と間人皇女《はしひとのひめみこ》（孝徳天皇の皇后）が兄姉《あにあね》とされている。

だが、「それは違う」と廣瀬《ひろせ》と竜田《たつた》の位置から証明しようとおもう。

古代の「関ヶ原の戦い」といわれる壬申《じんしん》の乱（六七二年）を征した天武天皇は、戦後処理（敗

写真 57　大和川の分岐点から廣瀬神社の森を望む

れた側の鎮魂）として六七二年に高市大寺（大官大寺）を建立し始め、六七五年の四月から廣瀬の河原で大《おお》忌神《いみのかみ》や竜田の立野《たつの》で風神《かぜのかみ》を祀《まつ》る。その天武みずからが行った祀りは六八六年に亡くなるまで二〇回（『日本書紀』に記載される年）に及び、おそらく毎年四月と六月（七月の場合もある）に行っているとおもわれる。

風神は風をあやつる神であり、大忌神は国家を守り、穢《けが》れを浄めるとされるが、問題はその祭祀の位置にあった。現在、廣瀬の河原には廣瀬神社（写真57参照）があり、竜田の立野とされる場所には龍田神社がある。それを〔図31〕（⑤廣瀬神社と龍田神社）に示した。

廣瀬神社の位置は《高松塚―斑鳩宮（夢殿）を結ぶ二〇度の軸線上（表12参照）》にあり、《藤ノ木古墳―御破裂山の軸線（表24参照）》とも交差した地点となっている。また、廣瀬の河原は（写真57）にあるように

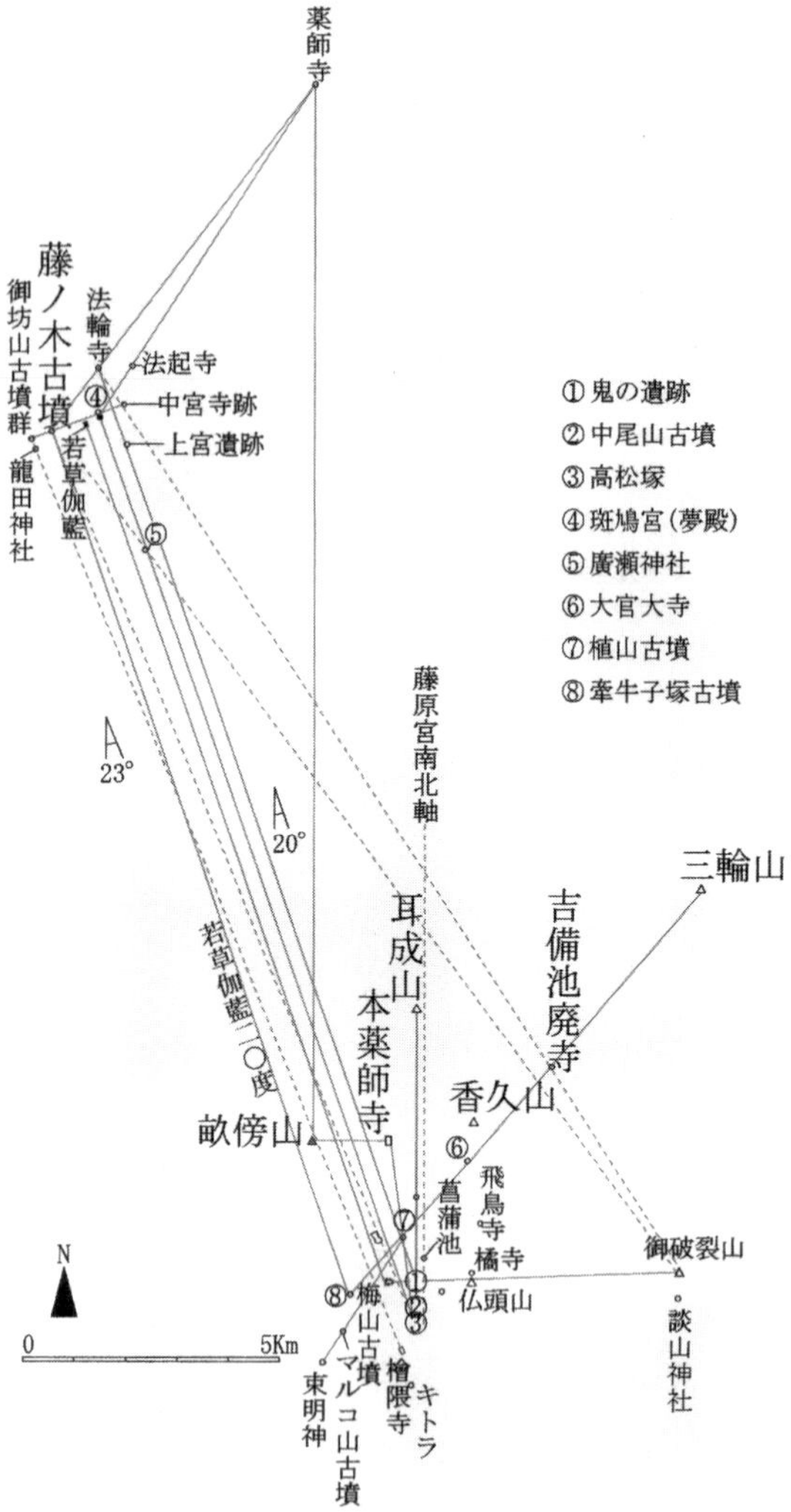

図 31　廣瀬と竜田の位置関係図

場所	北緯（緯度）	東経（経度）	方位角
御破裂山（山頂）	34.47049	135.86005	—
廣瀬神社	34.59158	135.74835	322.6731
藤ノ木古墳（中心部）	34.61182	135.72947	322.6374

表24　御破裂山—廣瀬神社—藤ノ木古墳の軸線角度計算表

飛鳥川が大和川に合流する地点であり、飛鳥川を遡った先に飛鳥京を望むことができ、なにかいまでもパワースポットの雰囲気が漂っている場所で、天文・遁甲《とんこう》の術に長《た》けた天武天皇が祭祀の場とした意味が伝わってくる。

龍田神社の場所は藤ノ木古墳（写真58参照）や御坊山古墳群の南側に位置しているが、この御坊山古墳群と明日香村の檜隈《ひのくま》寺《でら》遺跡はその伽藍の中心軸線の角度二三度で結ばれていて、それを延長するとキトラ古墳に至ることがわかっている（図31参照）。

高松塚は藤ノ木古墳と二三度の軸線（表18参照、一八六頁）で結ばれていることから、第Ⅲ章で述べたように、この二つの古墳の被葬者は天皇であった古人大兄皇子とその皇太子夫婦と推測しているが、二三度の軸線で結ばれる以上、これらの古墳が檜隈寺やキトラ古墳とも関係することは明らかである。

天武天皇みずから行う廣瀬や竜田での祀りに関して、現代人

写真 58　藤ノ木古墳

でも墓参りに毎年行くのだが、代理を立てずにみずからが行くなら、父母や兄弟など最も近い肉親の墓の場合だ。その感情は古代も変わらないのではないか。確かに、直接的な古墳の前ではないとしても、天皇として国家のためにも祈る必要があったのだろう。もっとも、焼失した斑鳩宮や高松塚で祈ったかもしれないが、歴史書に記すわけにはいかなかった。

　この事実は天智天皇と天武が『日本書紀』の記載する同母の兄弟ではないと示しているとおもう。

天武が行って天智が行わなかった廣瀬での神祀り

《高松塚―廣瀬―斑鳩宮（夢殿）》と《藤ノ木古墳―廣瀬―御破裂山の軸線》が存在する意義を考えれば、天智と天武天皇が同じ母から生まれた兄弟ではないことがわかるとおもう。

　廣瀬は、当時、神社がなかったはずで、軸線の交点で行われた祭祀は、陰陽の原理「方角」に関連しているのは確かで、なんらかの占いの結果が表われていると判断できる。その高松塚や斑鳩宮跡と結ぶ神の山や仏教寺院の役目は鎮魂や祓《はら》いなどであったはずで、それらを効果的に行うには「気のながれ」に沿った「見えない軸線」で結んだ位置がふさわしい。

廣瀬での祭祀の意味（鎮魂や祓い）は、現代でも亡くなった人の命日《めいにち》に墓参りをする人が多いのだが、毎年同月に行うなら古《いにしえ》から変わらずに、亡くなった父母や兄弟のためにする行為と考えるのが自然である。それを天武天皇が毎年同月に行っているわけで、高松塚や藤ノ木古墳の被葬者のために行ったことは明白なのではないか。同じ場所で毎年二回行う意味は、それらの古墳の被葬者の命日が異なっているとするのが自然だ。

天智天皇は、その廣瀬や竜田での祀りを行っていないのであって、その事実から、高松塚や藤ノ木古墳の被葬者と天智天皇は、少なくとも濃い血縁（父母や兄弟）ではないとしてよいと考えられ、天智と天武は同じ母から生まれた兄弟ではない可能性が高いということになる。物理的な軸線から、そのように判断できる。

天武天皇を継承した持統天皇は、廣瀬と竜田での祀りを引き継いでいるが、皇后という立場であった彼女としてはそうせざるをえなかったとおもう。『日本書紀』に、天武はみずから祭祀を行っているとされるが、持統は儀式に参加せず代理を立てたとされ、天智の娘であることが影響していると、おもわざるをえない。

「廣瀬や竜田の場所で祀ることが墓参りになるのか」という疑問が、ここで出るとおもう。墓参りなら古墳の前で行えばよいだろうということだが、前述するように、天武天皇には国家のために祈ることも必要であったと考えられる。陰陽の原理「気」の集中する特別な場所（軸線上の交点）で、大忌神には国家安泰を、風神には五穀豊穣《ごこくほうじょう》を祈った。また当然ながら『日本書紀』に古墳で祈ったなどは記せなかった。

したがって、天智天皇が行っていない廣瀬での祭祀から、天武天皇は高松塚の被葬者（古人大兄皇子）と兄弟であった可能性が高く、それを確定するためには別の条件が必要となり、斉明天皇が天武の生母ではないと証明されればよいと考える。

『日本書紀』が天智天皇を天武天皇の同母兄とした理由

『日本書紀』は、なんのために天智天皇を天武天皇の同母の兄にしなければならなかったのか。それは、舒明天皇の皇后の子として、正統性を手に入れたかったことに尽きる。それは逆に、天武天皇が皇后の子としての正統性があったと示している。

『日本書紀』という歴史書の目的は、政権を握った側を有利に導くものであったのであり、一つは天智一族や藤原一族の出自を美化することで、蘇我や聖徳一族を傀儡とすることによって、天智を天武の兄に仕立て上げた。

もう一つは、「天孫降臨・万世一系」というイデオロギーの主張だった。それを必要としたのは、持統天皇が孫の文武天皇に政権を移譲する時期であり、それは天照大御神という女神が孫のニニギノミコトに移譲することに同じで「天孫降臨」となっている。また、藤原不比等や文武の母で天智の娘・元明《げんめい》天皇の孫である首皇子《おびとのみこ》（聖武《しょうむ》天皇）を天皇位に就け、政権を握り続ける仕組み「万世一系」を主張した。それらは陰陽に分けられた『日本書紀』や『古事記』に記載され、歴史や神話として補い合っている。

天智天皇の出自を美化するために、具体的に高松塚の被葬者（古人大兄皇子）と入れ替えることを最初に想いついた。そのために古人大兄皇子の母を架空の蘇我一族として貶《おとし》め、実際に仏教導入に力を注いだ敏達天皇の傀儡を陰陽に分け、馬子と厩戸としたと考えられ、聖徳太子伝説をイエス・キリストに倣ってつくりあげたと想像できる。

そのようであれば、天武の母は斉明天皇ではないことが想像され、軸線が証明してくれる。その話を次にしたい。

3　天智天皇と斉明天皇の墓は大官大寺と本薬師寺の位置が示す

天智天皇の墓が『日本書紀』に記載されない理由

天智天皇の墓は六七一年に亡くなってから、持統天皇によって六九九年に山科山陵に移葬されるまで、いったい二八年間どこにあったのだろうか。その期間は殯《もがり》（白骨化の期間）だったという説もあるようだが、天武天皇は約一年間であったから、その説は否定される。つまり、その謎を解くことが、「蘇我や聖徳一族が傀儡である」と証明することであった。

「乙巳の変」のヒーローである天智天皇の墓は『日本書紀』に記載されない。なぜであろうか？本来なら、厩戸（聖徳太子）の子の山背大兄皇子を殺害した蘇我入鹿を退治した中大兄（天智）の墓は立派に築造されねばならないはずだが、そのようになっていない。また、最終的に天智の娘である持統天皇が政権を握って、山科山陵に葬ったわけで、なぜ『続日本紀』に「天智を山科山陵に葬った」と記載しなかったのであろうか。

その理由のひとつが、「とても記載できなかった」というものだ。なぜなら、当時「天智の墓は天武天皇によって造られ、誰もが知っていたこと」だったからと考える。

天智天皇の墓は、現在では京都の山科山陵とされ、〔図32〕に示したが、藤原宮の南北軸上に造られていて、測量計算によって確かめられ（表8参照、一〇五頁）、それは正しいと確認され

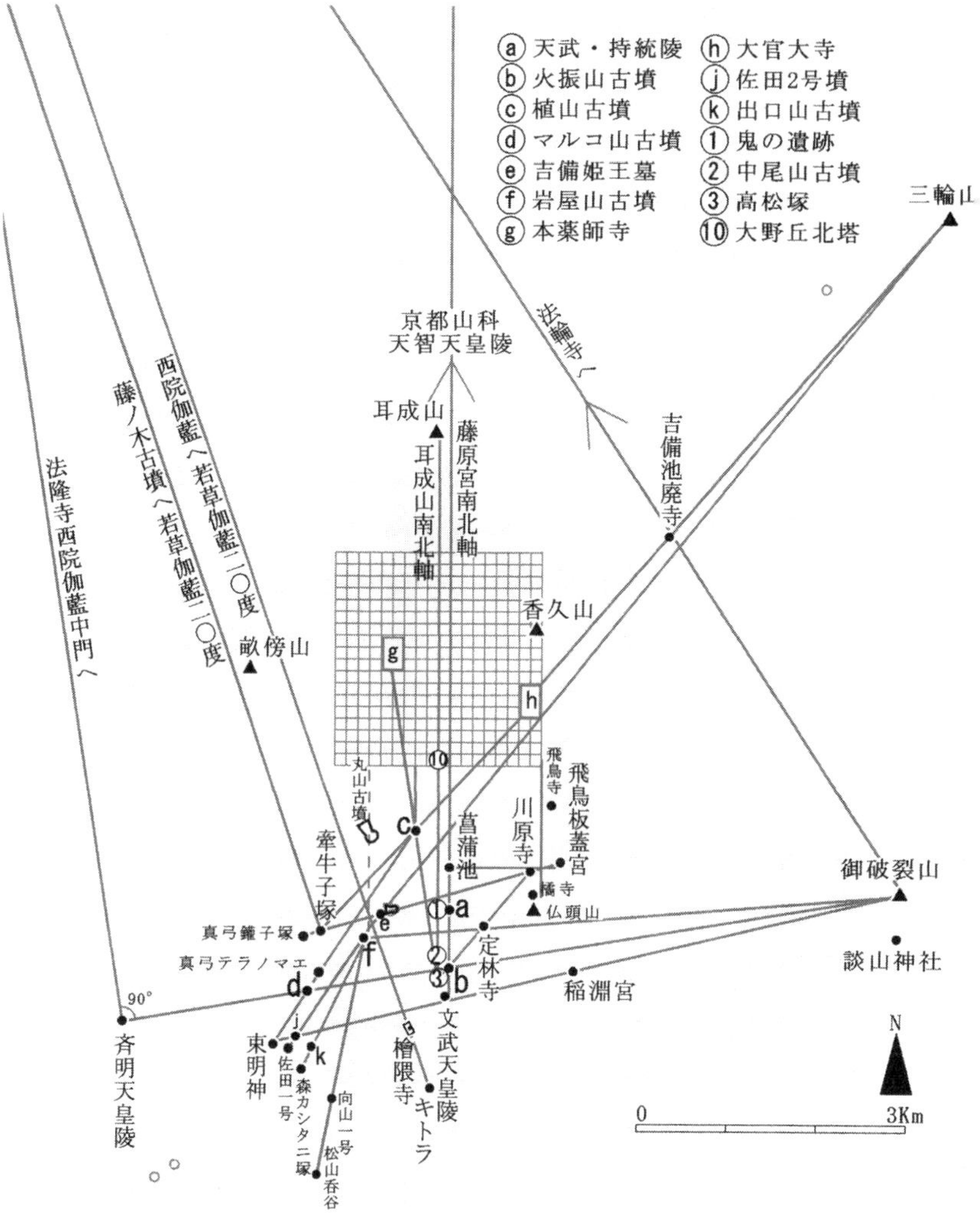

図32　大官大寺と本薬師寺の軸線

る。『続日本紀《しょくにほんぎ》』の六九九年に山科山陵と越智山陵が造られるのだが、誰の墓か記載されず、「造営」と「修造」の文字がある。造営ならその時点で造ったのであり、修造なら手直しをしたという意味となる。どちらかはっきりせず、『続日本紀』の編纂者もあいまいにしたかったのであろう。それは天智天皇と斉明天皇の墓だったが、歴史書において明確にできなかったわけで、そこに大きな謎がある。

六九九年は天智天皇が亡くなった六七一年から二八年が経っている時期で、持統太上天皇が存命中であった。天智天皇の墓が『日本書紀』に記載されないなかで、新規に天智天皇の墓を造ったとは考えにくく、天智の娘の持統によって山科山陵へ移葬されたと考えてよい。なぜならば、〔図7〕(九三頁)のごとく藤原宮を造営して、藤原宮南北軸線を設定した持統太上天皇によって山科山陵が造られたことは明白な事実である。しかし、その天智の名前を『続日本紀』に記載できなかったのは、天武によって最初の天智の墓が造られていたからである。

天智天皇の墓の経緯について、おそらく当時の誰もが知っていたはずで、それは『日本書紀』にも『続日本紀』にも記載できなかった。それでは、天智の墓を山科山陵に移葬するまで一体どこにあったか? という問題だが、壬申の乱で勝った側の天武天皇によって造られたという証拠を次項において提出したい。

死に臨んだ持統天皇の最後の願いは、藤原宮南北軸線を設定することであったのだが、父(天智）の墓や祖母（斉明）の墓を正常な位置に戻すことでもあった。耳成山南北軸を陰の側に追いやる意味があったのであり、天智一族を中心とした都市及び国づくりの象徴として藤原宮南北軸を設定したと考えられる。

実は、『続日本紀』の元明天皇と聖武天皇の即位の詔《みことのり》に、「天智天皇が定めた不改常典《ふかいじょうてん》（改《か》わらざる常《つね》の典《のり》）によって天皇に即位する」という文章があって、「不改常典」について歴史学者も何の意味かよくわからないようだが、天智天皇の墓を最北に置いた藤原宮南北軸線は「天皇の継承ライン」を示し、それが「不改常典」の意味であった。

天智天皇の墓は天武によって造られた

天智天皇の墓は植山古墳の西側石室であったのだが、天智の古墳を天武天皇が築造していた。それらの証拠が〔図32〕に示した二つの軸線なのだが、その軸線を次に示し、軸線に絡んだ場所の意味から説明を始める。特に、植山《うえやま》古墳がこの二つの軸線の交点にあり、その被葬者はキーパーソンと想像される。

○大官大寺《だいかんだいじ》—植山古墳—牽牛子塚《けんごしづか》古墳の軸線（表25参照）
○本薬師寺《もとやくしじ》—植山古墳—高松塚の軸線（表26参照）

牽牛子塚古墳（図32参照）は研究によって、斉明天皇と娘の間人皇女《はしひとのひめみこ》（孝徳天皇の皇后）を葬った小市岡上陵《おちのおかのうえのみささぎ》とされ、六六七年に葬られたとする記事がある。近年の発掘によって、『日本書紀』に記されるように、その陵の前で持統の姉の大田皇女《おおたのひめみこ》（天武天皇の妃）を葬ったとされる小さな古墳（越塚御門古墳《こしつかごもんこふん》）が発見され、これによって、牽牛子塚が小市岡上陵と確定したようだ（『飛鳥・藤原京の謎を掘る』）。

牽牛子塚古墳と越塚御門古墳には遺骨も何も残されておらず、何処かに運び去られたような状況となっている。それも異常なことで、壁画のあるキトラ古墳や高松塚は鎌倉時代に盗掘を受けているが、遺骨も副葬品なども残っている。

大官大寺について、誰が建立したのか議論があるようだ。天武あるいは文武天皇かということだが《三輪山―吉備池廃寺（百済大寺）―大官大寺（図32参照）》という軸線を見ると、正統を継いだ天武天皇が大官大寺を建立したと明確にわかる。前述するように、その軸線は舒明天皇の《三輪山―吉備池廃寺（百済大寺）―巨勢寺の軸線（図17参照、一三七頁）》に重なって、大官大寺の高さも九重塔の百済大寺に同じとなっていることが理由となる。したがって、六七三年から造り始めた高市大寺《たけちのおおでら》が大官大寺としてよい。また、大官大寺は百済大寺の資材を移転したという説があるようだが、それも舒明天皇の子である天武なら問題ないようにおもう。

本薬師寺についても『日本書紀』によれば、六八〇年に天武の皇后（持統とは記されていない）が病気になったので、誓願を立て薬師寺（本薬師寺）を建立することにしたと記されている。（私は天武の皇后が持統とする『日本書紀』の記述を疑っている。その点についても後述している。）

以上が植山古墳を交点とした軸線に絡む寺院や古墳の説明で、肝心の植山古墳の被葬者のことを話していないが、【コラム1】の「三点を結ぶ直線の論理」によって順次明らかにしたい。

《大官大寺―植山古墳―牽牛子塚古墳の軸線》が成り立つためには、植山古墳と牽牛子塚古墳の位置より先に大官大寺の位置が決まっていなければならない。なぜなら、〔図32〕のごとく《三輪山―吉備池廃寺（百済大寺）―大官大寺の軸線》があって、植山古墳と牽牛子塚古墳の位置を恣意的に決めた後に大官大寺をその位置に建てることは不可能なのだ。それらを一直線に並べることができないことが理由となる。（百済大寺は天武の父・舒明天皇の建立）

『日本書紀』が記すように、植山古墳と牽牛子塚古墳を先行して造る場合でも、大官大寺の位置を予測しておかねばならない。六六七年という壬申の乱（六七二年）以前に大官大寺の位置を予測することは政治的にも考えられず、完全に『日本書紀』が偽っている。それが物理的に証明される。したがって、大官大寺を建てた天武天皇が《大官大寺―植山古墳―牽牛子塚古墳の軸線》を設定したことが明白であり、植山古墳と牽牛子塚古墳（小市岡上陵）は天武天皇によって造られたとわかる。

場所	北緯（緯度）	東経（経度）	方位角
大官大寺跡	34.48916	135.81713	—
植山古墳	34.47622	135.80346	41.17514
牽牛子塚古墳	34.4663	135.7923	41.96392

表25　大官大寺—植山古墳—牽牛子塚古墳の軸線の方位角計算表

だが、その真実は伏せられて、『日本書紀』では、斉明の子の天智によって六六七年に小市岡上陵（牽牛子塚古墳）を造営したとされ、植山古墳については『日本書紀』に記されていない。しかし、牽牛子塚古墳の位置から、それが偽りであり、植山古墳と牽牛子塚古墳は天武天皇によって築造された。

ようやく問題が絞られてきたが、天智天皇が母親の墓を造らないわけはなく、のちに藤原宮南北軸となる軸線上の菖蒲池古《しょうぶいけ》墳（図32参照）が斉明天皇の最初の墓であった。その理由に辿りつくのはもう少し先になるが、当面の問題、植山古墳が誰の古墳であるか、それを次に展開したい。

念のため、《大官大寺—植山古墳—牽牛子塚古墳の軸線》が直線となっているか、測量計算をしておく（表25参照）。結果として〇・八度の差があって少しずれがあるが、大官大寺の伽藍が大きく作図で古墳の二点を結べば大官大寺に至るので問題ない範囲とした。（位置情報はGoogle　Map）

植山古墳が最初の天智陵とする根拠

植山古墳は山科山陵に移葬される前の天智の墓であったことを証明しようとおもう。植山古墳（写真59参照）は長方形をした双室墳《そうしつふん》であり、二つの石室（図33参照）があって、東側石室と西側石室と呼ばれ、研究によって東側石室が先に造られ、その後に西側石室が造られたとされている（『植山古墳発掘調査報告書』）。その西側石室は真北に対して約九度振られていて、《本薬師寺―植山古墳―高松塚》の軸線角度に一致している。また、牽牛子塚古墳は藤ノ木古墳と若草伽藍由来の二〇度の軸線で結ばれていた（図31、32参照）。

○ 本薬師寺―植山古墳―高松塚の軸線（表26参照）
○ 牽牛子塚古墳―藤ノ木古墳二〇度の軸線（表27参照）

それら二つの軸線は、「高松塚と植山古墳西側石室」、「藤ノ木古墳と牽牛子塚古墳」を対峙させているように見えてしまう。つまり、鎮魂だけではなく、なにか責任を取らせるような構図であって、古人大兄皇子とその皇太子夫婦を殺害した張本人が面前に引き出されたように映る。天武天皇によって、それらの古墳が造られた事実から、そのように想像される。

天智天皇と天武が『日本書紀』によって同母兄弟とされていることから、天武が天智を葬った

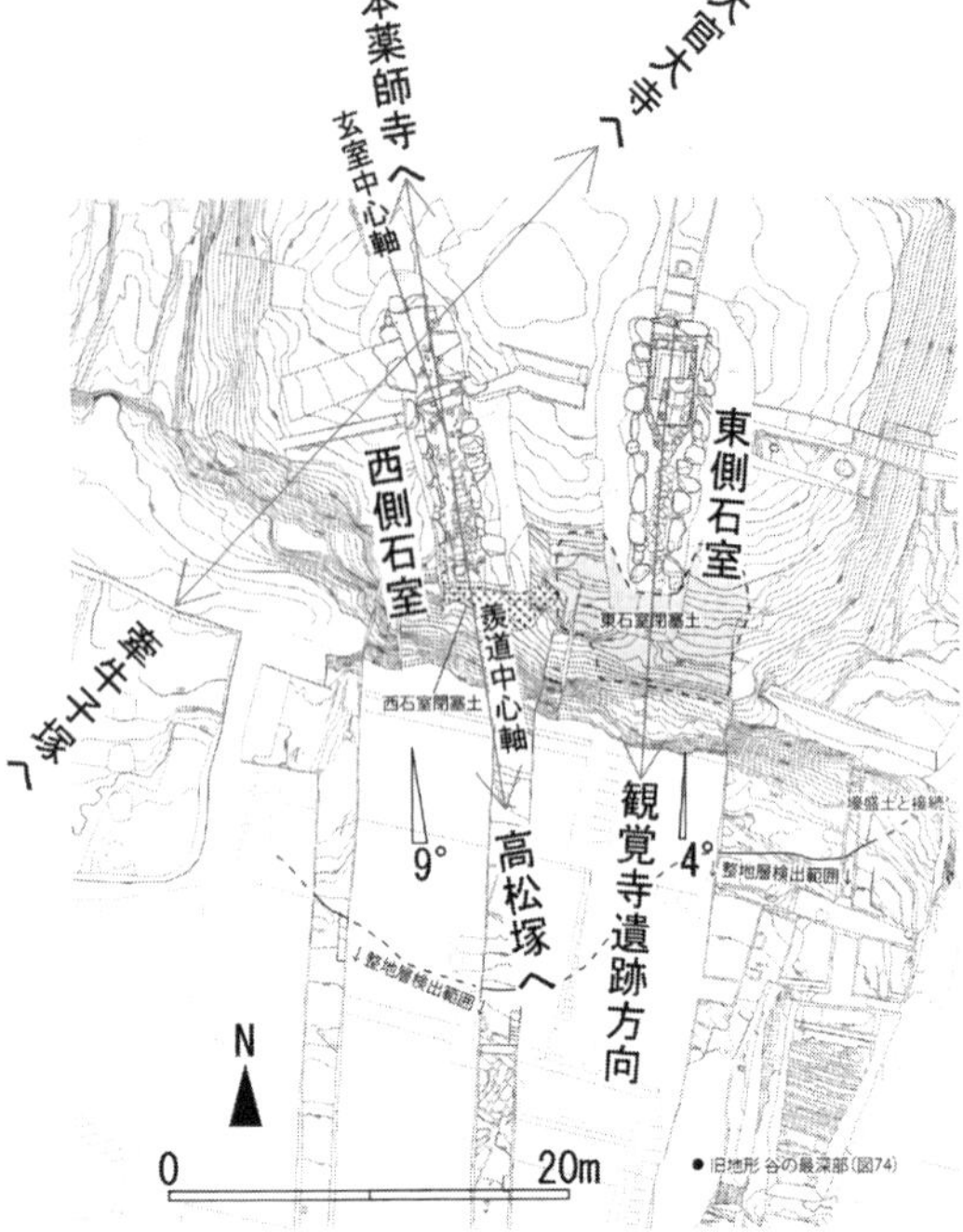

図 33　植山古墳　平面図

写真 59　植山古墳　俯瞰

としても矛盾はないが、それならなぜ歴史に記載しなかったのであろうか。やはり、《高松塚―植山古墳西側石室》や《藤ノ木古墳―牽牛子塚》と結びつけて葬られたことは記載できなかったのではないか？　後に藤原宮南北軸上に天智を葬ったことも『続日本紀』に記載しなかったわけで、記載できなかったと考えたほうがよい。少なくとも持統天皇には、植山古墳や牽牛子塚は屈辱的なことで、山科山陵や越智山陵を造営して再葬したのである。

「高松塚と藤ノ木古墳の被葬者」は「乙巳の変」で殺害された古人大兄一族と述べてきた。その加害者は天智や斉明や藤原鎌足となっているわけで、天智と天武が同母兄弟でないことによってのみ、これらの軸線が成立するのである。

大官大寺や本薬師寺の建立は鎮魂や祟りへの怖れであって、被害者と加害者を並べることによって天武側への祟りを軽減したいという「こころ」を感じる。

植山古墳の東側石室は六五八年に八歳で亡くなった斉明の孫で天智の子・建王《たけるのみこ》の墓と考える。なぜなら、「今来谷《いまきのたに》のほとり」に葬られたと記され、阿蘇のピンク色の石を使って造られた石棺が残っているからである。建王は言葉が不自由だったが心が美しく、斉明天皇は孫の死を悲しみ「わが死後は必ず合葬するように」と言ったと『日本書紀』に記載されていることも根拠となっている。

植山古墳の位置は橿原市五条野町で「今来」の地としても問題なく、谷を埋め立てて東側の古

場所	北緯(緯度)	東経(経度)	方位角	軸線角度
本薬師寺跡	34.49282	135.80028	—	360 度 マイナス方位角
植山古墳	34.47622	135.80346	350.98733	9.012
高松塚(中心部)	34.46222	135.80638	350.62768	9.372

表 26　本薬師寺—植山古墳—高松塚の軸線角度

場所	北緯(緯度)	東経(経度)	方位角	軸線角度
藤ノ木古墳	34.61182	135.72941	—	360 度 マイナス方位角
牽牛子塚古墳	34.4663	135.7923	340.339	19.661

表 27　藤ノ木古墳—牽牛子塚の軸線角度計算表

写真 61　本薬師寺

写真 60　大官大寺

墳が造られていることから、天智の子・建王の墓と推定され、天武によって天智の墓の西側石室が追加されたということになる。軸線的にも、先に植山古墳の東側石室が造られ、その後に西側石室と大官大寺や牽牛子塚古墳が同時に造られたということになる。

先に進む前に、ここで、大官大寺と本薬師寺の創建軒丸瓦の文様を比較して、創建者を確定しておこうとおもう。

大官大寺と本薬師寺の創建軒丸瓦を〔写真60、61〕に示したが、共に外周には鋸歯《のこぎりば》状の模様と小珠のリング状模様が回っている。大官大寺では鋸歯模様がかなり欠けているが、痕跡が残っているのを確認できる。また、花びらの付け根が二つに割れているのも同じで、花びらの枚数も八で同じとなっている。紋章デザインも建立時期に数年のひらきがあって、そのあいだに進化しているが、基本を変えずにおこなっている。特に、外周模様の鋸歯と小珠の組み合わせは他にはなく、天武天皇の紋章としてよいと判断できる。

『日本書紀』が本薬師寺を天武天皇が建立したと記し、高市大寺が大官大寺で、これも天武の創建であった。〔図32〕に示すごとく、建立された位置に意味があった。

牽牛子塚に閉じ込められた被葬者

小市岡上陵（牽牛子塚古墳）は大石を刳《く》り抜いた二つの空間をもつ特殊な古墳で、なにか、まとめて閉じ込めた感じがする石槨《せっかく》となっている（図34参照）。植山古墳も牽牛子塚も共に遺骨も副葬品もなにもなく、どこかに移葬されたと想像できる。

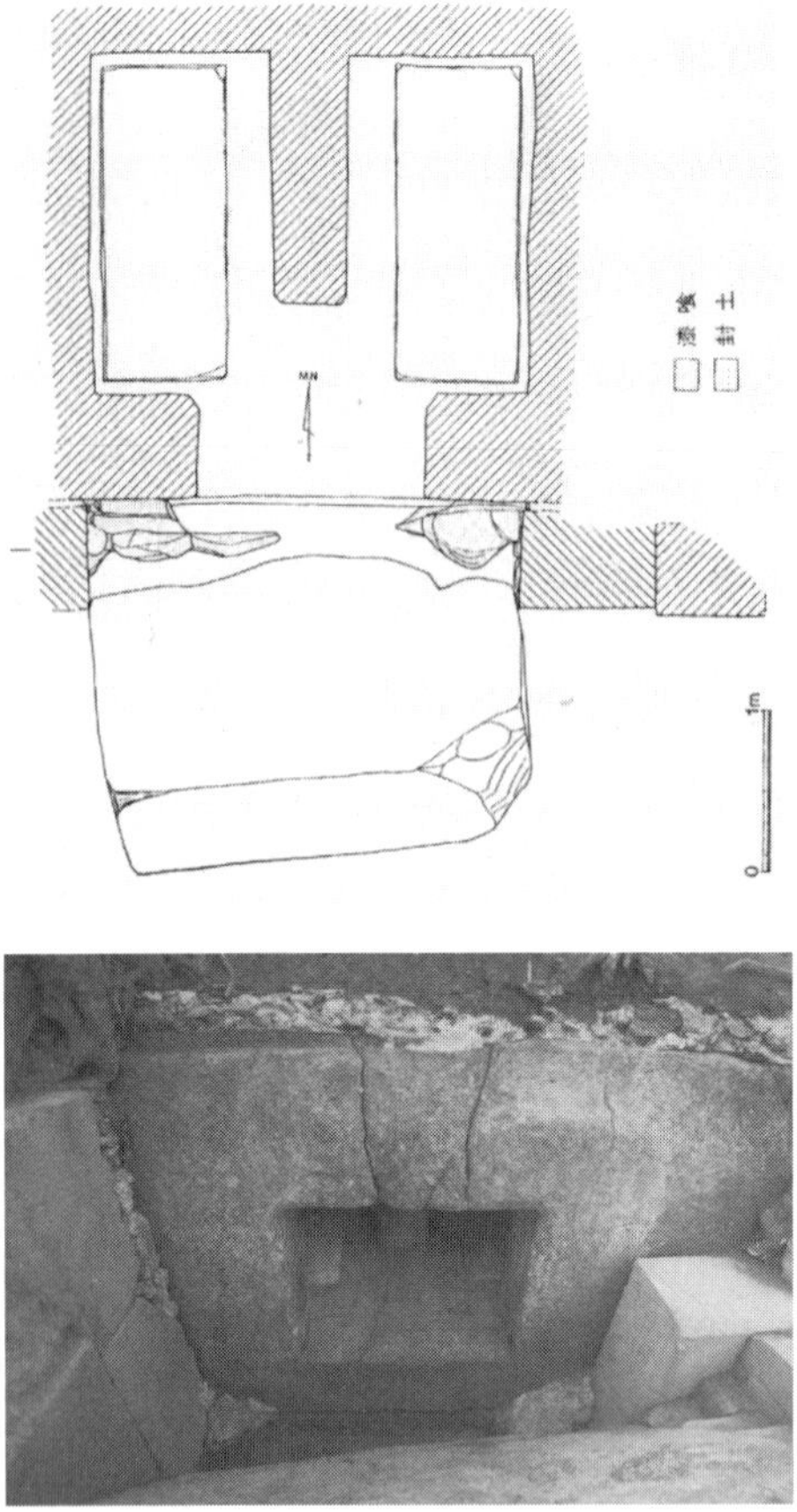

図34　牽牛子塚古墳
上　平面図（ハッチ部分は石材）
下　入口部分写真（明日香村埋蔵文化展示室）

これらの古墳の被葬者が移葬されたとする本書の説でなく、鎮魂の意味だけでその位置に造ったなら、植山古墳や牽牛子塚に遺骨や副葬品が残っているだろうとおもうのだ。遺骨や副葬品が残らずなくなっているなら、持統によって、山科山陵や越智山陵に移葬された可能性が高く、なぜなにもないのか。合理的な説明は本書の説明以外にないだろう。

「牽牛子塚古墳に閉じ込めた」と表現したのには理由があって、〔図34〕の図と写真を見るとわかるように、大きな岩の中身を刳り抜いた古墳となっていることだ。通常は切石を組み合わせて石槨を構成するのだが、ひとつの石から造られている。他にこのような古墳はなく、罰するような意味があったのではないか。

天智の墓（植山古墳西側石室）と高松塚が結ばれ、斉明天皇の墓（牽牛子塚古墳）と藤ノ木古墳が結ばれる理由として、「乙巳の変」において、天皇位にあった古人大兄（高松塚の被葬者）が飛鳥板蓋宮で中大兄（天智）に殺害され、斑鳩宮で皇太子（藤ノ木古墳の被葬者）が殺害されて、それには斉明や中大兄（天智）や藤原鎌足が絡んでいたとすれば説明がつく。加害者を死者の前面に引き出したようにもみえる。

天武天皇は壬申の乱で政権を握った後、斉明天皇を菖蒲池古墳から移葬して、牽牛子塚古墳（小市岡上陵）に閉じ込め、天智を子の建王の墓に並べて葬ったと想像される。ここに至って、天智と天武は同じ母親から生まれた兄弟ではないことが確定したとおもうが、以上の話で、『日本書紀』に記載できない理由も判明した。それらを隠すために蘇我・聖徳が必要で、天智の出自を偽ったのだ。

天智の母・斉明天皇は六六七年に葬られたかもしれないが、牽牛子塚古墳へ移葬された時期は六七二年以降のことになる。それでは、どこから移葬されたのだろうか。前述するように、菖蒲池古墳が斉明天皇の最初の墓なのか。そうだとすると、なぜ天武天皇は藤原宮南北軸上に眠っているのだろうか。それらの謎を順次解き明かしていきたい。

菖蒲池古墳の被葬者

天武天皇によって、斉明天皇の墓は菖蒲池古墳から小市岡上陵（牽牛子塚古墳）へ移葬されたことになる。その意味するところは、後《のち》に藤原宮南北軸となる軸線上にある菖蒲池古墳を天武天皇が嫌ったと考えられる。耳成山南北軸に肉親が葬られているなら、天武天皇には当然のことだ。

後の藤原宮南北軸上に位置する菖蒲池古墳は〔図32〕に示すように、東に川原《かわら》寺、その先に飛鳥板蓋宮があり、川原寺の建立は天智天皇によってなされ、菖蒲池古墳と飛鳥板蓋宮の中間に造られた。明らかに天智に関係する人物が菖蒲池古墳に葬られているとわかる。

『日本書紀』には、飛鳥板蓋宮は皇極天皇（斉明）が蘇我蝦夷に命じて造らせたとされているが、建造物を造るには理由があるわけで、前述するように舒明天皇によって造られたとしている。どちらにしても斉明が住んだ宮殿に違いなく、古人大兄の殺害事件（乙巳の変）の現場であったわけで、鎮魂の意味もあるかもしれない。

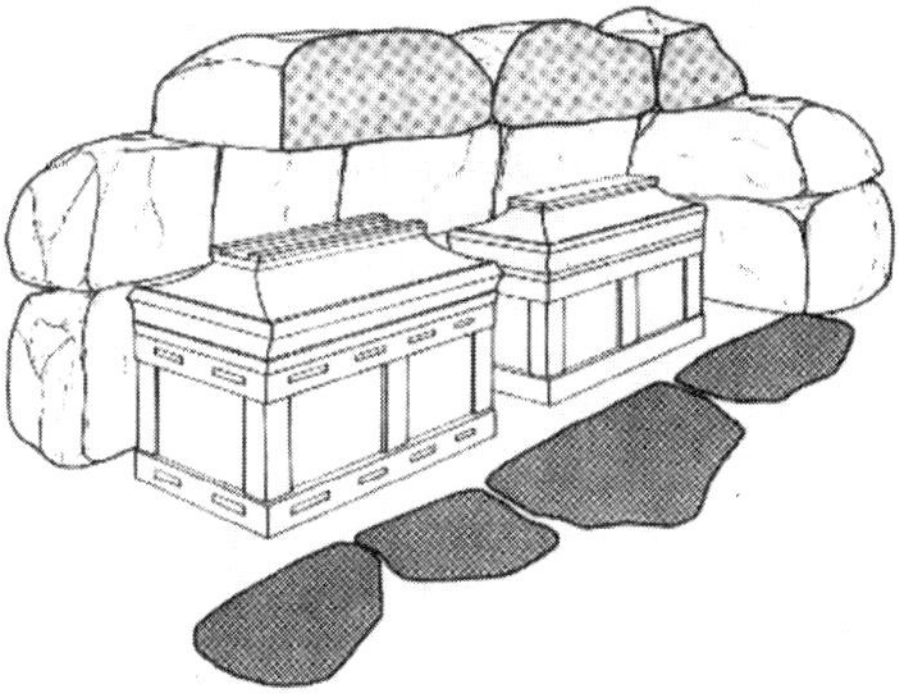

図35　菖蒲池古墳内部見取図

　菖蒲池古墳が斉明天皇の墓とする根拠として、「後の藤原宮南北軸上の古墳である」とは別の理由を提出したいとおもう。〔図35〕に菖蒲池古墳の内部見取図を示してあるが、家の形をした二つの石棺は珍しく、藤原宮南北軸上のこの古墳が斉明天皇と彼女の孫・建王《たけるのみこ》の墓としてよいと考える。なぜなら、天智天皇が耳成山南北軸の東側に軸線を設定して、耳成山南北軸を「陰」の側に追い込むことを考えていた可能性が高いからである。その後に娘の持統天皇によって藤原宮南北軸が設定され、その延長線上の山科山陵に父の天智を移葬するわけで、「陰陽の方角」の原理から間違いないところであろう。

　植山古墳の東側石室の石棺は九州の阿蘇から取り寄

せたピンク色の石でつくられていた。なにか菖蒲池の家形石棺と共通な点があり、細やかな心遣いが女性的で斉明女帝が建王を「わが死後は必ず合葬するように」と命令したと『日本書紀』は記しているが、そのように合葬されたとおもう。

菖蒲池古墳の被葬者は壬申の乱（六七二年）後に、天武天皇によって小市岡上陵（牽牛子塚古墳）へ移葬され、一〇〇年も経たずに菖蒲池古墳の上は他の用途になったとされている（『菖蒲池古墳』橿原市教育委員会）。

時系列を追ってみると、最初に天智の子・建王が六五八年に亡くなり植山古墳（東側石室）に葬られた。その後六六一年に斉明天皇が亡くなり菖蒲池古墳に葬られ、建王も植山古墳（東側石室）から移葬されたと想像する。壬申の乱で天武が政権を握って、耳成山南北軸を「陰」の側に追いやる意図の菖蒲池古墳を使用禁止とした。そして、間人皇女（斉明の子で孝徳天皇の皇后）を加えた彼らを牽牛子塚古墳に移葬し、天智を植山古墳（西側石室）に葬った。その後六七三年から大官大寺を建立し、皇后の病気平癒のため六八〇年から本薬師寺を建立し始めることになった。

病気になった皇后は、おそらく持統の姉の太田皇女《おおたのひめみこ》で、誓願むなしく亡くなり、牽牛子塚の傍らの越塚《こしづか》御門《ごもん》古墳に六八〇〜六八六年のあいだに葬られたと推測している。

植山古墳（西側石室）と高松塚、牽牛子塚古墳を藤ノ木古墳とそれぞれ対峙させた事実は天智と天武が同じ母から生まれた兄弟ではなく、蘇我や聖徳一族が「乙巳の変」の真実を隠すための傀儡であったと、ほぼ証明できたとおもう。

本書が述べるようでないなら、なぜ「乙巳の変」のヒーローである天智天皇の墓が『日本書紀』に記載されないのであろうか。また、六九九年に築造された山科山陵や越智山陵は一体誰の墓なのか。少なくとも斉明の墓が斉明天皇陵（越智山陵）と牽牛子塚（小市岡上陵）の二つある理由はなんであろうか。

本書の説明以上の合理的説明はないとおもうが、まだ難問が横たわっている。六九九年に斉明天皇が再び越智山陵に移葬されることや天武天皇が藤原宮南北軸上の天武・持統陵に葬られていることなどである。私は、天文と遁甲の占いを得意とした天武天皇がみずからの古墳を造っていないわけはないとおもう。

古人大兄皇子と天武天皇が同母兄弟とする証拠

植山古墳西側石室と牽牛子塚古墳が、「三点を結ぶ直線の論理」から、天武によって造られたとわかり、本薬師寺も『日本書紀』に天武の造営としている。そして植山古墳は二本の軸線の交点であり、それら二つの古墳が高松塚と藤ノ木古墳に関係している。そのようであれば、高松塚と対峙している植山古墳西側石室に天智天皇が葬られていても不思議ではない。つまり、天武が古人大兄の同母弟なら、兄を殺害した張本人の天智をそのような位置に葬っても不思議ではない。しかし、『日本書紀』には天智と天武が同母弟と記してあるから、事実と矛盾する。それでは本書が間違っているのか？

大官大寺と本薬師寺の軸線が植山古墳を通ることによって、植山古墳西側石室と牽牛子塚が天武天皇によって造られたと物理的に証明される。それは不動の事実である。

『日本書紀』の発表は七二〇年で、山科山陵と越智山陵の造営は六九九年とされる。それでは藤原不比等はそれらを知っていながら、なぜ小市岡上陵（牽牛子塚）を六六七年に天智に造らせたのであろうか？　また、なぜ山科山陵と越智山陵の被葬者の名前を公表しなかったのか？　そのような疑問が生じる。それこそが、本書の課題の「蘇我と聖徳が傀儡である」に直結する話となる。

藤原不比等には「天武を天智の一族とする必要があった」。孫に「聖武」と名付けた意味が、聖徳と天武を合わせたことでわかる。それは政治的な必要性からであろう。『日本書紀』には天皇一族の無用の争いを掲載したくはない。それは「天孫降臨・万世一系」のコンセプトからはずれ、力を結集せねばならない時に好ましいことではない。そのような理由があって、次のような偽りを施した。

古人大兄皇子の母を蘇我一族の出自として、中大兄（天智）と入れ替えて天武の兄とした。舒明天皇の長子であった古人大兄の出自を貶《おとし》めれば、彼が謀反を起こしても納得され、天智の出自を美化できる。そして、六六七年天智によって小市岡上陵（牽牛子塚古墳）に母の斉明を葬らせた。その後、天武と持統を大内陵《おおうちのみささぎ》（天武・持統陵）に合葬した。『続日本紀』六九九年の山科山陵と越智山陵の造営時には誰を葬ったのか記載しなかった。

天智天皇の墓はどうしても『日本書紀』に組み込めなかった。六九四年の藤原宮南北軸の設定以前に、天智を藤原宮南北軸上に葬るわけにはいかなかった。なぜなら、天武天皇の代で、都市の「陰陽」に関わるそんなことはできないからである。天武の死後六八六年以降なら可能であったが、天智の死後一五年経った時点で、今さら意味はなく逆に「天智と天武の出自の違いが露骨に出る」。それより、天武の威光を利用した方が得策と判断したのだろう。

反対に、『日本書紀』に記すように、天智と天武が同母の兄弟ならば、なぜ天武が天智を藤原宮南北軸に葬らなかったのであろうか？「壬申の乱」で天武は天智の子と戦ったのであって、天智とではない。また、天武・持統陵を藤原宮南北軸に造るなら、天智を最初から藤原宮南北軸に葬るべきではないか。決定的なのはそのようにしなかったことである。それは、天武が耳成山南北軸の一族で、天智と同母の兄弟ではなかったからである。

したがって、蘇我一族を傀儡としたのは、古人大兄皇子の母を蘇我一族の出自とする必要があったことで、蘇我一族を生み出す出発点であった。また、六九四年の時点で、持統によって天武・持統合葬墓が造られたとする選択肢も残るが、持統天皇には感情的な「しこり」があったようにおもわれる。それらは次の章にて展開したい。

第Ⅶ章　天武と持統の墓

写真62　天武・持統陵（野口王墓）

1　天武と持統の合葬墓は不比等によってつくられた

飛鳥時代、建造物の位置を決定するのに陰陽の方角を占い、軸線が設定されたことがわかって、そこから古墳の被葬者や仏教寺院の建立者を特定してきた。その結果として『日本書紀』の記述と異なる事象を述べることになったが、天武・持統合葬墓（野口王墓《のぐちおうぼ》、図36ⓐ参照）の問題にまで拡大してきた。蘇我一族と聖徳一族が傀儡であるならば、最終的には天武・持統合葬墓（写真62参照）の問題に至る。

天智天皇と天武天皇が舒明天皇を父とすることは同じでも、宝皇女《たからのひめみこ》という母から生まれた兄弟ではないことを、前章において推定してきたが、おそらく宝皇女は古人大兄や大海人皇子の母であり、中大兄の母は吉備国《きびのくに》の蚊屋采女《かやのうねめ》で、のちの斉明天皇だったのだろう。吉備国は古くからの鉄器の大生産地だから、その国の豪族の娘が采女として舒明天皇に仕え、その子（中大兄）が権力を握っても不思議ではない。

最終的に権力を握った天智一族の出自を藤原不比等は改竄《かいざん》する必要があった。なぜなら、みずからの孫（聖武）も天智一族の一員だからで、そのような理由で、天武・持統合葬墓が存在するとおもうのだが、順次説明していこうとおもう。

天武天皇は天智の子（大友皇子《おおとものみこ》）と壬申の乱（六七二年）を戦い、その勝利後に天智の墓（植山古墳西側石室）を築造し、斉明を菖蒲池古墳から牽牛子塚へ移葬した。実の母の墓を移動させたのではなく、斉明は天武の生母ではなかったわけで、菖蒲池古墳の位置を嫌ったのだ。つまり、耳成山の南北軸を陰の側へ追いやる行為を止めさせた。天武の出自は耳成山の南北軸に眠る一族だったのだ。そのようなら、持統との合葬は天武の意思ではなく、同様に持統天皇が仲睦まじく葬ったとは、おもえない。

天武・持統陵に対する疑問の一つ目は、天武天皇はみずからの墓を決めて、そこに葬られたが、あとから天武・持統陵に合葬されたのではないか？　というものである。

天武天皇は陰陽に基づいた天文遁甲《てんもんとんこう》の術を使って戦《いくさ》を占った人物であり、廣瀬や竜田で大忌《おおいみの》神《かみ》や風神を祀っていることから、墓の位置はみずからが決めていたのではないか？　そのように

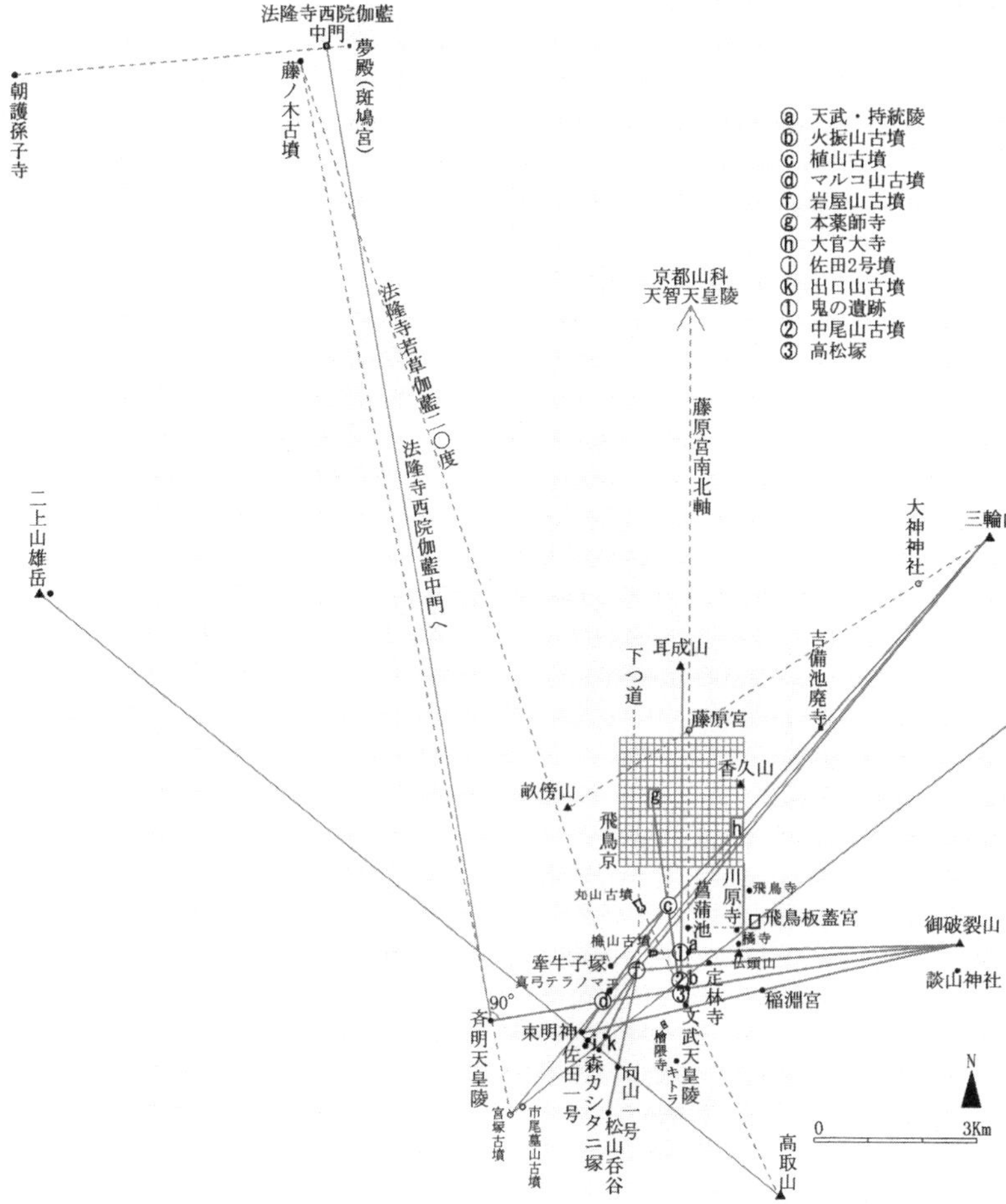

図 36　飛鳥京の軸線拡大図

おもうのが自然だ。前述するように、天武天皇は天智天皇と同母弟ではなく、天智に殺害された古人大兄皇子の弟である可能性が高い。そのようであれば、その墓が藤原宮南北軸上にあるとはおもえず、現状の天武・持統合葬墓は『日本書紀』を編纂した不比等の意向だったと想像できる。

持統天皇にとっての合葬墓はあまりメリットがないのではないか、藤原不比等の方がはるかにメリットが大きいようにおもう。持統は孫の文武のために新益京を整備したが、藤原宮南北軸を再度設定して天智の復権を図った。それは天武の皇統を陰の側に陥れることであった。また、不比等には天武と天智の力を結集して、孫の聖武天皇を盛りたてようという意図があったようにおもう。決定的なのは『日本書紀』に合葬したと記したのは不比等に違いなく、持統の知る由もないことであったとおもう。

二つ目の疑問は、天武天皇が決定したみずからの墓は〔図36〕に示したⓕの岩屋山《いわややま》古墳と考える。その岩屋山古墳を頂点とした軸線が三本あり、それらを次に示す。

○岩屋山—佐田二号墳ⓙ—佐田一号墳
○岩屋山—出口山《でぐちやま》古墳ⓚ—森カシタニ塚
○岩屋山—向山《むこうやま》一号墳—松山呑谷《まつやまのみたに》古墳

岩屋山古墳と結ばれるそれらの古墳が平城京遷都（七一〇年）までに亡くなった天武の皇子たちと推測する。人数と古墳の数も合っていて、岩屋山に天武の遺体があるからこそ、その位置と結ばれる位置に天武の皇子たちを葬ったのだとおもう。また、岩屋山古墳の位置や配置形態や石室内部の精緻な石積みは他に例がなく、明らかに特別な古墳であり、天武以外にふさわしい被葬者がいないとわかる。

三つ目の疑問は、持統天皇が天智一族独自の軸線を設定していることから、天武との合葬墓の意図がないとおもわれる。なぜなら、持統天皇の目的は、六九四年に藤原宮を造営し、その中心軸を新益京《あらましのみやこ》の南北軸として都市を拡大し、孫の文武に政権を移譲することであったわけで、平城京遷都の意思はなく都市や政治環境などを整備して渡すことであったと想像する。そのためには天武の多くの皇子たちとの政権争いを制することだが、六九四年の藤原宮南北軸の設定は耳成山南北軸を「陰の側」に追いやることに成功したわけで、その時点で政権が確固たるものとなったとわかる。

以上の三つの疑問から、持統天皇には合葬墓を造る意思を感じない。また、天武の皇后について『日本書紀』は持統天皇が皇后であったとしているが、そのようにおもえないところから始めようとおもう。

2　天武天皇の皇后

天武には一〇人の妃《きさき》がいた。持統の姉とされる大田皇女《おおたのひめみこ》も天武の妃であり、大田皇女の子の大《おお》津皇子《つのみこ》は天武のかわりに朝政《ちょうせい》を執った（六八三年）と記され、朝政が天皇の仕事であるわけで、大津が皇太子或いは天皇であった可能性が高く、大田皇女もまた皇后だった可能性は高い。しかし、天武の死の直後に大津皇子は持統によって殺害されてしまう（六八六年）。『日本書紀』には持統が皇后で、その子の草壁皇子が皇太子となっているから、大津皇子は謀反の罪で殺害できるが、これが逆であったら話は別で、この事実は『日本書紀』に記載できない。つまり、大田皇女が皇后で大津皇子が天皇や皇太子であったら、クーデターを起こしたのは持統と草壁ということになる。それには藤原不比等が協力していた（『埋もれた巨像』）のだが、中大兄（天智）と藤原鎌足の関係が天智の子の持統と鎌足の子の不比等によって繰り返され、共に天皇殺害という罪を犯したことになる。

天武には一〇人の皇子がいて、天武の死後、天皇を継ぐべき人物がいたはずだが、結果として皇后の持統が天皇となった。推古や皇極は偽装だったが、持統の場合は事実であり、草壁が早逝して（六八九年）、持統が草壁の子の文武を即位させるまで天皇に就くことになった。

持統による、天智の血統とみずからの血統を立てて藤原宮南北軸を再生させる原動力は、父（天智）や祖母（斉明）の墓のこともあって、少なくとも夫の天武のことを快くおもっていなかったことから生じるわけで、その人物が合葬墓を造るとはおもえない。

天武・持統陵を規模的な点からみると、天皇墳とされる八角形で直径四八メートル程となっている。そこから、山科の天智陵（六九九年築造）や天武陵とする岩屋山《いわややま》古墳（図39参照）と同じ規模であり、これらの古墳が天皇の古墳仕様となっていて、岩屋山古墳に天皇が葬られているとわかる。

天武・持統陵を造成した時期について、持統天皇が亡くなるのが七〇二年で『日本書紀』の公表される七二〇年まで一八年ある。その間に藤原不比等によって天武と持統が移されて合葬された。そのようにおもう。したがって、藤原宮南北軸の火振山《ひふりやま》古墳（図36、37参照）が持統天皇の墓と考える。持統天皇が天武の力を利用しようとした場合に限って、天武との合葬墓があるのだろう。

天武は、斉明天皇を藤原宮南北軸上の菖蒲池古墳から牽牛子塚古墳へ移葬して閉じ込めたわけで、後に藤原宮南北軸を復活させた持統とは本質的な違いがある。持統天皇は吉野宮へ三一回行幸して（『黄泉の王』）、「神になりに行った」（同）とされ、彼女なりに「陰陽」を占った可能性があり、それが藤原宮南北軸の復活や山科山陵や越智山陵の造営につながったのであろう。それらを考えるなら、持統には合葬墓の発想などないようにおもう。

3　持統の十字架が示す法隆寺西院伽藍の創建者

持統の十字架

持統天皇は孫の文武天皇の即位を目標に生きていくが、そのひとつが藤原宮の造営であり、藤原宮南北軸の設定であった。天武の死後六八六年から権力の移動があって六九四年頃には持統天皇の支配が確立したと言える。元号は六八六年から朱鳥《あかみとり》となるが、天皇が明記されず、六九〇年に持統天皇が即位するまで空席だったのであり、この時点で『古事記』が切り札として力を持ったと前述している。その後に藤原宮を造営して、六九九年に行った「持統の十字架」と呼べるような十字形をした軸線の設定によって、持統天皇の最終の仕事が終わった。

耳成山南北軸の「鬼の遺跡」の十字形をおもい出して欲しい。それと同じことを持統天皇がしている。

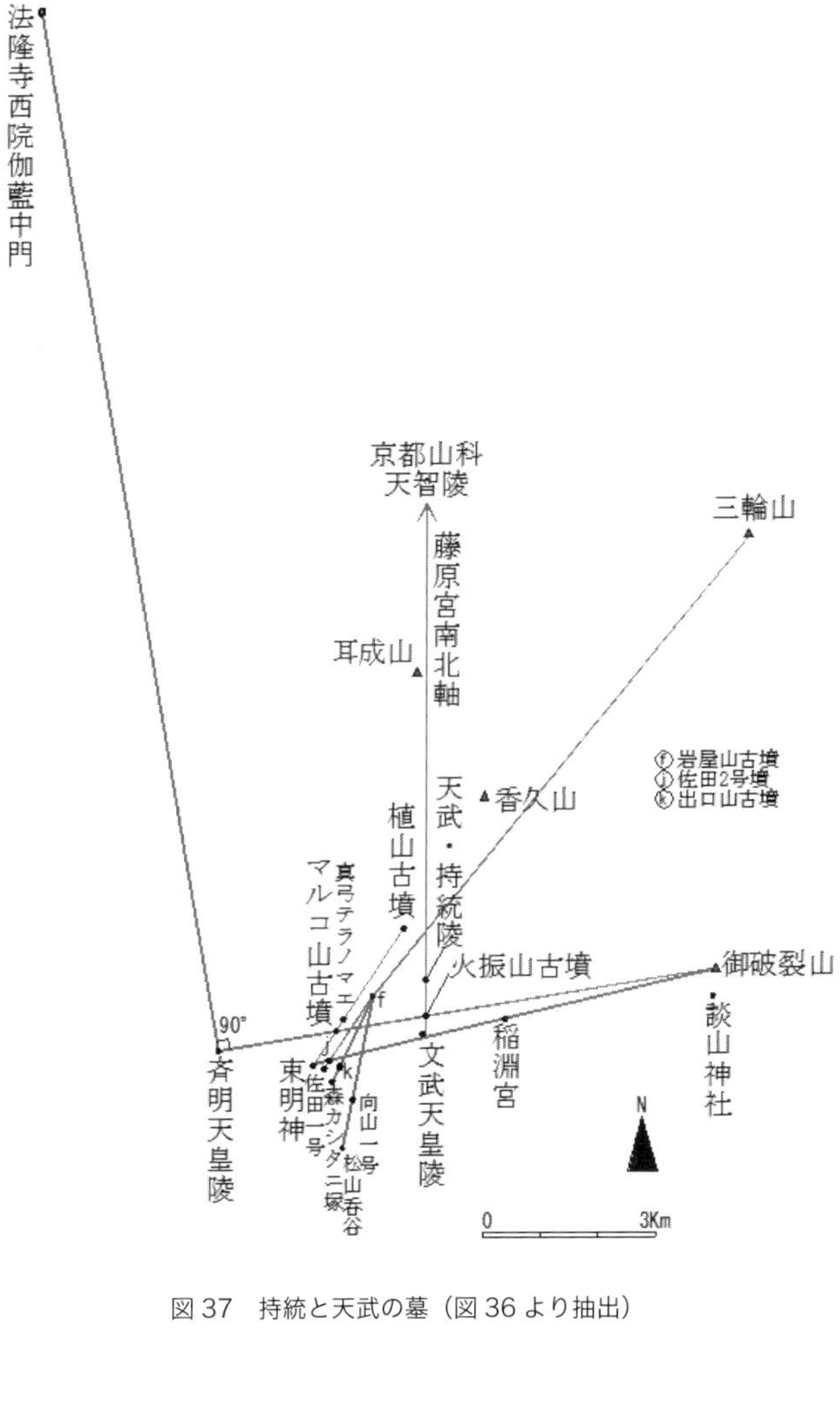

図 37　持統と天武の墓（図 36 より抽出）

場所	北緯（緯度）	東経（経度）	方位角
御破裂山（頂上）	34.47049	135.86005	―
火振山古墳	34.46309	135.807743	80.2919
マルコ山古墳	34.460925	135.790675	80.5292
斉明天皇陵	34.457632	135.767915	80.4097

表 28　持統の十字架の方位角計算表

写真 63　マルコ山古墳

○「鬼の遺跡」を交点として、梅山古墳（欽明天皇陵）―鬼の遺跡―御破裂山の東西軸と耳成山の南北軸でつくる十字形（図36参照）。
○火振山古墳《ひふりやま》ⓑを交点として車木《くるまき》（高取町）の斉明天皇陵（越智山陵）―マルコ山古墳ⓓ―火振山古墳ⓑ―御破裂山の東西軸と山科山陵を頂点とした藤原宮南北軸でつくる十字形（図37参照）である。（表28参照）

マルコ山古墳（写真63参照）は『マルコ山古墳発掘調査概要』によれば、遺骨から三〇代の男性ということで、推定のごとく草壁皇子の古墳としてよいだろう。ただ、火振山古墳（図30の41参照）は発掘されていないようで、詳細は不明だが、持統天皇の遺骨の一部があると想像される。問題は、これらの十字形を何のために構成したかということで、持統にとっての東西軸は祖母の斉明天皇と息子の草壁皇子と御破裂山であり、南北軸には頂点に父の天智天皇を置き、交点の火振山古墳にみずからの墓を造ったとするのが自然ではないか。

持統の十字形が何のための占いなのか？　それを考察すると。十字形といっても縦線の下部が短い形で、両肘《りょうひじ》を水平にして手を合わせた合掌印《がっしょういん》を結ぶ形に似ているようで、飛鳥寺の配置の十字形なども同様なのかもしれない。どちらにしても、これらの十字形が近親者を結んだ構図となっていることは確かなようだ。そして頂点に山科山陵があるわけで、意図していることは明

写真64　斉明天皇陵

白であり、持統のねらいも十字形に古墳を配置することで、その形が合掌印であれば、仏と一体になる意味があるようで、仏陀などの力を得ることであったとおもわれる。結果として、この十字形の交点に天武・持統陵はなく、合葬墓は持統の構想の中になかったのではないか。そのようにおもう。

持統天皇にとって、父の天智を頂点にした藤原宮南北軸を確立することが目的であって、なによりも、天武によって葬られた植山古墳西側石室の天智と移葬させられた牽牛子塚古墳の斉明を山科山陵と越智山陵（写真64参照）に移葬しなければ、死ぬわけにいかなかった。

天武・持統陵という合葬墓を造って、最も利益のある人物は聖武天皇なのではないか？

天智と天武を同母の兄弟とし、持統との合葬墓を造ったことにすれば、天智一族の出自を美化し、聖武天皇に権力を集中できるからだ。このカラクリを幼い首皇子《おびとのみこ》（聖武）が考えられるわけがなく、不比等によるもので、持統天皇の死後、『日本書紀』に大内陵《おおうちのみささぎ》（天武・持統陵）として記し、現在地に築造したと想像される。

現在の天武・持統陵は梅山古墳（欽明天皇陵）と同じく新益京の南端（南京極）から二条分（一〇六〇メートル）の位置を意識して造られていることがわかっており、『日本書紀』に記すと同時に、天智と天武の皇統を合体させる演出として造られたとおもうのである。

持統天皇が創建した法隆寺西院伽藍

＊斉明天皇陵（越智山陵）と西院中門の関係

持統の十字架には、前述するように斉明天皇陵が含まれ、その位置が法隆寺西院伽藍の創建者を示しているようにおもう。

斉明天皇陵（越智山陵《おちのみささぎ》）は車木《くるまき》（高取町）の山の急斜面に造られていて、かなり無理をしてこの場所に造ったとわかる。『続日本紀』に越智山陵が崩れて修復した記事があるので、当時から急斜面であることが理解できる。また、車木という地名は斉明天皇の遺体を運んだ「車《くるま》が来《き》た」ところから名づけられているとされる。斉明天皇陵へ行くには、実際に山麓の端部が田畑から急

場所	北緯（緯度）	東経（経度）	方位角	軸線角度
西院伽藍中門	34.61395	135.73432	349.924	10.076 360マイナス方位角
斉明陵（越智山陵）	34.457632	135.767915		

表29　斉明天皇陵と法隆寺西院伽藍中門の軸線角度計算表

に立ち上がった場所を急階段で登らねばならず、もうそれ以上どこにも動かせない位置となっている。この車木の場所でなければならなかった。

なぜならば、この位置こそ法隆寺西院伽藍と関係する位置だったからである（図37参照）。六九九年に持統太上天皇はこの斉明天皇陵と山科に天智天皇陵を造営している。『続日本紀』には誰を葬ったか記されていないが、当然ながら記載できなかった。しかし、植山古墳の西側石室から天智を山科山陵に、また牽牛子塚古墳から斉明たちを越智山陵に移葬した事実を誰もが知っていたはずだ。天武が行ったことを持統が嫌ったわけだが、「持統の十字架」として耳成山南北軸を陰の側に追いやることに成功し、意趣返しを図ったとおもえる。

斉明天皇陵の位置に関して、その東西軸は〔表28〕のごとく、平均の方位角八〇・四度で、御破裂山―斉明天皇陵の東西軸への垂線の角度は真北に対して九・六度西側に振られている。実際に、斉明天皇陵と斑鳩の法隆寺西院伽藍の中門（写真65）に至る軸線の角度は〔表29〕のごとく、一〇・〇度となって、東西軸の垂線角度九・六度にほぼ一致する。東西軸から九〇度振った角度に意味を持たせて、中門に向かう位置に斉明天皇陵を築造したということになる。（図36、37参照）

斉明天皇陵の位置の意味こそ、西院伽藍の中門の謎（門の中央に柱がある）の答ではないか。梅原猛著『隠された十字架』では「中門は怨霊を封じ込めるためにある」とされ、中央の柱は

写真65　法隆寺西院伽藍中門

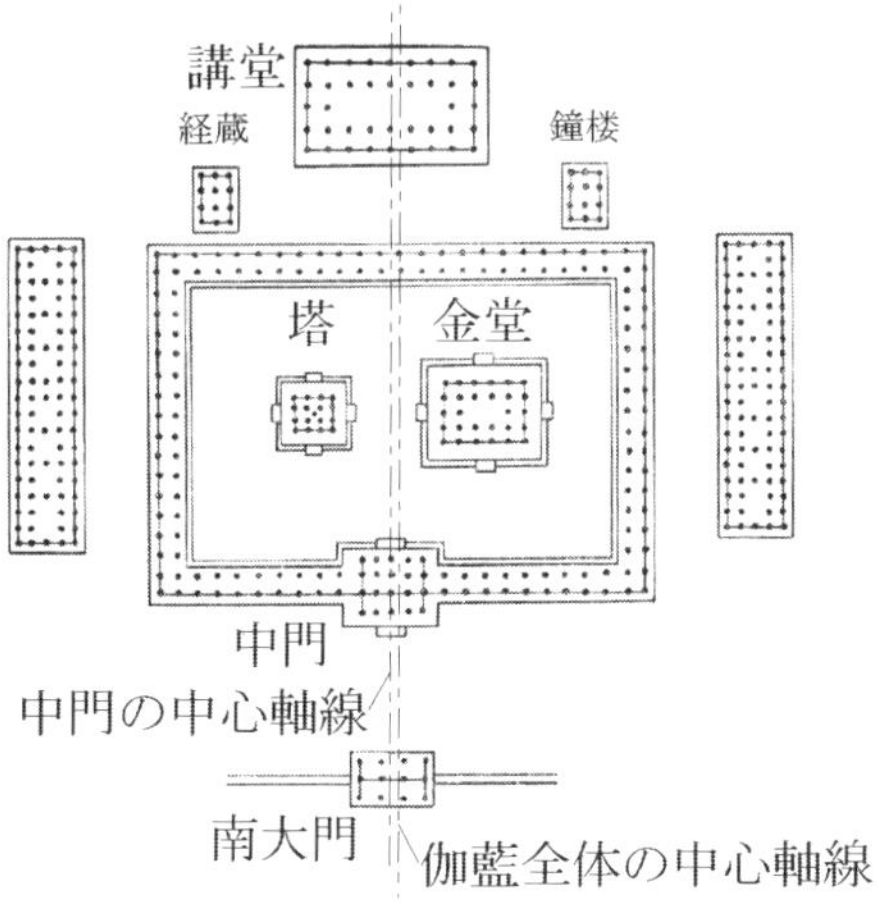

図38　西院伽藍の二つの中心軸

「カンヌキではないか」としている。「カンヌキ」とは木の棒を垂直に落して使う扉の鍵のことで、「カンヌキ」を押えるように斉明天皇陵があるとおもえる。梅原が述べるように、まさに西院伽藍は鎮魂の寺であった。

＊西院伽藍は飛鳥京を表している

西院伽藍の配置図（図38参照）を見ると、中門を挟んで西側一〇間、東側一一間で中門は非対称の位置にある。つまり、西院伽藍の中心軸は中門の中央の柱の東側（写真右側の空間）となっていて、これには関連があり、飛鳥京の耳成山南北軸と藤原宮の南北軸を思い出さずにはいられない。耳成山南北軸と藤原宮南北軸の水平距離は最少道路間隔であり、中央の柱が耳成山南北軸で、その東側の抜けられる空間が藤原宮南北軸ということになって、陰陽がここにもある。

敏達天皇が創った飛鳥京が、まさに、この西院伽藍に縮小され、この西院伽藍が耳成山南北軸の「鬼の遺跡」から移葬された敏達天皇の墓であるとわかる。そして、隠された飛鳥京も、この西院伽藍に蘇っている。だが、中門の柱によって陰の側に押し込まれ、この伽藍から蘇ることができない。

「鬼の遺跡」を破壊したのは持統天皇と推測していたことが、ほぼ間違いがなく、持統天皇は孫の文武のために西院伽藍を創建し、敏達や舒明や高松塚の古人大兄や大津皇子の鎮魂を願ったと想像できる。その西院伽藍を活用して「我は聖徳太子として蘇る」と設定したのは、藤原不比等であって、敏達天皇を聖徳太子として復活させ、仏教導入に尽力した天皇の伝承を利用したと言える。

以上のことから判明する事実は、少なくとも法隆寺西院伽藍は六九九年には完成していた、完成していなければ斉明天皇陵からの軸線の意味もなく、なんらかの建造物はあったということがわかる。また、軸線の意味は、西院伽藍中門の中心軸が斉明天皇陵を向いているということで、夢殿も同じ角度で建てられている意味の方が大きいかもしれない。どちらにしても、全て意図して造ったとわかる。

西院伽藍の中心軸の傾きは約九度で、持統の十字架の一〇度とは異なる。それが誤差なのか、九度を陽の極数としたのか、現状ではわからない。

結果として、法隆寺西院伽藍の創建は持統天皇によるものであったと言える。そのもう一つの証拠を軒丸瓦に求めたい。

法隆寺西院伽藍の軒丸瓦が示す創建者

法隆寺西院伽藍の創建軒丸瓦からその創建者を推定することができる。

天智天皇が建立したとされる川原寺《かわらでら》の創建軒丸瓦（写真66参照）と西院伽藍の創建軒丸瓦（写

写真66　川原寺創建軒丸瓦

写真67　法隆寺西院伽藍創建軒丸瓦

真67参照）を比較してみると、外周の鋸歯《のこぎりば》状の模様が同じであり、八枚の花びらの付け根が二つに分かれているのも同じだ。異なっているのは花冠《かかん》中央の花柱《かちゅう》の雄《お》しべや雌《め》しべの形状や数で、おそらく個人を特定するものと考えるが、もう少し研究を要する。また、花びらの付け根が二つに分かれる形状に違いを見出すが、全体的にデザインの要素が同じで踏襲されているとしてよい。

川原寺は第Ⅵ章で述べた通り、菖蒲池古墳（斉明・建王《たけるのみこ》）と飛鳥板蓋宮の中間で、橘寺の北側に建てられており、伝承のごとく天智天皇の建立として間違いがないところだ。したがって、西院伽藍の軒丸瓦は天智一族のエンブレム（紋章）としてよく、軸線から持統天皇の紋章ということができ、法隆寺西院伽藍を建立したのは持統天皇であると断定できる。このようなことで、持統天皇からは天武の「かけら」も感じられず、合葬墓の意図はなかったおもう。

持統一族と藤原一族が西院伽藍や夢殿を維持してきたことが

場所	北緯（緯度）	東経（経度）	方位角
朝護孫子寺	34.60944	135.66968	―
西院伽藍中門	34.61395	135.73432	85.157
夢殿（中心部）	34.61435	135.73893	85.078

表30　夢殿―西院伽藍中門―朝護孫子寺の軸線の方位角計算表

明確になったわけだが、西院伽藍の中門や夢殿の位置には大きな意味があったと推測される事実が斑鳩の西の信貴山《しぎさん》にある。〔図36〕に示すごとく、平安時代末期、醍醐《だいご》天皇の病気平癒のために建立されたとされる朝護孫子寺《ちょうごそんしじ》は《夢殿―西院伽藍中門―朝護孫子寺という軸線》によって生駒山《いこまやま》系の稜線の位置に造られた。おそらく、その位置には飛鳥時代からなんらかの施設がおかれていた可能性があって、寺院の名称も朝廷や孫や子を護るとも読めるわけで怨霊などの祟りを意識していたとわかる。それらが直線となっていることを〔表30〕に示しておく。

　西院伽藍の位置や創建軒丸瓦の紋章から創建者を持統天皇としてきたが、塔の心柱の伐採年が五九四年（年輪年代法・奈良文研）と古く、本書が六九〇年頃に着工したとすることに矛盾すると考える人もいるかもしれない。しかし、木造伝統構法のよさは現代のようにボルトを使用せず、移築可能であって、同じ形状の塔の心柱に用いるなら全く問題ないことである。また、塔には心柱だけでなく他の部材も必要であって、伐採年が六七〇年代の材もあって（年輪年代法・奈良文研）、わかることは、少なくとも六七〇年以降に建てられたことだけである。

法隆寺西院伽藍を建立せねばならない時期があったはずで、草壁が早逝して耳成山南北軸を消滅させる時期（六八九〜六九四年）頃がもっともふさわしいようにおもう。つまり、「鬼の遺跡」を破壊した時期で、その被葬者である敏達天皇の遺骨を埋葬する施設が必要になった。そこで、敏達天皇が建立した飛鳥寺や橘寺や定林寺など、残存している寺の資材を移設したと考えられる（若草伽藍も候補となる）。なぜなら、敏達天皇は天智一族にとってもルーツに違いなく、丁重に葬らねばならないからだ。

移築対象として、最も一掃しなければならないのは耳成山南北軸上にある大野丘北塔（和田廃寺）のようにおもう。

大野丘北塔（和田廃寺）の遺跡からは大きな鴟尾《しび》や敏達や舒明天皇の軒丸瓦が出土する。『日本書紀』によれば、大野丘北塔の建立は蘇我馬子による五八五年とされて、伐採年とは合わない。しかし、遣隋使を派遣する六〇〇年頃には都市の整備が済み、建立が完成していたとする方が合理的な気がする。東京オリンピックに向けて国立競技場を再整備するように、古代も現代も国家レベルのニーズは変わらない。

西院伽藍と『古事記』・『日本書紀』の役目

法隆寺西院伽藍は持統天皇による建立で六九〇年頃から造られたと推定するが、建築様式が六九〇年頃の白鳳《はくほう》様式ではなく、数十年前の飛鳥様式となっている理由として、その時代に生きた敏達天皇や舒明天皇や古人大兄皇子の鎮魂が目的のひとつだったと考えられ、彼らが生きた時代の様式でなければならなかった。また、一部を移築した可能性もあり、その影響も受ける。

持統天皇にとって草壁皇子の死（六八九年）は大きな災《わざわ》いであり、それに対処する必要があった。その災いの原因について、父である天智が起こした「乙巳の変」での古人大兄一族の殺害や大津皇子の殺害など彼らの祟りが想定され、鎮魂の必要があったと考えられる。

持統天皇は平城京に遷都する意思はなく、陰陽に適《かな》った藤原宮を造営して、天智天皇が設定した藤原宮南北軸を再興し、「鬼の遺跡」を破壊し、飛鳥京を拡大して新益京《あらましのみやこ》とした。そのためにも、祟りへの対応として法隆寺西院伽藍を造らねばならなかった。その新益京の建設は祖母（持統）から孫（文武）にできるだけのことをして、継承させる目的があったわけで、そのわかりやすい理由が真実であったようにおもう。

その後、平城京に遷都されるのだが、これは、前述するように明らかに藤原不比等の構想であったと証明された。不比等の思惑は、みずからの孫である首皇子《おびとのみこ》を聖武《しょうむ》天皇とし、その政権を「天孫降臨・万世一系」として永続させることであった。そのためには、天智や藤原一族の出自を美化し、天武と天智を合体させる必要があったのであり、それには蘇我や聖徳一族を傀儡として登場させることを想いついた。

現実問題として、仏教導入に力を注いだスーパースターのような天皇の伝承や民衆の「うわさ」はなかなか消えなかったのではないか。したがって、不比等は、その「うわさ」を利用することを考えた。それこそが、「我は聖徳太子として蘇る」ではなかったか。その建築的再生装置が西院伽藍であったとおもう。

エジプトのピラミッドは「ファラオ（王様）の蘇りの装置」（吉村作治）との説があるように、聖徳太子伝説を生み出す、象徴としての装置が西院伽藍であった。そのように考えれば、聖徳太子の伝説が現在にまで続いている理由が理解でき、前述の『唐本御影』が法隆寺に奉納されていた意味を説明できる。

法隆寺西院伽藍を「聖徳太子伝説を生み出す装置」とする発想をした人物は誰か？　確かに持統天皇は西院伽藍を創建したが、それを使って聖徳太子を生み出したのは藤原不比等だったのであり、そのように考えれば、すべての辻褄が合う。

持統天皇は『古事記』の終わりが傀儡の女帝の推古天皇となっていることで満足していたのではないか。天照大御神から孫のニニギノミコトに位を譲るように編纂されたのは、女帝から孫へ譲位せねばならなかった理由があったと推測される。持統にとって『古事記』の内容は、みずからの存在意義を表わしたもので満足だったはずで、逆に『日本書紀』の内容は持統に好意的ではなく、持統はそれを知らなかったはずである。

持統天皇（七〇二年没）を継いだ文武天皇も二五歳で早逝（七〇七年）して、草壁や文武という親子の早逝は当時の人びとには怨霊の祟りとおもわれたはずで、文武天皇を継いだ母の元明《げんめい》天皇は持統天皇と同じく、孫（首皇子《おびとのみこ》）を天皇に育てるために何らかの手を打たねばならなかった。それが平城京へ遷都したひとつの理由であり、不比等の希望でもあった。長岡京《ながおかきょう》から平安京への遷都も桓武《かんむ》天皇の怨霊の祟りに対する恐怖から（『すぐわかる日本の呪術の歴史』）とされているから、根拠のひとつにはなる。

首皇子は元明天皇においても孫だが、藤原不比等にとっても孫であり、共通の目的があった。元明と文武と藤原不比等の娘・宮子《みやこ》との間に生まれた首皇子を聖武天皇にする必要があった。元明と不比等は利害が一致して、不比等は『古事記』や『日本書紀』において、祖母から孫に譲位する例を歴史上に示し、推古や皇極など、多くの女帝が存在したようにも装ったと考える。

おそらく『古事記』は敏達や天武の時代から編纂されていたが、蘇我稲目が登場する宣化天皇以降を修正して現在に至っているのではないか。そのように想像すれば、『古事記』と『日本書紀』が対《つい》であったとおもい至る。

『古事記』には役目があったのであり、「陰陽」に分ければ、神話の『古事記』が「陽」で、生臭い歴史の『日本書紀』が「陰」だった。「陰陽」は互いに補い合って、未だにその役目を果たしている。また、「祖母から孫への譲位」だけなら、『古事記』の神話で充分だったはずであって、『日本書紀』には、また別の「陰」の目的があった。「蘇我聖徳」や「稲目馬子蝦夷入鹿」が前述するように暗号であった。

4 文武の十字架と天智一族の意思

「持統の十字架」と同様に、「文武の十字架」と呼べる軸線も設定されているようにおもう。〔図36〕に示してあるが、東明神古墳《つかみょうじん》には合計二本の軸線が到達して、東明神古墳の被葬者が誰か問題となる。

○ 東明神古墳―飛鳥稲淵宮《いなぶちのみや》―文武天皇陵―御破裂山（表31参照）
○ 植山古墳―マルコ山古墳―東明神古墳の軸線（表32参照）

十字形を構成するのは、《東明神古墳―飛鳥稲淵宮―文武天皇陵―御破裂山の東西軸》と藤原宮南北軸による「文武の十字架」とも呼べるものだが、東西軸の西にある東明神古墳の被葬者に

場所	北緯 (緯度)	東経 (経度)	方位角
御破裂山 (頂上)	34.47049	135.86005	—
文武天皇陵	34.340669	135.807706	77.2212
飛鳥稲淵宮	34.463431	135.821825	77.4195
東明神古墳	34.45569	135.786377	77.3459

表 31　文武の十字架の方位角計算表

場所	北緯 (緯度)	東経 (経度)	方位角
植山古墳	34.47622	135.80346	—
真弓テラノマエ 古墳	34.46238	135.79193	34.6013
マルコ山古墳	34.460925	135.790675	34.6929
東明神古墳	34.45569	135.786377	34.57987

表 32　植山古墳—マルコ山古墳—東明神古墳の軸線の方位角計算表

よって設定されているとわかる。また、《植山古墳（天智）—マルコ山古墳（草壁）—東明神古墳の軸線》があって、東明神古墳の被葬者は天智や草壁や文武と血縁のある人物であり、軸線の終結点であれば、最後に亡くなった人だということになる。これらの軸線も直線になっている（表31、32参照）。緯度経度はGoogle地図などから得たが、結果として直線となっていることがわかる。

東明神古墳は八角形墳で天皇の古墳と考えられ、軸線から文武の母・元明《げんめい》天皇陵と推定できる。確かに、元明天皇陵は平城京にもあって、『続日本紀』に元明天皇を大和国添上郡椎山《そえかみぐんならやま》の陵（図3参照、三一頁）に葬ったとあり、墓の場所は聖武天皇陵の北側で奈良市奈良阪町にある奈保《なほ》山東陵《やまひがしのみささぎ》となっている。また、その元明天皇陵は薬師寺と「鬼門」の関係にあることは前述しているが、飛鳥京においても役目があったのである。

天智の娘である元明は七一〇年に平城京へ遷都した天皇であって、藤原不比等の陰に隠れているようにみえるが、元明天皇には重要な仕事があった。持統天皇と同じく、みずからの孫を天皇にしなければならなかった。

わが子の文武天皇が早逝した後に即位し、七一五年に文武の姉・元正《げんしょう》天皇に譲位して、七二一年に亡くなった。正式には平城京に葬ったということだが、私には、もうひとつ別の墓（東明神古墳）があるようにおもう。

その根拠は、前述するような軸線と共に元明天皇の歌が『万葉集』にあって、七一〇年平城京に遷都されるが、元明天皇が藤原宮から平城宮へ移る時に、中間地点の「長屋《ながや》の原」という場所で詠んだ歌をみると、あまりにも悲しみに満ちているからであり、とても強い意思をもって平城京へ遷都したようにおもえない。

和銅《わどう》三年（七一〇）庚戌《かうしゅつ》の春二月、藤原宮《ふじわらのみや》より寧楽宮《ならのみや》に遷《うつ》る時に、御輿《みこし》を長屋《ながや》の原に停《とど》めて、古郷《ふるさと》（旧都）を廻望《かへり》みて作らす歌（『萬葉集　巻第一』）

飛ぶ鳥の　明日香《あすか》の里を　置きて去《い》なば　君があたりは　見えずかもあらむ

（飛ぶ鳥の明日香の古京を　捨てて行ったら
あなたのあたりは　見えなくなりはしまいか）

「飛ぶ鳥」は「明日香」にかかる枕詞であって、同じ意味となって明日香が飛鳥とされてきたと解るが、「君（あなた）」は夫と息子、草壁皇子《くさかべのみこ》と文武を指すのだろう。共に亡くなった人の古墳のある里《さと》（明日香）を離れねばならない。その山並が見える位置（長屋の原）に立って、長く住んだ地を捨てる寂しさにあふれている。彼女にこのような心があるのなら、「明日香の里」にも墓を造ったようにおもう。今なら分骨ということであろう。

場所	北緯（緯度）	東経（経度）	方位角
三輪山（頂上）	34.535	135.86694	—
梅山古墳（鳥居）	34.4686	135.7998	39.9139
岩屋山古墳	34.46574	135.79761	39.6299

表33　三輪山―梅山古墳（鳥居）―岩屋山古墳の軸線の方位角計算表

元明天皇が強い意思をもって平城京遷都を断行したなら、このような感情ではないとおもうわけで、この歌にはなにか流されてゆく弱さを感じる。明らかに藤原不比等の影を感じ、不比等の描いた筋書きの中にいる「籠《かご》の鳥」のようにおもう。この東西軸線のなかで、飛鳥稲淵宮は父の天智天皇が使用したと伝承され、夫の草壁皇子と住んだ宮とも推定されており、天智一族に関係していることを軸線が示しているようにもとれる。つまり、敏達、持統、文武と十字架が構成されているなら、十字架には意味があるわけで、天皇の継承を示し、合掌などの意味もあるのかもしれない。

文武天皇陵の位置（図36、37参照）に関して軸線と少しずれているが、江戸時代に修復されて現在地となり、元は現在地より東北にあったと伝承されている。そのようであれば軸線の交点に合致して、測量計算もその位置データとした。

その他、植山古墳と関係する真弓《まゆみ》テラノマエ古墳の被葬者について、〔図37〕にある《植山古墳ⓒ―真弓テラノマエ古墳―マルコ山古墳（草壁陵）ⓓ―束明神古墳》の軸線は植山古墳（西側石室）の

場所	北緯(緯度)	東経(経度)	方位角
御破裂山(頂上)	34.47049	135.86005	—
定林寺	34.4671	135.81205	85.11
岩屋山古墳	34.46574	135.79761	84.73

表 34　御破裂山―定林寺 ―岩屋山古墳の軸線の方位角計算表

天智陵から延びる軸線であって、亡くなった順に葬られている可能性が高いことを示している。そうであれば、真弓テラノマエ古墳は天智の子で壬申の乱の敗者・大友皇子《おおとものみこ》ということになる。

5　天武天皇の岩屋山古墳

岩屋山《いわややま》古墳の位置は〔図37ⓕ〕に示すように、街道の紀路《きじ》の入口という要衝に存在し、耳成山南北軸から西へ六本目の南北道路を延長した線上にあって、丸山古墳を通った場所に位置し、次の二つの軸線との交点にある。

○三輪山（頂上）―梅山古墳（鳥居）―岩屋山古墳の軸線（表33参照）

○御破裂山―定林寺―岩屋山古墳の軸線（表34参照）

岩屋山古墳の被葬者は丸山古墳や梅山古墳（欽明陵）の被葬者に関係し、御破裂山や三輪山という敏達天皇や舒明天皇が結んだ神の山とつながり、おそらく敏達天皇が建立した定林寺と結ばれることを望んでいる。その意味は、欽明―敏達―舒明―古人大兄と継承してきた人物であることを示し、耳成山南北軸を中心とした都市（飛鳥京）において、新たにみずからの皇統を打ち立てたということである。

岩屋山古墳を出発点として、その被葬者である天皇の皇子たちの墓が連続していくことを構想したとおもう。それゆえに、《岩屋山―佐田二号墳ⓙ―佐田一号墳》、《岩屋山―出口山古墳ⓚ―森カシタニ塚》、《岩屋山―向山一号墳―松山呑谷古墳》という三本の軸線が存在する（図37参照）。軸線は明らかに天武天皇を指しているのだが、歴史学者は多くを語らず、忘れ去られた古墳と言ってよい。

天武・持統陵が別に存在しているわけで、誰の墓とも知れず、現在では近鉄吉野線飛鳥駅の北西の住宅地の中にあって、わずかに石室のみを覆う土山だけが残っている（写真68参照）。ただ、その石室（写真69参照）の内部の石の巨大さや精緻に仕上げられた表面を見るならば、この古墳が尋常ではないと知る。

岩屋山古墳の玄室《げんしつ》（石棺を置く場所）の規模は長さ四・九メートル、幅二・七メートル、高さ三メートルであり、羨道《せんどう》（玄室に至る通路）は長さ一二メートル、幅一・九メートルとなっている。

この規模の石室は他にもあるが、内部〔写真69〕を見るように巨石を隙間なく積んで、表面を平滑に仕上げた古墳は他にはない。もっとも美しい玄室と言っても過言ではなく、それができる天皇は天武以外にいない。

岩屋山古墳の復元予想図を〔図39〕に示したが、その予想の根拠として天智天皇の山科山陵の大きさと同じと考えた。持統天皇によって造られた山科山陵は、おそらくその造営時になにか基準をもったはずであり、天武天皇の古墳が前例となって、同じ大きさかそれ以上のものを考えたとおもわれ、現状より天智と同じ大きさと判断した。

岩屋山古墳の形状が四八メートル〔筆者推定〕の方墳と上部を八角墳とした二段構成であり、

写真68　岩屋山古墳外観

写真69　岩屋山古墳玄室

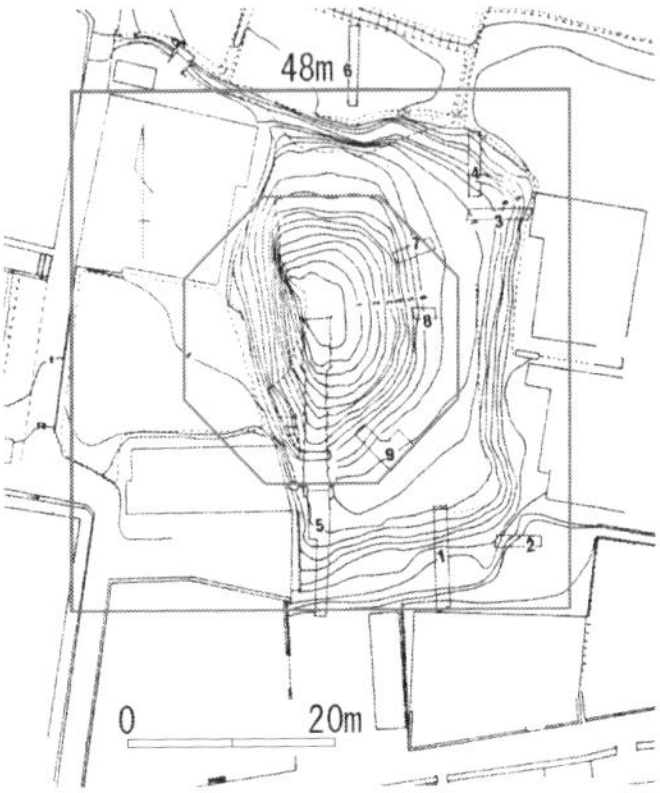

図39　岩屋山古墳復元予想図

玄室も正方位に造られ、天皇の墓とする根拠となっている。さらに、古墳内部には当時のものが何もなく、石棺や副葬品の一部も残っていなかった。しかし、岩屋山古墳を出発点とした三本の軸線がある以上、持統天皇が亡くなった後の遷都までの間に天武の遺体が移葬され、天武・持統陵となったと推測している。

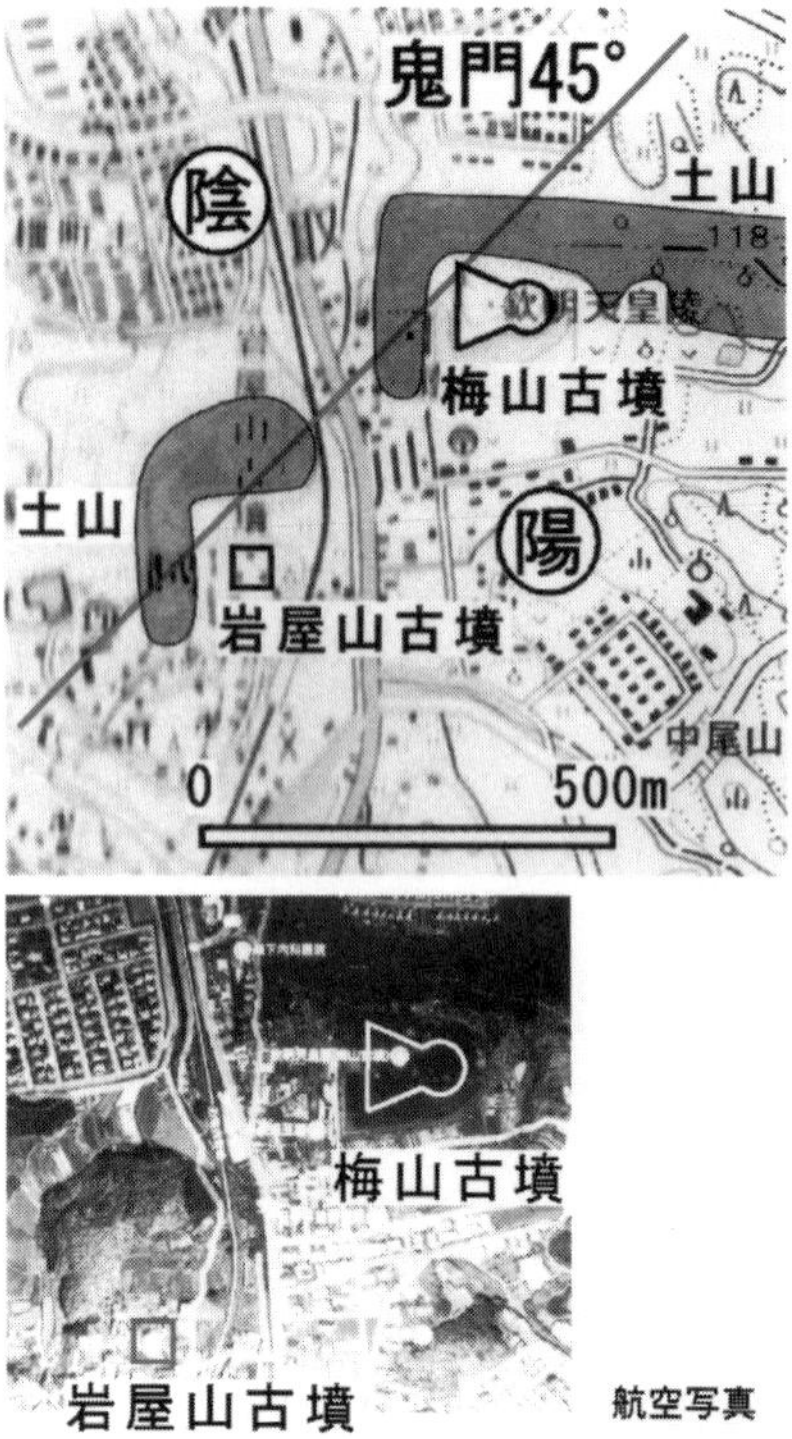

図40　梅山古墳や岩屋山古墳と
土山の関係性（ハッチ部分が土山）

岩屋山古墳のもうひとつの特徴として、欽明陵とされる梅山古墳に似た形状を持っていることを示したい。それを〔図40〕に描いてあるが、陰陽に空間を分けて鬼門の軸線の北側にL型に山を築いている。梅山古墳程の大きさはないが、明らかに同じ方向に山があって、現在もその痕跡が残っている。

梅山古墳（欽明天皇陵）は若草伽藍とセットの構想であり、敏達天皇と天武天皇は天文遁甲に詳しく、「陰の気《き》」を防ぐつもりであって、そのように古墳を造成したのであろう。その意味でも、欽明天皇（梅山古墳）からの流れを継承しているとおもう。したがって、岩屋山古墳の位置や形状や軸線から、明らかに飛鳥京の支配者であり、その被葬者は天武天皇しか思い浮かばない。それらの古墳が恣意的にその位置にあるわけはなく、「血縁・こころ・時間」を表わす軸線で結ばれていることによって、欽明・天武とそれらの古墳の被葬者を示しているのである。

6　天武の皇子たちの墓

天武天皇を葬った岩屋山古墳から発せられる軸線は次のように三本ある。なぜ、岩屋山古墳と結ばれねばならないのか？　その問題は軸線が「血縁・こころ・時間」を表わしているとする本書の論理によって解決される。

○岩屋山―向山《むこうやま》一号古墳―松山呑谷《まつやまのみだに》古墳の軸線（表35参照）
○岩屋山―出口山《でぐちやま》古墳―森カシタニ塚の軸線（表36参照）
○岩屋山―佐田二号古墳―佐田一号古墳の軸線（表37参照）

岩屋山古墳と結ばれる古墳に葬られた被葬者が天武天皇の皇子たちであるという根拠を示すことによっても、岩屋山古墳の被葬者が天武天皇であるとすることができる。

天武には、『日本書紀』六七三年によると、草壁、大津、長《なが》、弓削《ゆげ》、舎人《とねり》、新田部《にいたべ》、穂積《ほづみ》、高市《たけち》、忍壁《おさかべ》、磯城《しき》という一〇人の皇子がいた。ただ、川嶋《かわしま》（河嶋）皇子はここには記載されていないが、吉野宮《よしののみや》で六七九年に行われた「天武一族における天皇継承の争いの禁止」の会議（吉野の会盟《かいめい》といわれる）に参加しているので、ここでは天武の皇子として考える。合計一一名ということになる。

彼らのうち、『続日本紀』で生存確認できる穂積皇子（七〇八年生存）と長皇子、舎人皇子、新田部皇子、志貴《しき》（磯城）皇子（以上、七一四年生存）を除外すると、草壁皇子（六八九年没）、大津皇子（六八六年没）、高市皇子（六九六年没）、弓削皇子（六九九年没）、忍壁皇子（七〇五年没）の五名は亡くなっており、また、佐伯氏の出身の川嶋皇子は『日本書紀』によると六九四年死亡とあるので、合計六名が亡くなっていることになる。したがって、草壁がマルコ山古墳に葬られているとすれば、残りは五名となる。

岩屋山古墳と結ばれる軸線の古墳の六基と近い数字になり、それらの古墳の状況との照合が必要となる。確かに、古墳の数は未発見のものもあるかもしれないので、数は頼りにならないが、未発見の古墳は岩屋山古墳からの軸線上にあるだろうという予測は立つ。

＊川嶋皇子の墓＝向山一号墳

初めに向山一号古墳―松山呑谷古墳の軸線（表35参照）のなかで、向山一号古墳は観覚寺《かんがくじ》古墳群の中にあり、鉄鏃《やじり》や「ヤリカンナ」という木の表面を削り取る道具と鏡や管玉などの副葬品が出土して、建築技術者の墓のようである。また、観覚寺古墳群は渡来人の集落に近いこともあり、彼らの墳墓であり、一世代前とする研究もあって岩屋山古墳の天武との関係は薄いと判断する。向山一号古墳を天武の皇子ではないとすれば、残りは五名で数は合致してくる。

松山呑谷古墳に関しては、向山一号古墳を介して岩屋山古墳との関係を設定しているようにおもわれ、観覚寺古墳群が渡来人たちの墓であるなら、渡来系の佐伯氏の出身の川嶋皇子の可能性がある。「吉野の会盟」に参加しているなら軸線を設定する理由にはなる。それらの古墳が直線的に並んでいるのか。方位角を計算にて求めて、結果を〔表35〕に示したが、差が〇・五度の範囲におさまり、ほぼ直線的に並んでいることがわかる。向山一号古墳や松山呑谷古墳の位置情報に関して、地図に記載されないので、明日香村の資料〔図30〕（二九八頁）から推測した。

残りの四基の古墳について、その被葬者たちが、天武天皇の皇子の可能性が高いようにおもわれる。なぜなら、平城京遷都以前の、飛鳥周辺に葬られたと考えられる皇子を数えてみると、残

場所	北緯(緯度)	東経(経度)	方位角
岩屋山古墳	34.46574	135.79761	—
向山一号古墳	34.45043	135.79397	11.1399
松山呑谷古墳	34.4425	135.7918	11.6983

表35　岩屋山古墳—向山一号古墳—松山呑谷古墳の軸線の方位角計算表

り四名になるからである。

＊弓削皇子の墓＝出口山古墳、忍壁皇子の墓＝森カシタニ塚

出口山古墳は直径一〇メートル程度の円墳だが、調査されていないので何もわからないのが現状となっている。歴史研究会の『両槻会《ふたつき》』の資料によれば、蔵骨器を納める石槨があるとされ、終末期古墳の火葬墓と考えられるようだ。

火葬墓であるなら七〇二年に亡くなった持統天皇も火葬されたとされて、六九九年に亡くなった弓削皇子や忍壁皇子（七〇五年没）がこの軸線に葬られた可能性がある。岩屋山古墳に近い方が古いという傾向から、出口山古墳が弓削皇子、森カシタニ塚が忍壁皇子ということになる。

森カシタニ塚は版築で築かれ、直径一四メートルの終末期古墳と推定されているが、墳丘は失われている。これらの古墳の位置に関しても、地図に表記されないので、明日香村の資料から推測した。〔表36〕のごとく結果として、ほぼ一直線に並んでいると

場所	北緯(緯度)	東経(経度)	方位角
岩屋山古墳	34.46574	135.79761	—
出口山古墳	34.45501	135.79121	26.2895
森カシタニ塚	34.45288	135.78975	26.8489

表36　岩屋山古墳―出口山古墳―森カシタニ塚の軸線の方位角計算表

してよい。

＊大津皇子の墓＝佐田二号古墳、高市皇子の墓＝佐田一号墳残りは佐田二号古墳、佐田一号古墳ということになるが、共に墳丘は削られて平坦になっているようだ。基底部しか残存していないので、そこからの推定となっている。〔表37〕に軸線の方位角を示したが、これらの古墳の位置に関しても地図に表記されないので、明日香村の資料から推測して算出した。結果として三輪山から岩屋山古墳を通って、ほぼ一直線に並んでいるとしてよい。

佐田二号古墳は、前述した『両槻会』の資料によれば、一辺七メートルの隅丸方形墳ということだが、八角墳という見解もあるようで、天皇位にあったと推測される大津皇子（六八六年没）が葬られている可能性がある。岩屋山古墳に近い方が先に亡くなった人物ということで、大津が最も早く亡くなっているので、位置とも合致する。そのようであれば、佐田一号古墳は高市皇子

場所	北緯(緯度)	東経(経度)	方位角
三輪山(頂上)	34.535	135.86694	—
岩屋山古墳	34.46574	135.79761	39.6299
佐田二号古墳	34.45594	135.78878	39.2788
佐田一号古墳	34.45502	135.78781	39.3001

表37　三輪山—岩屋山古墳—佐田二号古墳—佐田一号古墳の軸線の方位角計算表

(六九六年没）ということになるが、古墳は直径一二メートルの円墳と推定されるだけで、墳丘は失われ、確かなことは何もわからないようだ。

佐田二号古墳、佐田一号古墳という天武の皇子たちと推測される軸線を見ると、天武天皇を引き継ぐべき人物の古墳が並んでいるようにおもわれてならない。三輪山から梅山古墳と岩屋山古墳を通過する軸線は、天武天皇が構想したものと考えられるが、その夢は絶たれた。

「文武の十字架」の東西軸の西端にある東明神古墳の軸線が、それを象徴するように、この天武の「継承の軸線」を横切っていて（図32参照）、その意味は「軸線を断ち切る」ことで、東明神古墳の被葬者の意思のようにおもう。つまり、元明天皇にも明日香において役目があった。そして佐田二号古墳が大津皇子の墓であって、そこには壁画古墳のような葬送がなされていたのではないかと想像している。

7　大津皇子殺害は持統によるクーデター

持統による大津皇子殺害の真相

天智と天武天皇は『日本書紀』が記すように斉明天皇を母とする同母の兄弟ではなく、天武天皇がみずから設定した墓が天武・持統陵という合葬墓でないとすると、持統天皇が皇后であった可能性は格段に低くなる。

持統の姉（大田皇女）の生んだ大津皇子が天皇の代行（朝政）を務めていたわけで、少なくとも姉の大田皇女が皇后であった可能性の方が高い。天智の娘たちであって、他の八人の妃より優位に立っていたことは確かだが、なぜ同じ出自の姉をさしおいて、持統が皇后だったのか理由は記されていない。したがって、持統が皇后でなかったら、大津皇子が殺害された理由として「謀反」ではなくなり、立場は逆転する。

大津皇子の古墳が八角墳と推定される佐田二号古墳である可能性から、次のようなことが想像される。

『日本書紀』の六八三年には大津皇子が政務（朝政）を執ったという記事があって、政務を執ったなら天皇の代行をしたということだが、『日本書紀』には持統の子・草壁皇子が皇太子と記載される。それは大津皇子を殺害した後のことなら事実なのであって、『日本書紀』の編者は古人大兄一族や大津の殺害を記して、天智一族の行ったことを示す必要があった。

大津が謀反を企んで殺害された理由や草壁が最初から皇太子だったなどは後付けされたもので、論理的には、クーデターを起こしたのは持統ということになる。六八六年に天武が亡くなって、直後に大津皇子が殺害された。六八六年に前期難波宮が焼失する記事があって、かなり大規模なクーデターだったのかもしれない。天武には多くの妃と彼女たちが生んだ皇子がいたわけで、どこの国でも、そのようなことで争いが起きて、倭国でもそのようであった。

実は、『日本書紀』の六七八年に、天武が草壁、大津、高市、河嶋、忍壁、芝基《しき》の皇子達や皇后を吉野宮に集めて、「自分は今日お前たちと盟約し、千年の後まで、継承の争いを起こすことがないようにしたい」（『全現代語訳　日本書紀』）と述べ、皇子達や皇后も賛同したとある。

結局、持統も誓ったわけだが、この誓いは持統によって破られた。七二〇年完成とされる『日本書紀』を、持統は時期的に読むことはなかったが、持統の子孫もこの記事を書き直せと命令できないほど、不比等に権力があったということを示している。第Ⅰ章の「藤原不比等の平城京」を見れば明らかである。

持統は天武から天皇位を引き継いだわけではなく、天武は大津皇子を後継指名していたからこそ、大津が政務を執っていたのであり、大津が天皇位についていたからこそ、殺害された。「乙巳の変」に続いて、天智と持統という親子の執念が起こした事件であった。

岩屋山古墳の軸線に至って確実になったことは、天武はみずからの古墳を用意していたわけで、天武の後、持統が後継者ではなかったという真実である。

大津皇子を詠う姉の大来皇女

大津皇子が天皇だったとする証拠のような歌が『万葉集』にある。大津皇子の姉・大来皇女《おおくのひめみこ》の歌「うつそみの人にあるわれや明日《あす》よりは二上山《ふたかみやま》を弟世《おとせ》とわが見む」〈生きている人である私は、明日からは二上山をわが弟の世と見ようか〉（『萬葉集全訳注』中西進著）とあって、明らかに大津が殺害された後に姉の大来によって詠まれた歌である。

『万葉集』研究者の中西進によれば、原文の「弟世」は他に用いられておらず、例がないようで、この「弟世」の意味が重大であるとわかる。「弟世《おとせ》」は一般的に「弟世《いろせ》」と詠まれ、「いとしい弟」の意とされているから、中西の訳は特異だが、本書の論理なら文字が示す通りで、「弟の政権」とする方が文字通り正しい。したがって、大津皇子の世（政権）を象徴的な山である二上山になぞらえて暮らそうと歌う意味は、奈良盆地の東側（陽）にある三輪山と並び称される西側（陰）の二上山のような天皇ということで、大津が譲位されていたが、殺害されたと示しているようにおもう。大来皇女は伊勢の斉宮《いつきのみや》であったが、この事件で解任されている。せめて、歌で真相を伝えているのだ。

大津皇子の墓は、一般的に、二上山（雄岳）にあるとされているようだが、この万葉集の歌が根拠となっているのであろう。しかし、この歌のどこに、二上山に大津皇子の墓があると書いてあるのか。これまで天皇一族の全員が軸線によって結ばれていて、単独の墓となっている例もない。確かに、二上山の墓は直接的でわかりやすいが、後代になるほど「見えない軸線」が失われてくる。

二上山は飛鳥京の西側（陰の側）の象徴的な山として詠われているのであって、他の天武の皇子と同様に実際の墓は「血縁・こころ・時間」のなかにある。したがって、「弟世」の解釈も文字通りでよく、三輪山や岩屋山古墳と結ばれた佐田二号古墳が八角墳の可能性があるなら、それが大津皇子の墓であって、彼だけ特別に二上山ということはないとおもう。

その論理を物語る証拠が〔図41〕にあるようにおもう。佐田二号墳の位置は二上山の雄岳と高取山を結んだ線と《三輪山―梅山古墳―岩屋山古墳―佐田二号墳―佐田一号墳の軸線》との交点にあって、佐田二号墳が二上山の雄岳と結んでいる根拠がある。高取山は「梅山古墳と関係がある巨大な丸山古墳」（『飛鳥の暗号』）が向いている山であって、大津皇子と無関係ではなく、なんらかの血縁を表わしている山といえる。《二上山（雄岳）―佐田二号墳―高取山の軸線》が直線となっているか、確かめるために測量計算を〔表38〕に示しておく。

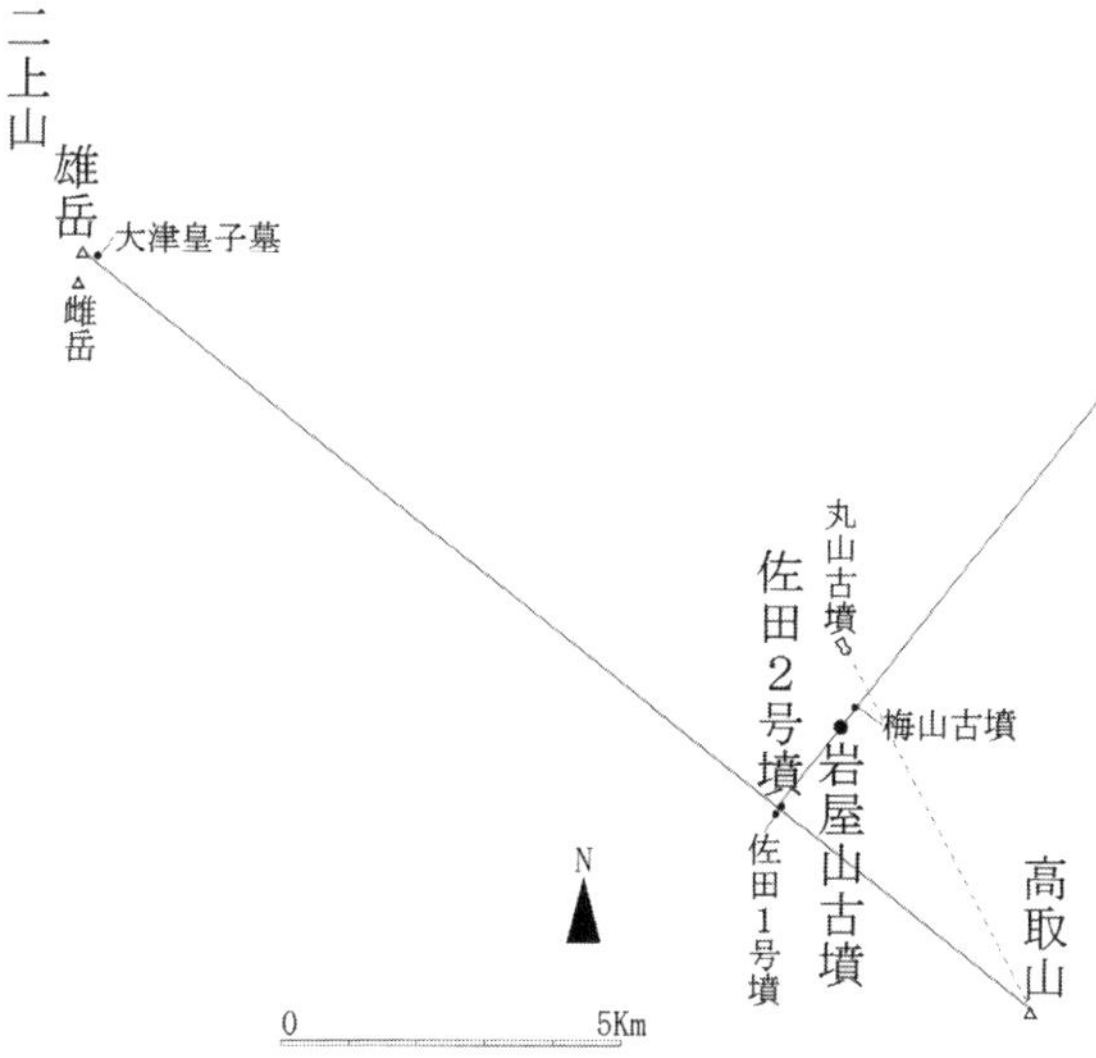

図41　佐田２号墳の関係図（図36より抽出）

大津皇子の墓とする佐田二号墳が二上山（雄岳）や天武の墓や三輪山と結ばれていることを姉である大来皇女は知っていたわけで、陰の側にある二上山を象徴として歌を詠んだということになる。その事実は二上山雄岳の下に大津皇子の墓があるより、はるかに「こころ」にしみるのではないか。そのような意味で雄岳の大津皇子の墓は後代に造られたとわかる。やはり、建造物が造られるには、それなりの意図があるとおもう。葬った側が奥床しく、軸線の至る二上山を象徴として、弟・大津皇子になぞらえて歌を詠んだものが大来皇女の歌であって、二上山の雄岳に大津皇子の墓があるより直接的でなく、日本列島人の「こころ」がわ

場所	北緯 (緯度)	東経 (経度)	方位角
二上山 (雄岳)	34.52565	135.67749	—
佐田二号古墳	34.45594	135.78878	127.07
高取山 (頂上)	34.43166	135.83002	126.61

表 38　二上山（雄岳）—佐田二号墳—高取山の方位角計算表

かるようにおもう。

以上のごとく、古人大兄一族や大津の殺害が天智と持統によるものと『日本書紀』に記されるが、ほとんど顔を出さないのが藤原不比等であって、不比等の冷静さが『日本書紀』の暗号に含まれている。おそらく誰もが認識していたが、口には出せなかった。それが「稲目馬子蝦夷入鹿」ということであろう。『日本書紀』の編者は天智一族の非道を、しっかりと記載している。天智による古人大兄皇子の殺害や天武崩御直後の持統の大津皇子の殺害などだが、これらは正確に記載する必要がなかったようにおもうが、事実はそうではなく、意図があったとおもわざるを得ない。ようするに『日本書紀』の編者の目的は別にあった。天智一族を牽制する必要があり、臣下に対しても警告を発していた。

結果として、草壁皇子を除いて飛鳥に造られた天武天皇の皇子達の古墳は何も残っていない。充分な保存策がとられなかったのであろう。その事実も哀れでならない。

8　朱鳥《あかみとり》・天皇位空白の四年間と藤原一族

天武天皇が崩御（六八六年）して持統天皇が即位（六九〇年）するまでの空白の四年間を『日本書紀』の年号では特別に朱鳥《あかみとり》としている（巻末年表参照）。その空白の四年間を想像してみた。『日本書紀』は天武天皇の崩御以降、天皇をおかずに持統皇后が政務を執ったと記しているが、他の時代にはなかったことで、その時代に何があったのか?その状況を述べてきたつもりだが、ここに至って、一つの推論が浮かんできた。

持統天皇の父は天智天皇だが、その母とされる遠智娘《おちのいらつめ》の出自は蘇我倉山田石川麻呂《そがのくらのやまだのいしかわのまろ》の娘ということになっている。祖父が蘇我なら持統も蘇我一族だ。祖父は山田寺を創建したと記される蘇我倉山田麻呂《そがのくらのやまだのまろ》で、石川麻呂と同一人物とされているが、山田寺の創建は物理的に舒明天皇としてきた（第Ⅱ章参照）。したがって、蘇我一族は傀儡であって、持統の母は蘇我ではないことになる。どうも、最初から考えてみる必要がありそうだ。

朱鳥の期間は、大津皇子が殺害されて草壁皇子が早逝した時期で、天皇位をめぐっての争いが続いた天皇がいない空白の四年間であった。つまり、「天皇を誰にしたらよいか決まらなかった」としてよい。

朱鳥の時期に登場したと推測する『古事記』は、天皇継承問題を征した切り札であったと考える。『古事記』は、蘇我から生じた推古が皇后であったが、二人の天皇が早逝したので天皇位を継いだと説明できる。それは、大津皇子と草壁皇子が早逝した持統に同じで、おそらく、それ以来この国の官僚たちの目標は「前例に記された文言」を探し、つくり出すことになったのではないか。そのようにおもわれるくらい文字で書かれた歴史書『古事記』の衝撃は大きかった。

天武天皇には一〇人の妃がいて、一一人の皇子（吉野会盟の川嶋皇子を含む）がいたとされる。そのなかで持統がそもそも皇后だったとはおもえず、大津皇子が朝政を執っていたなら、次期天皇は大津皇子で少なくとも皇太子だったはずで、その大津皇子を殺害したのは持統となっている。そのようであれば、クーデターを起こしたのは持統ということになる。『埋もれた巨像』のごとく、そのクーデターを助けたのが藤原不比等であった。

天武の皇后は持統だったと『日本書紀』に記されるが、本当にそうなのか？真実を探るためには本薬師寺の建立時期六八〇年に手がかりがある。天武による本薬師寺の建立が皇后の病気治癒のためとされるが、そこには皇后としか記されず、持統の名はない。

天智天皇の娘の大田皇女（持統の姉）は大津皇子の母とされるが、六六七年に天智の母などの墓・牽牛子塚の脇（越塚御門古墳）に葬られている。大田皇女が六六七年に死んだということにしたかったのだろうが、前述するように、「三点を結ぶ直線の論理」から牽牛子塚の築造は天武天皇によって六七二年以降に行われているわけで、『日本書紀』が完全に偽っているとわかる（第Ⅵ章参照）。それなら、大津皇子の母（大田皇女）が皇后であって、六八〇年頃に病気になっているという推測が成り立つ。

大田皇女と持統は同母姉妹ということだが、その母は蘇我倉山田石川麻呂《そがのくらのやまだのいしかわのまろ》の娘（遠智娘《おちのいらつめ》）とされる。その蘇我倉山田麻呂《そがのくらのやまだのまろ》は山田寺を創建したと記されるが、前述するように山田寺は舒明天皇による創建と軸線や軒丸瓦の紋章からわかっている。つまり、ここにも偽装が施されている。

蘇我倉山田石川麻呂と蘇我倉山田麻呂は『蘇我氏―古代豪族の興亡』では同一人物で、蘇我は「石川」と改名して生き残ったとしているが、『続日本紀』の文武天皇以降に蘇我の名が登場しないことに違和感がある。なぜなら、大田皇女と持統天皇や元明天皇（母は遠智娘の妹・姪娘《めいのいらつめ》）の祖父が蘇我倉山田石川麻呂であって、その末裔の一族が『続日本紀』に登場しないわけはないとおもうからだ。また、「石川」に改名する必然性もない。なにしろ、天皇一族の外戚の人物には末裔がいるはずで、彼らが歴史に登場しない理由はなにか？　つまり、蘇我ではなかったことだ。

問題は絞られてきた。蘇我一族は傀儡であって、大田皇女と持統天皇や元明天皇の祖父が蘇我山田石川麻呂でない場合、彼女たちは天智天皇の娘だが、その母は誰であろうか。この問いへの最もふさわしい答えは、彼女たちの母が藤原鎌足の娘である場合に限って、隠蔽する必要があることだ。

藤原不比等・持統・元明と藤原一族が政権を乗っ取ったことがあまりにもあからさまになって、天武天皇の影が薄くなる。せっかく首皇子を聖武天皇と名付けた意図が消えて、聖武の出自までもが低くなってしまう。なにしろ蘇我一族には、飛鳥寺を創建した蘇我馬子がいて、厩戸皇子（聖徳太子）もいるのだから、藤原鎌足より出自はよいという理由によって蘇我の出自としたのだろう。そのためには「乙巳の変」後も蘇我一族を登場させるが、馬子の系列でなく、蘇我倉山田石川麻呂や蘇我倉山田麻呂ということにした。結局、蘇我倉山田も中大兄（天智）によって自害に追い込まれるから、蘇我を傀儡としたのは明白である。

大田皇女を除いて、少なくとも持統天皇と元明天皇の母は藤原鎌足の娘であって、彼女たちは藤原不比等の姪《めい》で、政権を獲得し維持するために鎌足の子・不比等と組んだのだ。確かに持統は天智の娘だが、その母が鎌足の娘であれば、これほど強いつながりはない。『埋もれた巨像』では、不比等がその地位を得た理由として、天智と鎌足の関係だけだったが、持統と元明が不比等の姪であったのであれば、「藤原不比等の平城京」はそう難しい問題ではなく、平城京の形態が東側に突出して、その地が藤原一族のものであってもなにも問題ないのだ。天武系以外は誰も文句は言わない。そして、法華寺に残る『維摩居士像』が不比等の容貌を写した像であることになる。

　そのようであれば、大田皇女は大津皇子の母であるが、それゆえに持統の姉でない可能性が高くなる。天智の娘かも知れないが、母は持統や元明とは異なるのだろう。そして、新益京《あらましのみやこ》の宮殿・藤原宮《ふじわらのみや》が、なぜ藤原なのか？　誰も疑問におもっていないようだが、それを造営した持統天皇の母の出自を藤原一族とする説明がもっとも合理的であり、藤原一族によって造営されたゆえに藤原宮であった。朱鳥の四年の天皇空位の時間が、なぜ存在したのか？　それを考えることによって別の側面が見えてくる。

あとがき

蘇我馬子と厩戸（聖徳太子）は「陰陽の二元論」に基づいて創り出された傀儡であった。『日本書紀』を読み解けば、日本人が一三〇〇年間その歴史書に騙され続けてきたと認識される。『古事記』『日本書紀』『続日本紀』という古代史の謎を物理的に解明してきたつもりだが、本書一冊で、その謎解きを成し遂げることは到底できないだろうと思う。それほど、歴史の塵はぶ厚く積もってしまっているようだ。しかし、将来にわたって「陰陽の二元論」で解けると確信している。

「馬子と厩戸」が「馬と馬小屋」の関係で、「陰陽」から発想されている。また、『日本書紀』と『古事記』も「陰陽」の関係であり、都市や古墳を含む建造物も「陰陽」から成り立っていた。「乙巳の変」の真実を隠蔽するために蘇我・聖徳を「陰陽」で生み出したのだ。その「陰陽道」の研究を見過ごしたことによって、『古事記』『日本書紀』『続日本紀』を読み解けない事態になったと想像しているが、そのようになった原因が現代も続いている。

古代人と現代人の違いは科学的な知識の差だけで、他はそう変わらないようにおもう。藤原不比等が「平城京」や『日本書紀』や「大宝律令」をつくったが、少なくとも平城京は「陰陽の原理」に沿ったものであり、みずからの都合を優先した計画であった。

飛鳥時代は民主主義の世界ではなかったから、そのようなものであったが、現代でも民主主義の名の下で権力者の都合を優先している。都合の悪い資料は隠蔽し、或いは改竄《かいざん》するような解釈を施して、話をすり替えることがおこなわれ、古代と同様に権力が振るわれている。古代に比較して、どこにも進歩がないのが人間の常なのだろう。むしろ、科学的な知識が邪魔をしている。

本書のスタンスは聖徳太子と伝承されるような「隠された天皇」が存在し、難波京と飛鳥京を造営して仏教を振興したとしているが、『日本書紀』を信じている人びとが抱く思いは「日本最初の歴史書は神聖であるべき」との感情だけで、真実を見ていないのではないか。しかし、権力を握った人びとが常に神聖で正直だったとはおもえない。明らかな事実を隠蔽《いんぺい》した例は枚挙《まいきょ》にいとまがないのが現実であろう。

最近でも「東京電力福島第一原子力発電所の事故において、現状はコントロールされている」と日本国の首相が発言していた。だが、事故の影響はなにも終息せず、事故から数年たった今でも、地下に浸みだす汚染水や汚染された空気は垂れ流し状態で、コントロールすべき方法も未だわかっていない。地下汚染水の状況は見えないだけに、発表もなくわからないが、空気中の線量は新聞に毎日掲載され、汚染されたままとなっている。現状は最悪の状況に至るのを抑えているだけで、将来の展望もない。それは「コントロールされている」のではない。首相の発言は嘘だった。

一三〇〇年の昔も今も、日本人はそう変わらないようだ。過去の太平洋戦争における総括は日本人の手では行なわれなかった。同様に、原発の事故調査報告書には責任を負うべき人物の名前はなく、それが歴史となっていく。古代から変わらなかったように、『日本書紀』や『古事記』には真実が記されている」とするのは、単なる思い込みで個人の信条にすぎないが、「神国日本」となれば話は異なる。

『日本書紀』においても藤原不比等の都合を優先した歴史書となっているとわかった。一三〇〇年のあいだ誰も本書のような「論理」を提示せず、前例のない説となっているが、物理的な証拠に基づいた根拠から出されたもので、他と異なっても不思議ではない。つまり、奈良盆地の考古学的史料と『日本書紀』の記述が整合しないわけで、それがなぜなのか解明されない理由は、「『日本書紀』の記述は正しい」と思い込む悪弊からきている。ただ、『日本書紀』の記述を疑うとしても、手段がないのが現実なのであろう。それでは、日本人はなにをすればよいのか。

戦艦「大和」に学徒出陣で乗り込み、沖縄特攻を経験した吉田満が『戦中派の死生観』で次のように述べている。「昭和年代の日本が戦争に傾斜してゆく過程で、最も欠いていたものは、眼前にある現実を直視し、世界のなかで日本が占めるべき位置を見抜く大局観と、それを実行に移す勇気であった。列国とのバランスの上で日本にあたえられるべき座標を、過《あやま》たずに見定める平衡感覚であった。」その姿勢は、現代人に求められているのではないか。

『戦中派の死生観』の提言は、現在の福島の原発事故にあった日本人に向けられたとしても通用するであろう。「原子力発電は安全であり、全電源喪失の訓練をすることは安全でないことを表明するもので、訓練は必要ない（安全神話）」として、一度も訓練していなかった。常日頃から訓練していれば、おそらく事故は防げたはずだ。日本のリーダーたちが客観的に考えることができないことを実感する事実となっている。

『日本型リーダーはなぜ失敗するのか』（半藤一利著）に、それと同様なことが太平洋戦争において戦争を指揮した「大本営陸海軍部」のリーダー（参謀）にもあったとしている。「リーダーたちの独善性と硬直性と不勉強と情報無視が、現在に通じている」とあり、「危機に際して、いま起きては困ることは起きるはずはない。いや、ゼッタイに起きない、と独断的に判断する通弊がありました。」としている。作戦命令において、客観的な見通しもなく、食料を供給せず「精神力で戦え」としたことで、数十万の犠牲者が出た。

歴史にみられる同様なことが現代でも起こっている。冒頭の「聖徳太子が復活する？」につながるが、政府は少なくとも不勉強で情報無視であり、いまさら何を言っているのか、とおもう。

あとがき

『日本書紀』を客観的に視ることは、単に聖徳太子の存在だけでなく、日本列島人の意識や日本国の舵取りの問題なのだ。

二〇二〇年は二度目の「東京オリンピック」の年だが、『日本書紀』が発表されて一三〇〇年の節目の年となる。翌年の二〇二一年には法隆寺において五〇年に一度の聖霊会《しょうりょうえ》の大会式《だいえしき》が行なわれるはずで、聖徳太子没後一四〇〇年を迎える。本書の論理なら、スーパースター敏達天皇が聖徳太子として蘇って一四〇〇年ということになる。それらが、災害もなく無事に成し遂げられるよう、神仏に祈るほかない。

また、いつの日か法隆寺を訪ねて、『唐本御影』を宝蔵にて拝見したいものだ。「我は聖徳太子として蘇る」なのだから……。

二〇一七年一二月二五日

野田 正治

追記

本書は目白大学学術書出版助成による刊行である。
また、最後になったが、出版してくださった鳥影社の百瀬精一氏には感謝申し上げる。

◎引用文献

『日本書紀』原文
『萬葉集』原文
『日本書紀』上下　全現代語訳　宇治谷孟 訳、講談社学術文庫、一九八八年
『古事記』上中下　全訳注　次田真幸 訳、講談社学術文庫、一九八四年
『埋もれた巨像』上山春平 著、岩波書店、一九九七年
『続日本紀』上中下　全現代語訳　宇治谷孟 訳、講談社学術文庫、一九九二年
『聖徳太子の真実』大山誠一 編、平凡社、二〇一四年
『バカの壁』養老孟司 著、新潮新書、二〇〇三年
『陰陽道の発見』山下克明 著、ＮＨＫブックス、二〇一〇年
『現代に息づく陰陽五行』稲田義行 著、日本実業出版社、二〇一六年
『倭国伝』全訳注　藤堂明保・竹田晃・影山輝國 訳、講談社学術文庫、二〇一〇年
『隠された十字架』梅原猛 著、新潮社、一九七二年
『すぐわかる日本の呪術の歴史』武光誠 監修、東京美術、二〇〇一年

『縄文人の世界』小林達雄 著、朝日選書、一九九六年
『日本文明とは何か』山折哲雄 著、角川ソフィア文庫、二〇一四年
『神仏習合』義江彰夫 著、岩波新書、一九九六年
『史記』原本（中國哲學書電子化計劃）司馬遷 著
『論語』原本
『近江奈良朝の漢文学』岡田正之 著、養徳社、一九四六年
『聖徳太子の研究』久米邦武 著、吉川弘文館、一九八八年
『ヨハネによる福音書』新約聖書の一書
『蘇我氏—古代豪族の興亡』倉本一宏 著、中公新書、二〇一五年
『聖徳太子と斑鳩三寺』千田稔 著、吉川弘文館、二〇一六年
『聖徳太子　実像と伝説の間』石井公成 著、春秋社、二〇一六年
『聖徳太子』吉村武彦 著、岩波新書、二〇〇二年
『信仰の王権　聖徳太子』武田佐知子 著、中公新書、一九九三年
『日本の国宝005　奈良・薬師寺』松島健 責任編集、朝日新聞社、一九九七年
『蘇我氏の古代』吉村武彦 著、岩波新書、二〇一五年
『軒丸瓦製作手法の変遷』納谷守幸 著、明日香村教育委員会

引用文献／引用写真／引用図表

『飛鳥・藤原京の謎を掘る』千田稔・金子裕之 共編著、二〇〇〇年
『藤ノ木古墳とその文化』森浩一・石野博信 編、山川出版社、一九八九年
『高松塚壁画古墳』朝日シンポジウム　末永雅雄・井上光貞 編、朝日新聞社、一九七二年
『斑鳩町の古墳』橿原考古学研究所 編、斑鳩町教育委員会、一九九〇年
『斑鳩に眠る二人の貴公子』前園実知雄 著、新泉社、二〇〇六年
『道が語る日本古代史』近江俊秀 著、朝日選書、二〇一二年
『東アジアに開かれた古代王宮難波宮』積山洋 著、新泉社、二〇一四年
『同笵・同形式軒瓦による古代寺院の造営氏族の研究』研究代表 小笠原好彦、二〇〇七年
『難波における古代寺院造営』谷崎仁美 著、二〇一四年
『飛鳥から藤原京へ』木下正史・佐藤信 編、吉川弘文館、二〇一〇年収録論文（小澤毅著『藤原京の成立』）
『黄泉の王―私見・高松塚』梅原猛 著、新潮文庫、一九九〇年
『人麻呂の暗号』藤村由加 著、新潮社、一九八九年
『謎の豪族　蘇我氏』水谷千秋 著、文春新書、二〇〇六年
『蘇我大臣家』佐藤長門 著、山川出版社、二〇一六年
『甘樫丘東麓遺跡二〇〇九年発掘資料』奈良文化財研究所

『倭国の時代』岡田英弘 著、ちくま文庫、二〇〇九年
『飛鳥の渡来人と桧隈寺』木下正史 著
『植山古墳発掘調査報告書』橿原市教育委員会
『菖蒲池古墳』橿原市教育委員会、二〇一五年
『萬葉集　巻第一』小島憲之・木下正俊・佐竹昭広 校註・訳者、小学館、一九七一年
『萬葉集　全訳注』中西進 著、講談社、一九八四年
『飛鳥時代の斑鳩と小田原』斑鳩町教育委員会 編、斑鳩町・小田原市、二〇一二年
『若草伽藍跡西方の調査』斑鳩町教育委員会 編
『斑鳩藤ノ木古墳概報』橿原考古学研究所 編、吉川弘文館、一九八九年
『聖徳太子と斑鳩』橿原考古学研究所 編、橿原考古学研究所付属博物館、一九九八年
『飛鳥寺二〇一三』飛鳥資料館、二〇一三年
『戦中派の死生観』吉田満 著、文春学藝ライブラリ、二〇一五年
『日本型リーダーはなぜ失敗するのか』半藤一利 著、文春新書、二〇一二年
『聖徳太子―本当は何がすごいのか』田中英道 著、育鵬社、二〇一七年
『難波京と古代の大阪』直木孝次郎 編、学生社、一九八五年
『飛鳥の暗号』野田正治 著、鳥影社、二〇一六年

◎引用写真　（引用した写真以外は筆者による）

（写真５）広島平和記念施設――www.hiroshima-navi.or.jp の写真に軸線を書き加えた

（写真７）上宮遺跡の軒丸瓦――『飛鳥時代の斑鳩と小田原』二六頁

（写真８）上宮遺跡第二期軒丸瓦――『飛鳥時代の斑鳩と小田原』二七頁

（写真９）上宮遺跡第三期軒丸瓦――『飛鳥時代の斑鳩と小田原』二七頁

（写真10）維摩居士像――法華寺パンフレット

（写真11）三輪山と大和三山――橿原市ホームページ

（写真13）飛鳥寺創建瓦――奈良文化財研究所データベース

（写真14）定林寺創建瓦拓本――『軒丸瓦製作手法の変遷』明日香村教育委員会

（写真15）若草伽藍創建瓦――『聖徳太子と斑鳩』六〇頁

（写真16）岡本宮跡創建瓦――『飛鳥時代の斑鳩と小田原』二四頁

（写真17）中宮寺軒丸瓦――『聖徳太子と斑鳩』五五頁

（写真23）法輪寺軒丸瓦――『聖徳太子と斑鳩』五九頁

（写真24）百済大寺軒丸瓦――『吉備池廃寺発掘調査報告』（奈良文化財研究所）一九四頁

（写真25）巨勢寺軒丸瓦拓本――国学院デジタルミュージアム
（写真26）山田寺軒丸瓦拓本――『軒丸瓦製作手法の変遷』明日香村教育委員会
（写真27）豊浦寺創建軒丸瓦拓本――『軒丸瓦製作手法の変遷』明日香村教育委員会
（写真28）豊浦寺軒丸瓦拓本――『軒丸瓦製作手法の変遷』明日香村教育委員会
（写真30）四天王寺創建瓦――『聖徳太子と斑鳩』六〇頁
（写真31）前期難波宮軒丸瓦――大阪市歴史博物館
（写真32）百済尼寺瓦の変遷――大阪市歴史博物館
（写真34）難波宮跡地――大阪市博物館協会大阪文化財研究所
（写真35）後期難波宮の軒丸瓦――大阪市歴史博物館
（写真36）平城宮の軒丸瓦――平城京出土瓦展パンフレット　奈良市
（写真37）法円坂廃寺（前期難波宮）の軒丸瓦中央部の出土例――『難波における古代寺院造営』谷崎仁美著
（写真38）四天王寺第二期軒丸瓦拓本――『難波における古代寺院造営』谷崎仁美著
（写真39）若草伽藍パルメット――『聖徳太子と斑鳩』四五頁
（写真40）斑鳩宮パルメット――『聖徳太子と斑鳩』三五頁
（写真41）中宮寺跡パルメット――『聖徳太子と斑鳩』五五頁

（写真42）筒型金銅製品（藤ノ木古墳）――『斑鳩藤ノ木古墳概報』三四頁
（写真43）吉祥天画像――『日本の国宝』（週刊朝日百科）一五七頁
（写真44）鞍把手金具――『斑鳩町の古墳』六頁
（写真45）高松塚女子群像――文化庁データベース
（写真47）救世観音像側面――http://blogs.yahoo.co.jp/kawakatu_1205/54711803
（写真48）キトラ古墳　木棺飾り金具部分――『キトラ古墳壁画』東京国立博物館
（写真49）入れ子のマトリョーシカ人形――ウィキペディア
（写真51）大秦景教流行中国碑拓本――ウィキペディア
（写真52）イエス生誕伝説「プレゼビオ」の場面――ウィキペディア
（写真53）『唐本御影』――『皇室の名宝　御物1』週刊朝日百科 07/04 の写真に問題点を書き加えた
（写真54）石舞台古墳――ウィキペディア
（写真55）入鹿の首塚――ウィキペディア
（写真59）植山古墳俯瞰――『植山古墳発掘調査報告書』（橿原市教育委員会）
（写真60）大官大寺軒丸瓦――奈良文化財研究所データベース
（写真61）本薬師寺軒丸瓦――奈良文化財研究所データベース
（写真66）川原寺軒丸瓦――奈良文化財研究所データベース

（写真67）法隆寺西院伽藍創建軒丸瓦――『聖徳太子と斑鳩』四八頁

◎引用図表（引用した図以外は筆者による）

（図2）唐の長安――ウィキペディア
（図6）軒丸瓦とは何か――『図解古建築入門』（太田博太郎監修、西和夫著）を参照した
（図9）聖なるライン――『黄泉の王』（新潮文庫）七四頁を参照し書き加えた
（図10）『周礼（考工記）』王城プラン
（図12）飛鳥寺西側道路遺構――『飛鳥寺　２０１３』（飛鳥資料館）一七頁
（図13）鬼の遺跡―飛鳥寺の鬼門軸―明日香村教育委員会の資料を参照し書き加えた
（図15）四天王寺・飛鳥寺――『日本建築史』（藤田）を参照した。
法隆寺――『隠された十字架』を参照した。
（図19）前期難波京復元図――『大阪上町台地の総合的研究』趙哲斉・市川創・高橋工・小倉徹也・平田洋司・松田順一郎・辻本裕也（科研報告書、二〇一四年）
（図22）馬具鞍金具見取図――『斑鳩藤ノ木古墳概報』五一頁
（図23）軒丸瓦と把手の紋章検討――『聖徳太子と斑鳩』四五、五五頁を参照し書き加えた

（図25）段ノ塚の配置図──『国立歴史民俗博物館研究報告 第一集』を参照し書き加えた
（図26）高松塚内部見取図──『高松塚とキトラ』（来村多加史著、講談社）の図を参照し描き直した
（図27）檜隅寺発掘調査図──「檜隅寺周辺発掘調査資料」（明日香村教育委員会）を参照し書き加えた
（図28）藤ノ木古墳配置図──『斑鳩藤ノ木古墳概報』五六頁を参照し書き加えた
（図29）甘樫丘東麓遺跡二〇〇九年発掘資料──奈良文化財研究所
（図30）明日香村遺跡図──明日香村教育委員会の資料を参照し書き加えた
（図33）植山古墳平面図──『植山古墳発掘調査報告書』（橿原市教育委員会）を参照し書き加えた
（図34）牽牛子塚古墳平面図──牽牛子塚古墳発掘調査報告書（明日香村教育委員会、二〇一三年）
（図35）菖蒲池古墳内部見取図──奈良文化財研究所
（図39）岩屋山古墳復元予想図──『岩屋山古墳』（明日香村教育委員会）四頁を参照し書き加えた

◎歴史年表―『日本書紀』に記されている内容

540 欽明
- 磯城郡磯城島に遷都
- 百済聖明王より釈迦金剛仏像、幡蓋、経論贈られる(552)

572 敏達
- 欽明陵造営
- 百済大井に宮殿造営
- 百済より経論、律師、禅師、比丘尼、呪禁師、造仏工、造寺工が来る(578)

用明 587
- 大野丘北塔建立(585)
- 飛鳥寺建立

588 崇峻
- 敏達磯長陵に葬られる(591)
- 四天王寺建立
- 崇峻殺害される

593 推古(敏達の皇后)
- 男の大王が遣隋使を送る(隋書600)
- 斑鳩宮造営(601)
- 聖徳太子斑鳩寺にて法華経(605)
- 小墾田宮に遷宮(608)
- 遣隋使派遣
- 隋の使者が倭国へ来る(608)
- 難波から京まで大道を造る(613)
- 欽明陵の域外に倭漢坂上直がすば抜けて高い柱を建てる(620)
- 聖徳太子死亡(621)
- 馬子桃原墓に葬られる(626)
- 蘇我馬子死亡(626)

629 舒明
- 遣唐使(630)
- 唐の使者が倭国へ来る(632)
- 百済大寺(吉備池廃寺)造営(639)
- 飛鳥板蓋宮造営
- 吉備嶋皇祖母命死去(643)
- 山背大兄皇子殺害(643)

642 皇極
- 斑鳩宮焼失(643)
- 甘樫館焼失
- 乙巳の変(大化の改新)
  - 蘇我入鹿暗殺
  - 蘇我蝦夷殺害
  - 古人大兄皇子殺害

645 孝徳
- 難波長柄豊碕に遷都
- 処々に大道を造る(653)

655 斉明
- 飛鳥板蓋宮火災
- 後飛鳥岡本宮造営
- 皇孫建王死亡(658)

663 天智
- 白村江にて唐・新羅連合軍に敗れる
- 嶋皇祖母命死去(664)
- 近江に遷都(667)
- 藤原鎌足死去(669)
- 若草伽藍焼失(670)
- 壬申の乱

672 天武
- 飛鳥浄御原宮遷宮
- 廣瀬・龍田の神祀り開始(675)
- 橘寺火災(680)
- 新城(新益京)築造開始(681)

686 空位
- 天武陵造営
- 檜隈寺30年に限り100戸施入
- 天武の子・大津皇子殺害(686)
- 持統の子・草壁皇子死去(689)

持統
- 持統天皇即位(690)
- 藤原宮造営開始(691)
- 藤原宮遷居(694)
- 天武の子・高市皇子死去(696)
- 持統の孫・文武に天皇譲位

697 文武
- 山科陵・越智陵造営(699)
- 天武の子・弓削皇子死去(699)
- 倭漢坂上直老死去(699)
- 持統崩御(702)
- 天武の子・忍壁皇子死去(705)
- 文武陵造営
- 文武の母・元明天皇即位

707 元明
- 平城京遷都(710)
- 山階寺移転し興福寺とする

715 元正
- 法隆寺(西院伽藍)で法会
- 文武の姉・元正天皇即位
- 藤原不比等死去(720)『日本書紀』完成
- 元明崩御(721)
- 添上郡椎山(元明)陵造営(721)

724 聖武
- 不比等の孫・聖武天皇即位
- 長屋王の変(729)
- 橘三千代(不比等の妻)死去(733)
- 藤原四兄弟死去(737)
- 鵤寺(西院伽藍)に食封200戸施入(738)
- 夢殿建立(739)

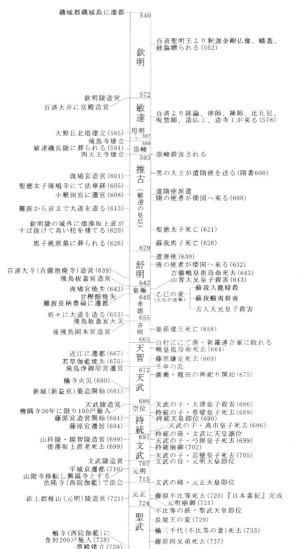

〈著者紹介〉

野田正治（のだ　まさはる）

1947年静岡県富士市に生まれる。
静岡県立富士高校を経て、1970年東京理科大学工学部建築学科卒業。

設計経歴

東レ株式会社、雨宮建築設計事務所、丹下健三・都市・建築設計研究所などを経て、1996年ナウ環境計画研究所を設立し現在に至る。

大学経歴

1996年より東京理科大学工学部建築学科非常勤講師、工学院大学建築学科非常勤講師、芝浦工業大学建築工学科非常勤講師を各数年間務める。
2004年目白大学社会学部社会情報学科特任教授となり現在に至る。

受賞

1998年京都市主催国際コンクール「21世紀京都の未来」入賞
1986年乾式防火サイディング設計施工例コンテスト「富士の家」特選
1978年読売新聞主催住宅設計競技入賞
1974年新建築国際住宅設計競技　第1位　吉岡賞

資格　一級建築士

著書

『文明のサスティナビリティ』三弥井書店、2009年
『法隆寺コード』三弥井書店、2015年
『飛鳥の暗号』鳥影社、2016年
『改訂版 文明のサスティナビリティ』鳥影社、2017年

虚構の蘇我・聖徳
—我は聖徳太子として蘇る—

定価（本体　1800円+税）

2018年 1月 22日初版第1刷印刷
2018年 1月 27日初版第1刷発行
著　者　野田正治
発行者　百瀬精一
発行所　鳥影社（www.choeisha.com）
〒160-0023 東京都新宿区西新宿 3-5-12 トーカン新宿 7F
電話 03(5948)6470, FAX 03(5948)6471
〒392-0012 長野県諏訪市四賀 229-1（本社・編集室）
電話 0266(53)2903, FAX 0266(58)6771
印刷・製本　モリモト印刷・高地製本

ISBN978-4-86265-645-2 C0021

野田正治の話題作

飛鳥の暗号

ベールを脱ぐ飛鳥の秘密！

古墳の位置が
葬られた人物を示す暗号であり、
蘇我聖徳の名が
『日本書紀』の暗号であった……

定価（本体1,800円+税）　四六判　422ページ

改訂版　文明のサスティナビリティ

持続可能エネルギーによる都市の構築

化石燃料の枯渇は現代の文明に
衝撃的な影響を及ぼすと考えられます。
……持続可能な社会とは簡単に言えば
枯渇してゆく化石燃料に頼らず、社会を
動かすエネルギーを常に人類自ら生み
出すことの出来る社会とすることです。
再生可能なエネルギーを使って生活の
できる社会です。

定価（本体1,800円+税）　四六判　252ページ

鳥影社